人学走进工作世界

——主体化人学初探

李晓元 著

人民出版社

责任编辑:刘敬文
封面设计:汪　莹
责任校对:杜凤侠

图书在版编目(CIP)数据

人学走进工作世界:主体化人学初探/李晓元 著.
—北京:人民出版社,2012.12
ISBN 978-7-01-011638-9

Ⅰ.①人… Ⅱ.①李… Ⅲ.①人学-研究 Ⅳ.①C912.1

中国版本图书馆 CIP 数据核字(2012)第 319793 号

人学走进工作世界

RENXUE ZOUJIN GONGZUO SHIJIE

——主体化人学初探

李晓元　著

人民出版社 出版发行
(100706　北京市东城区隆福寺街 99 号)

北京新魏印刷厂印刷　新华书店经销

2012 年 12 月第 1 版　2012 年 12 月北京第 1 次印刷
开本:710 毫米×1000 毫米 1/16　印张:16.25
字数:220 千字　印数:0,001-2,000 册

ISBN 978-7-01-011638-9　定价:36.00 元

邮购地址 100706　北京市东城区隆福寺街 99 号
人民东方图书销售中心　电话 (010)65250042　65289539

目　录

绪论　人学走进工作世界
——主体化人学（工作人学）初探

主体化人学是研究主体化人的存在、本质、结构、价值伦理以及生存方法或智慧的理论体系，是以工作世界为基础和价值伦理核心的工作世界人学即工作人学。其理论个性是生活世界总体人学和工作世界本质人学的统一，是融合人的现实境遇探究主体化人意义结构的现实人学，是马克思主义的实践人学、社会关系人理论和全面人理论的现实化、时代化和主体化，不同于当今学界既成的较为抽象的“实践人学”以及无生活世界总体意蕴和工作世界基础与核心的“主体人学”等人学范式。主体化人学不是一个先验的概念，而是在研究过程中逐渐明亮起来的，是研究之后的描述，即依据研究的视域对象和内容描述的概念，把概念放在前面讲只是研究逻辑上的先在性，而不是一个以先在的概念统领的研究结构。

一、主体化人学研究的缘起

人就是人的生活和工作世界，研究人就要研究人怎样生活和工作。主体化人学就是研究人怎样作为主体造化自己的生活和工作世界。这种研究主要缘起于人的现实存在境遇的催生、人文化历史逻辑的接续、马克思实践人学的指向、许茨现象学人学的启示以及当今学界人学研究窘境的激发和研究者个性化研究视域的展延等方面。

（一）人的现实存在境遇的催生

生态危机、环境危机、资源危机、经济危机……最根本的是主体化危机和主体化困境；城市化、现代化、科技化、产业化、全球化、资本化等所有的“化”，唯独缺少“主体化”，而主体化恰好在这些“化”中严重缺失了。一些学生被既成的知识客体化，没有自主性、独立性，成为知识的奴隶；一些演员被金钱和出名客体化，卖身不卖艺，而技艺才是主体化的根基；一些企业被既成的技术客体化，图省力花钱买技术，自己不愿创新，自主创新的主体化能力不断弱化；一些文化沦为资源型文化，被文化资源客体化，不创造新文化；一些经济陷入资源型经济，被土地、矿产、人口红利等经济资源客体化，不创造财富，甚至靠卖资源、卖房子卖地生存；一些哲学、人学研究被既成的经典和理论客体化，不研究现实世界和现实的人，丧失研究的创造性和主体性。人本主义没有解决主体化问题，西方经济危机就是主体丧失的危机，实质是主体化生活世界和工作世界的危机，根源在于工作世界，在于主体化工作世界共同体的失落、弱化与裂变。面对所有的危机和困境，人学研究应该有主体化危机的意识；面对所有“化”的运动和行动，人学研究应该响应和推进一场主体化运动和行动。

从总体上讲，异化根源于以私有制为基础的对抗性社会制度，是对抗性社会制度的特有现象。但是，任何对抗性社会的异化都不是绝对的或全覆盖的，如资本主义也有和谐的家庭共同体、企业生产共同体、人与人的交往共同体。同样，任何非对抗的社会的和谐共同体也不是绝对的全覆盖的，如社会主义社会也有“黑砖窑”、“黑煤窑”里的异化人现象，也有房奴、权奴等被物化或客体化的异化人现象。可为了避免误解或误读，这里，还是把这种普遍存在的异化人和异化人现象称为“物化人”和“物化人现象”。在当今中国，这种物化人主要表现为过度经济化或GDP化的经济物化人、疯狂资本化的资本物化人、疯狂房地产化的房奴物化人、工具化或利润化的工具物化人以及权力中心化的权力物化人等形态。

房奴、资本奴、权力奴甚至名车奴、名表奴以及那些沦为权贵和金钱玩物的性奴，与这些被存在的客体遮蔽了主体生命意义的客体化人相对峙，在另一个存在的平面上，城市化、现代化、工业化、农业产业化以及全球化在不断地推进，使得人们造化世界的能力和关系越来越强大和深入，使得主体化世界的意义越来越明亮。而处在城市化和现代化边缘的那些微不足道或物质贫困的人们，也在以主体的姿态默默无闻地造化着生活与工作、苦乐与悲欢。比太阳还有光辉的公平正义必会随着太阳的升起而升起，也会随着太阳的坠落而坠落，而这坠落又总是在黑夜给人以黎明的梦想。城市化、现代化这些交织着主体化的光辉与巨大的客体化物质的运动，到底是对所有人的公平正义还是赐予某些暴富资本和暴涨权贵的恩典和盛宴？这个造化着又毁灭着主体意义的世界，这些拥有着又失落着主体意义的人们，这些有意义与无意义不断地涌现，又不断地沉寂，构成一个对人的存在趋向充满选择困惑的意义世界，构成一个在冲突中令一些人无所适从的矛盾世界或存在境遇。而工作世界的冲突是这种现实冲突境遇的核心。笔者在2009年出版的《工作哲学引论》一书中，归结了工作世界的十大冲突：（1）工作世界基本矛盾结构的冲突；（2）工作技术方式的冲突；（3）工作目标的冲突；（4）工作价值取向的冲突；（5）工作资源、环境的冲突；（6）工作世界范式的冲突；（7）工作关系的冲突；（8）工作压力的冲突；（9）工作精神文化的冲突；（10）工作就业岗位冲突与大学生就业难状况。这些冲突的普遍性就是主体化与客体化、主体化人与客体化人的冲突，其根本冲突是工作能力与工作关系即主体化人的存在结构的冲突。研究和找寻人的意义和存在价值的研究者，遭遇这些客体化人的沉沦，面对主体化人的意义涌现和失落状态以及那些自然人、道德人、生态人、神性人等单面化和客体化的人学范式的抽象和虚妄，确立和找寻主体化人的存在意义，开拓主体化人的存在疆域，避免客体化人的沉沦状态、戒除客体化人的存在倾向，就成为研究者的研究责任和研究冲动。

（二）人文化运行进程的接续和思想理论研究境遇的激发

哲学、人学都是有境遇的意识存在，主体化人学研究除了现实境遇，还有人文化运行和思想理论研究的境遇。如果说哲学是文化庙堂里的神像，那人学就是哲学庙堂里的神像。本研究是响应哲学的主体化趋向。

较早的主体化世界思想是通过宗教、神话等意识形式呈现的。人祖的“原罪”就是不工作而享伊甸园生活却偷吃禁果；上帝初现是以造万物的工作者姿态；救世的诺亚方舟是载着种子和牲畜航行于灭世的洪水，亦是主体化的生产工作救世。宗教和神话最初是工作者的话语方式，自然烙上工作活动的深痕明迹，人们对神灵的崇拜即是对工作者造物工作行为与境界的景仰。这虽是虚幻，但仍不失为一种主体化工作文化自觉，可视为古代民众的“主体化人学”或“工作人学”，它构成主体化人学研究的远期思源。而哲学一开始就漠视主体化世界特别是工作世界，试图为人与世界寻求缺失主体化世界内涵的本体支撑。古代哲学把人客体化，在主体之外的自然客体和精神客体中追寻人的本质；近代哲学把人主体化，在主体自身的自然本性和精神本性（主要是神性和理性精神）中探求人的本质；“现当代哲学”试图扬弃以往客体化或主体化本质的单面性，把人的本质归结为主客体统一或主体间的生活、交往、行动共同体，但这些只是意向性的存在，是直觉化、自我意识化甚至潜意识化的生成与呈现。现当代以来，就是这种意识层面或抽象视阈对生活世界的热衷遮蔽了哲学对人的工作世界本根的认知、确认和建构本性。

哲学研究世界就要研究人，而人就是人的生活和工作，研究人就要研究人怎样生活和工作，如此，人学是对哲学主体化趋势的响应，而哲学必归于人学。哲学是人学，哲学世界观与人的存在观和人本观是一个东西，世界观就是人的存在观，以往哲学把人和世界分开了，造成了人与世界的二元对立，也造成了哲学世界观与人的存在观的分离、分裂甚至对立。把人和世界总体起来的是生活世界，把生活世界总体起来的是实践，实践的实体化、现实化和主体化是工作世界。

海德格尔把思想者、研究者称为“此在”，认为“对存在的领悟本身就是此在的存在的规定”，“此在在存在者层次上的与众不同之处在于：它在存在论层次上存在”。[①]即“此在”就是人的主体化存在，研究活动是研究者的主体化过程，研究中要有研究主体和研究对象主体的“此在”或“我在”。“哲学所探讨的东西是与我们本身相关涉的，触动着我们的，而且是在我们的本质深处触动我们的”。[②]“哲学就是响应于存在者的存在”，[③]这些思想都在强调，哲学要有研究者主体和研究对象主体的存在。海德格尔看到了哲学主体化的缺席问题，看到了由此导致的哲学“无根”的问题，区分了哲学主体化与客体化的不同意义。但他只是在存在主义的意义上即把主体理解为“主观性”的意义上，明确了哲学主体化与客体化的不同以及哲学主体化的意义。

卡西尔的人类文化哲学认为，哲学就是研究人，而人的本质就是劳作或工作，就是创造文化的活动：“人的突出特征，人与众不同的标志，既不是他的形而上学本性也不是他的物理本性，而是人的劳作（work）。正是这种劳作，正是这种人类互动的体系，规定和划定了‘人性’的圆周，语言、神话、宗教、艺术、科学、历史，都是这个圆的组成部分和各个扇面。”[④]但是，卡西尔的文化主体人思想注重的是科学、哲学、神学、艺术、宗教等精神层面的存在，忽视人的技术经济关系、自然关系和社会关系的主体化问题。他把人看成是符号活动，有消解主体性和人性的“符号主义”倾向。

胡塞尔认为，现象学哲学就是一门关于处于其生活世界中的人的哲学，它的重要任务之一就是要全面研究、分析和描述这个在先验还原之前我们所遇到的生活世界。其目的是以严格的科学方式重新揭明科学的性质及起源，恢复科学与生活世界的结合关系，说明这个生活世界的意义，从而克

① 《海德格尔选集》上卷，孙周兴编，三联书店1996年版，第589页。

② 《海德格尔选集》上卷，孙周兴编，三联书店1996年版，第589页。

③ 《海德格尔选集》上卷，孙周兴编，三联书店1996年版，第601页。

④ 恩斯特·卡西尔：《人论》，甘阳译，上海世纪出版社2003年版，第107页。

服现代科学的危机。[①] 胡塞尔确立了哲学和存在主体化的生活世界总体原则，而现象学社会学家许茨则把生活世界建立在工作世界基础上，进一步在意识哲学的层面生确立了主体化的工作世界核心意义（第三章有详细论证）。但现象学最终都在意向性理论基础上，把生活世界和工作世界意义的源泉归于主观意识的意向性或指向性，其主体化的生活世界和工作世界是意识主体化的生活和工作世界。而现象学的主体化人学思想实际上是受马克思的深刻影响。

马克思的哲学研究观就是主张哲学以描述的方式研究现实的人、实践、生活世界即现实世界总体，认为哲学研究的出发点是现实的总体的人，即人的生活世界："我们的出发点是从事世界活动的人，而且从他们的现实生活过程中还可以描绘出这一生活过程在意识形态上的反射和反响的发展。"[②]；"思辨终止的地方，在现实生活面前，正是描述人们实践活动和实际发展过程的真正的实证科学开始的地方。"[③] 而"社会生活在本质上是实践的"。[④] 马克思的哲学或人学是生活世界总体人学和实践人本质人学的统一，这为主体化人学的研究指示了方向。但是每个时代哲学研究的前提"只能从对每个时代的个人的现实生活过程和活动的研究中产生"。[⑤] 马克思不可能对当今时代人的生活世界和实践活动进行人学理论的描述。

综上，可以把主体化人学研究的缘起归结如下。其一，是对人文化演进的历史逻辑的接续。人文化演进的整个历史逻辑就是：古代客体化人——近代主体化人——现代主客体化人——当代主体间性化人。古代客体化人范式又包括自然客体化人和精神客体化人；近代主体化人又分为理性主体化人和经验主体化人，这些主体化人范式都是意识主体化人。在主体化人学看来，客体化人与主体化人在一定条件下互相包含、渗透和转化，但二

① 胡塞尔：《欧洲力学危机与超现象学》，上海译文出版社 1997 年版，第 991 — 996 页。

② 《马克思恩格斯选集》第 1 卷，人民出版社 1995 年版，第 73 页。

③ 《马克思恩格斯选集》第 1 卷，人民出版社 1995 年版，第 73 页。

④ 《马克思恩格斯选集》第 1 卷，人民出版社 1995 年版，第 60 页。

⑤ 《马克思恩格斯选集》第 1 卷，人民出版社 1995 年版，第 74 页。

者又有本质区别。客体化人以客体化为价值轴心，是把人归结为客体存在，消解人的主体性、社会性特别是创造性；主体化人以主体化为价值轴心，是把客体造化为主体存在、化解为主体化的生活和工作世界。客体化人的演化和特质激励主体化人学研究汲取其客体存在的价值，同样，客体化人文化向意识化或片面化的主体化人文化的演进，也触动主体化人学研究吸纳其意识主体的存在意义。而马克思的实践主体化人学思想则是现代主客体化人思想的科学形式。其二，当代西方人文化特别是许茨现象学人学的启示。其三，马克思实践人学的指向。此外，本研究也是当今学界人学研究窘境的激发。这种窘境一是表现为研究经典和既成人学理论的理论人学研究过度，而研究人的现实存在境遇的现实人学研究不足状态；二是表现为人学研究没有同方兴未艾的生活世界哲学和工作世界哲学链接起来，依旧停滞于较为抽象的实践人学研究层次，缺失生活世界总体人学和工作世界本质人学向度。主体化人学是现实人学，既是生活世界总体人学，也是工作世界本质人学，与理论人学和实践本质人学研究互相照看。另外，本研究也是研究者自身研究进程的延展。笔者2009出版的《工作哲学引论》，已论及人的工作世界本质及工作世界总体性问题，并提出了把人学、伦理学、价值哲学及诗文化哲学建立在工作哲学的工作世界理论基础上的研究目标、方向和任务，即还要把工作哲学拓展到以工作世界为基础和价值核心的工作人学、工作伦理学和工作诗学等层面的研究。主体化人学研究即是走进工作世界的工作人学研究。

二、主体化人学的概念及理论个性

主体化人学不是一个先验的概念，而是在研究过程中逐渐明亮起来的，是研究之后的描述，即依据研究的对象视域和内容描述的概念，把概念放在前面讲只是研究逻辑上的先在性，而不是一个以先在的概念统领的研究结构。

本研究考察了人文化演进的历史逻辑，探寻了马克思实践人学的理论基础和许茨现象学人学的思想借鉴，在此基础上，融合人的现实存在境遇，探究了主体化人的存在、本质、结构、价值伦理以及生存方法或智慧，从而建构了主体化人学理论体系，并应用此理论进一步探究了哲学、教育、历史文化以及诗文化的意义结构。如此，主体化人学是对人学文化演进的历史与逻辑的接续，是以马克思的实践主体化人学思想为指导，以当代人学文化特别是许茨的工作世界现象学人学思想为借鉴，融合现实人的生存境遇而生成的新的现实人学理论。主体化人学是研究主体化人的存在、本质、结构、价值伦理以及生存方法或智慧的新人学理论体系。主体化人学以主体化生活世界为总体，以主体化工作世界为基础和价值伦理核心，是走进工作世界的人学理论或人文化哲学，即工作世界人学或工作人学。主体化人学是当代人特别是处在构建和谐社会与和谐世界境遇中人的存在观、本质观、价值观、道德观和生存方法论。

主体化人学有两个基本的理论个性：一是生活世界总体人学和工作世界本质人学的统一，而不单是研究人的本质的本质人学，也不单是研究人的生活世界总体性的总体人学；二是融合人的现实境遇研究主体化人的存在、本质、结构与价值伦理的现实人学。它也研究经典或既成的人学理论，但不是以理论为价值轴心，它研究经典作家或他人的人学理论是为了寻求逻辑支持、理论指向、思想借鉴，而不是以既成的理论统领的先验研究结构，它是以人的现实世界或现实人的存在境遇为价值轴心，是以现实人为统领的人学理论研究。主体化人学的理论个性使它与其他人学理论范式区别开来。（1）主体化人学是马克思主义的实践人学、社会关系人理论和全面人理论的现实化、时代化和主体化。（2）主体化人学不同于当今学界既成的“实践人学”：前者既是人的生活世界总体人学，又是人的工作世界本质人学，还是研究现实人的“现实人学”；后者只是关于人的实践本质的本质人学，是研究实践人理论的“理论人学”。（3）主体化人学不同于无生活世界总体意蕴和工作世界基础与核心的“主体人学”；不同于把人自然客体化的“自然人学”；不同于把人精神客体化的“道德人学”

或“神本人学”；不同于把人主观精神意识化的“意识主体化人学”；不同于消解人的社会性和创造性地把人生态化的“生态人学”。这些人学范式的根本缺陷就在于缺少主体化生活世界总体意蕴和主体化工作世界价值核心。

三、主体化人学研究的主要内容和基本观点

（一）研究的主要内容

主体化人学研究由五部分内容构成，共分六章。第一部分是对人文化演进的历史逻辑的考察，由第一章“从客体化人到主体化人：人文化演进的历史逻辑”构成。第二部分是对既成人学理论的理论解构，由第二章“从生活世界到共同体实践：马克思的主体化人学思想”和第三章“从生活世界到工作世界：许茨现象学的主体化人学思想”构成。第三部分是主体化人学理论的现实建构，主要是融合人的现实境遇，探究主体化人的生活世界存在总体、工作世界本质与结构以及价值向度、伦理原则和生存方法论，是本研究的重点和核心部分，由第四章“主体化人的意义结构”构成。第四部分是主体化人学范式的辨析，主要是明晰主体化人学的主体化人范式对其他人学的异化人、物化人、抽象实践人、自然人、道德人、生态人等人的存在范式的超越性，由第五章“主体化人的超越性”构成。第五部分是主体化人学的应用研究，也是主体化人学在哲学、教育、历史文化、诗文化主体化层面上的进一步展延，由第六章“哲学、教育、历史文化、诗文化主体化的结构”构成。

（二）主体化人学的基本观点

1. 主体化人学是对人学文化演进的历史与逻辑的接续，是以马克思的

实践主体化人学思想为指导，以当代人学文化特别是许茨的工作世界现象学的主体化人学思想为借鉴，融合现实人的生存境遇而生成的新的现实人学理论。马克思的实践主体化人学思想是实践本质人学与生活世界总体人学的统一。主体化人学是研究主体化人的存在、本质、结构、价值伦理以及生存方法或智慧的理论体系，是以工作世界为基础和价值伦理核心的工作世界人学即工作人学。其理论个性是生活世界总体人学和工作世界本质人学的统一，是融合人的现实境遇探究主体化人意义结构的现实人学。它是马克思主义实践人学、社会关系人理论和全面人理论的现实化、时代化和主体化，不同于当今学界既成的较为抽象的"实践人学"以及无生活世界总体意蕴和工作世界基础与核心的"存在人学"、"主体人学"、"主体间性人学"、"生态人学"等人学范式。

2. 主体化人即是主体化世界，是主体化生活世界的总体或主体化关系的总体，主体化关系是主体与自然、社会和主体的共同造化关系的总体。主体化关系是主体化生活世界的结构，主体化生活世界是主体化关系的实体存在。主体化工作世界或工作共同体是主体化人的本质和价值伦理核心。主体化能力与主体化关系的互构关系是主体化人存在的总体结构，工作能力和工作关系的互构关系是其本质结构。主体化人的主体结构是主体间性的多重主体结构。生活世界总体结构、工作世界本质结构、主体间性的主体主导结构构成主体化结构的三位一体存在结构和分析结构。而主体化就是主体对世界的化解、造化，就是主体化世界，主体化世界就是主体化生活世界的总体，其本质是主体化工作世界或工作世界共同体，主体化与主体化人是同一概念。

3. 主体化人的基本特质如下：

（1）主体化人是生活世界总体的人，又是工作世界本质的人。实践人是本质的人，主体化人的存在域大于实践人的存在域，主体化人的工作世界本质是实践人实践本质的现实化、实体化和主体化。主体化人的价值伦理及生存方法论都以主体化生活世界和工作世界为根据。

（2）主体化人都有客体化人的存在倾向和问题。主体化人是与物化、资本化、权力中心化、异化人相对峙的人学范式，更是现实人的存在范式，主要是非对抗的社会制度和构建和谐社会关系背景中的现实存在的人，同时，也是一定物化、异化等客体化人存在境遇中理想的人。主体化人与客体化人二者有根本的区别，但又有相互的关联和通约。以客体化人为主体的对抗的社会制度下有主体化人存在的现象，以主体化人为主体的非对抗的社会制度下也有异化人现象和大量的客体化人存在的事实。从个体人的存在看，任何一个主体化人也都不是绝对的，每一个主体化人都或多或少有一些客体化人的倾向和问题，同样，任何一个客体化人也不是绝对的，都或多或少有一些主体化人的存在。如此，对主体化人和客体化人不能绝对化地理解，还要在主体化人中看到客体化人的因素，在客体化人中找寻主体化人的倾向。

（3）主体化人都有客体化或对象化的存在内涵或因素。主体化人的客体化或对象化不同于客体化人的客体化或对象化。主体化人造化自己的生活世界和工作世界，经常要把自己对象化为客体的财富、成果、技术、人化自然或人化社会等存在，否则就失去了主体化世界的现实存在。主体化与客体化不是绝对对立，在一定条件下互相包含、渗透和转化，但二者有本质区别。其一，客体化人的客体化是以客体化为价值轴心，是把人归结为客体存在，消解人的主体性、社会性特别是创造性；主体化人的客体化是以主体化为价值轴心，是把客体造化为主体存在，化解为主体化的生活和工作世界。而主体化是主体与客体、主体与主体的共同造化，以主体化为价值轴心意味着以主体与客体、主体与客体的共同造化为价值轴心，没有否定客体的价值意义。所以本研究考察客体化人的演化和特质对于主体化人汲取其存在价值有重要意义。同样，考察人文化从客体化人文化向意识化或片面化的主体化人文化的演进，对主体化人学的研究也有重要的历史逻辑支持和思想借鉴意义。其二，主体化人的客体化是主体化人主动、能动、自由的造化，是归主体化人占有和享用的世界，这恰好是主体化人主体性或主体力量的展现。而客体化人的客体化，是客体主导和统治下的客体化，是丧失、消解甚至泯灭了主体性或人性的客体化。如此，主体化人对物化人等客体化人的否定与超越，还具有保留这种积极的属于主体化人自己的“物化”、“经济化”等客体化意义的内涵或方式，而不是绝对地弃绝物质、经济、资本和权力等客体因素，但这些客体因素也只是主体化人存在总体中的必不可少的一些因素、因子而已，它们没有一个因素能成为或代表主体化人存在的总体框架和本质结构。

（4）主体化人是多重主体存在与本质的总体。客体化人往往被一个客体中心所摆布、被一个神灵本体所控制，一生只有一个先验的或外在的本质。而主体化人是现实生活世界总体的人，是现实境遇中的人，是随遇而安、随遇而变的人，如此，主体化人是在不同存在平面和层次上的多面人，是栖居于故乡与异乡的具有多重乡在的故乡人与异乡人、熟悉者与陌生人的总体，是行走于纵横阡陌的多重人生道路和歧路上的生存多歧的人，是一个在多重和谐与冲突关系中造化世界的人，是一个拥有多样生活、工作、主体化能力和主体化关系的总体的人。如此，主体化人的一生不是一个人，更不是一个本质的人，而是显现和涌现于多个存在平面上或潜伏于多重本质结构中的多姿态的人、多本质的人，即一个主体化人具有多平面、多层次、多向度的主体存在与本质意义。而其每一个存在平面和层次又都是一个相对独立的生活世界和工作世界总体。

（5）主体化生活世界的总体性是世界意义、生成意义、个体意义、结构意义总体性的总和。主体化人的本质是工作世界，工作世界的本质是主体化工作世界或工作世界共同体，主体化工作世界即是工作世界共同体，主体化工作世界的总体性是个人、单位、社会多重工作世界的总体性，个人工作世界构成单位工作世界并与之互构，个人和单位工作世界构成社会工作世界并与之互构。

（6）主体化人的存在、本质与结构规定了主体化人的价值取向，这就是生活世界总体价值取向或主体化关系总体价值取向以及工作世界本质结构价值取向。价值就是主体化的世界关系，就是主体与自然、社会和主体的造化关系，或者说，主体化的世界关系就是价值关系；价值的总体是生活世界总体，价值的本质是工作世界，是共创、共享物质财富和精神财富的工作世界共同体。幸福、快乐、自由、公平、正义、平等，所有的价值都根植于这种生活世界共同体特别是工作世界共同体。

最后，哲学要研究人，而人就是人的生活和工作世界，研究人就要研究人如何以主体的姿态造化生活世界和工作世界，就要研究主体化世界或主体化人。世界观、人生观、价值观、伦理观、实践观、矛盾观、生活观、工作观等，最根本的是主体化世界观，是生活世界总体观和工作世界本质观。千种存在，万种本质，最重要的是主体化生活世界总体存在和工作世界本质存在。浅层结构与深层结构、自然结构与社会结构等，最根本的是主体化生活世界总体结构和工作世界共同体本质结构。千种能力，最根本的是主体化能力特别是工作能力或工作创造力；万种关系，最根本的是主体化关系特别是工作共同体关系。公平正义、自由价值、道德伦理等，最根本的是生活世界总体伦理和工作世界共同体伦理。各种存在方法、智慧、秘诀、魔方，最根本的是造化生活世界总体和工作世界本质方法和智慧。道德人、自然人、生态人、实践人、全面人等人的存在范式，最现实、最亲近的是主体化人范式。哲学、教育、历史文化以及诗文化都是主体化存在与文化，都是生活世界总体和工作世界本质存在与文化，都是研究者、教育者、学习者、应用者以及创造者与享受者、作者与欣赏者的共同造化或共同存在。生态危机、资源危机、环境危机、经济危机等危机，最根本的是主体化的危机，是主体化的丧失或主体客体化的危机。推进城市化、现代化、全球化、产业化、技术化等，最根本的是推进主体化行动和主体化进程。构建和谐社会、和谐世界、和谐社区、和谐校园等，最根本的是构建主体化的生活世界总体和工作世界共同体。

第一章　从客体化人到主体化人：人文化演进的历史逻辑

本章考察主体化人学生成的历史必然性和逻辑环节，主要从西方哲学人文化的视觉，揭示主体化人学演进的历史逻辑。而对于中国传统人文化的考察和理解将在有关章节进行。

主体化人学认为，主体化人与客体化人在一定条件下互相包含、渗透和转化，但二者又有本质区别。客体化人以客体化为价值轴心，把人归结为客体存在，消解人的主体性、社会性特别是创造性；主体化人以主体化为价值轴心，把客体造化为主体存在，造化为主体化的生活和工作世界。而主体化是主体与客体的共同造化，以主体化为价值轴心意味着以主体与客体的共同造化为价值轴心，没有否定客体的价值意义。所以本研究考察客体化人的演化和特质对于主体化人汲取其存在价值有重要意义。同样，这里考察人文化从客体化人文化向意识化或片面化的主体化人文化的演进，对主体化人学的研究也有重要的历史逻辑支持和思想借鉴意义。

一、古代客体化人文化

古代客体化人文化的基本精神是把人化为人自身之外的客体，唯物主义或自然元素论者把人化为自然客体，唯心主义或有神论者把人化为精神客体，其实质是把人归于客体。这种主客体的化解关系是以消解主体意义为特征的“合二为一”，是单向度的“自然化人”或“精神化人”。这里把前者称为自然客体化人文化，把后者称为精神客体化人文化。

（一）自然客体化人文化

古希腊哲学文化的元素论把人化为自然物质元素、始基，把人归于自然存在物，把人与自然的和谐关系看作是人归依自然的过程。这种文化与中国古代老庄哲学的“天人合一”文化有相通之处。它的可贵之处是崇尚自然和谐，劣根性是用客体化消解了主体化的主体性和人性。

1. 泰勒斯的“水人文化”

古希腊的海域养育了古希腊的文明，也养育了泰勒斯和他的思想。“水是最好的”、“水生万物，万物又复归为水”。这似乎不是思想而是诗句，或者说是具体化描述的“原逻辑”。古希腊哲学充满诗性，古希腊诗歌充满哲思。最初的文化，哲学的“王”和诗歌的“后”像水一样聚合在一起。理解古希腊哲学不能单靠今天的抽象化的概念逻辑，必须唤醒与古代原逻辑相契合的诗性意识。中国当代诗人海子在长诗《但是水、水》的后记中说：“我们当然不会拜倒在一只哑哑的太阳下，也不会乞求于自己严密无情的智力。我们在地上找水，建设家园，流浪，拖儿带女。我是说，我们不屑于在永恒面前停留。实体是有的，仍是这活命的土地与水！我们寻求相互庇护的灵魂。我仍然要在温暖的尘世建造自己就像建造一座房子。我是一个拖儿带女的东方人，手提水罐如诗稿，那么，永恒于我，又有什么价值。”“父亲也是被母亲灌溉和淹没过的”（海子：《但是水、水》第二篇）。母亲原本就是大地，就是水。正如海子所说：“比生命更深更长的是水。水的寂静。”“大地如水，是包含的。”“女性的全面覆盖……就是水”，“女人生于桥下”，“我所看见的少女，河流的少女，请你把手伸向麦地之中……”。水、女性、自然，但是水后来却被遗忘，自然被精神遗忘，水被追求“物质”、“实体”、“经济效益”的经济人遗忘。在古希腊，哲学之“王”与诗歌之“后”相伴而生，哲学是诗化的哲学，诗歌是哲化的诗歌。借助诗歌的力量，我们才能深入到哲学的深处，深入到“水”的深处和丰富性，才能在一种源本的意义或原逻辑的方式上思索泰勒斯的水。同样，也只有借助哲学的力量，借助古希腊哲学的力量，借助元素论特别是泰勒斯的“水哲学文化”，我们才能理解海子的诗歌，才能理解“水诗歌文化”。而这两种形态的文化最后都归于客体化的“水人文化”。泰勒斯的水本论也是人本论，即人的本质是自然客体化的水，人性就是水性。海子有关水的诗歌表达了女人由水生成，女性就是水性，女性的水全面覆盖，生成女人也生成男人。“手提水罐如诗稿，那么，永恒于我，又有什么价值。”水是最高的价值所在，如此他的生命就是要“追寻巨大元素的召唤”，这作为世界和人本的水即是诗人和哲人共同崇尚的“巨大元素”，共同追寻的世界之初和人的原样。

柏拉图、亚里士多德、黑格尔等西方哲学家大多贬低泰勒斯的水哲学文化。在他们看来，所谓最初的就是最初级的，就是最贫乏、最幼稚、最无价值的，只有“理念”、“第一实体”、“绝对精神”这些抽象的精神实体才是高级的、丰富的、成熟的思想和存在。在他们看来，世界的抽象本原是重要的，而具体现实的水是不重要的；或者说，精神世界是重要的，物质世界是不重要的。他们对泰勒斯的贬低是对一般唯物主义的贬低，是对养育了哲学家和哲学思想的自然之水的贬低，他们试图通过这种贬低抬高他们的精神世界。而对泰勒斯和生活在现实大地上以水为命的现实的人来说，水比“理念”、“第一实体”、“绝对精神”以至抽象的“物质”和“精神实体”更具有生命和生活的价值和意义。如此，水人文化作为一种客体化人文化，虽具有消解人性、主体性、创造性等消极性外，还具有崇尚自然、敬畏自然的积极的自然精神和自然价值，而人离不开水和自然，从这个意义上讲，这种自然精神即是人文精神，是一种较为初级的不太顾及人本身意义特别是人化自然、人化世界意义的人文精神。哲学的水不只是水，水本原不只具有本体论的意义。泰勒斯的水是一种文化，一种生成万物又与万物和谐的文化，而文化的本质是人，水的和谐就是人的和谐，水的灾难就是人的灾难，水文化就是人文化。泰勒斯的水本论所具有的人文化的意义的精髓，就是人与水、人与自然的和谐共存理念。

从水文化的意义上进一步理解泰勒斯的水，是泰勒斯水人文化的意义伸延。（1）水是元素之水、五行之水。在文明的早期，人们开始探讨世界各种事物的组成或者分类，水在其中扮演了重要角色。泰勒斯认为水是万物的本源；其后恩培多克勒 (Empedocles) 又提出四元素说，认为世界由“气、水、火、土”四种元素组成，水是其中之一。古印度哲学家也提出了“地、水、火、风、气”五大概念，后来在佛教中演化为“地、水、火、风”四大元素的说法。在中国古代春秋战国时期提出了五行学说，认为把宇宙间的事物分别归属于水、火、木、金、土五种基本的元素，水在五行中占有一席之地，代表润化、生机、财富等意义，而管子认为水在五行之中具有五行之本的地位。（2）水是文明之水、生命之水。人类文明的起源大多都在大河流域，如尼罗河流域的古埃及文明，两河流域的巴比伦文明以及长江黄河流域的中华文明等。早期城市一般都在水边建立，以解决灌溉、饮用和排污问题。没有水就没有生命，仅仅从这个意义上就可以说水就是生命，就是人，人就是水；而关于人和生命的文化就是水文化。水是圣洁之水。在基督教中，水被认为能洗净人身体及灵魂的罪恶。旧约《圣经》记载，创世之初，上帝的灵魂行于水上，上帝为了人类的罪恶以洪水灭世，在新约之中，耶稣本身受过洗者约翰的洗礼，后来基督徒经由受洗礼圣事进入教会。（3）在文化的各个领域，水都有丰富的意义，或者表现为隐意，或者表现为显意。在水资源危机、水污染严重的今天，把泰勒斯的水哲学与水人文化联系起来，就是更为现实、具体地探讨人与自然的关系以及人的生存之本、之根。人与自然的和谐离不开人与水的和谐，人与水的和谐同时又是人与人的和谐。泰勒斯的水哲学或水人文化是水文化的根基和精髓，它呼唤我们热爱水、热爱自然、热爱生命，也启示和激励我们用生命之水去养育万物，去净化被污染的肉体、灵魂和大地。

泰勒斯的水文化由于只有一个水的本体，这就使他的水文化是一种客体化人文化，人与水的和谐是一种客体化和谐，即把人归于水、化为水。但这种客体化人对主体化人的消解，同时也构成对主体化人的支持，即主体化人也要化解水的自然属性为人的属性，也要在客体化人把人性化成水性的意义上，把水性化成人性，即主体化人也要循着水的自然属性行事或作为，如化水滴石穿的柔性为人的柔性，化水的因势利导的智性为人的智性，化水的润物无声的善行、善性为人的厚德载物的善行、善性。但是这些主体化的自然性或自然化主体性都要在人化自然、人化世界特别是在人化社会中实现，都要在社会性的生活化、实践化或工作化中实现，离开这些主体化行动和过程，就没有主体的自然化或自然的主体化，即主体就不能化自然，自然也不能化主体，自然性、水性就与人性处于分裂的状态。如此，客体化人对主体化人的支持，必须在人的主体化过程中才能实现，而主体化的过程也是一个主客体间性互为过程，即主体要循着主客体的双重意义去理解、改变和造化客体。

2. 赫拉克利特的“火人文化”

火文化作为一种文化特别是人学文化，与古代水本论的水人文化、土本论的土人文化等自然客体化人文化一样，一方面具有消解主体化世界、主体化存在或主体化生活的消极意义，另一方面又具有重要的自然精神和人文精神。而长期以来，它只是作为一种朴素的不科学的哲学文化被抽象地肯定和否定。离开金木水火土这些自然元素、自然资源，人的自然本性、人与自然的和谐发展就成为抽象的空谈。如此，我们要重估古代元素论哲学的文化价值和人学意义。赫拉克利特哲学是火文化，并把火文化归于火人文化，其基本精神就是展现火的对立与和谐，包括自然火的对立与和谐和“人火”的对立与和谐。赫拉克利特在客体之外关注到了作为主体的人，看到主体的火与客体的火的冲突关系且最后趋向和谐，趋向客体化人的和谐。

（1）人是客体化的“火人”

其一，万物是火，灵魂是火，生命是火。赫拉克利特的火，是宇宙之火，也是灵魂之火、智慧之火、生命之火。“这个万物自同的宇宙既不是任何神，也不是任何人所创造的，它过去是、现在是、将来也是一团永恒的活生生的火，在一定的分寸上燃烧，在一定的分寸上熄灭。”火是万物的主宰，如神一样决定着万物的存在，“火在升腾中判决和处罚万物”。

真正的智慧（逻各斯）就是认识万物的主宰，就是认识火。认识了火，就达到了对世界本体、本根、本质的认识；认识了火就认识了逻各斯即规律，就抵达了智慧的境界，“不听从我而听从这个逻各斯，就会说万物是一，就是智慧”。“唯有智慧是一，它既不愿意又愿意被人称之为宙斯”。赫拉克利特的火与逻各斯、宇宙、神的概念经常是在同等程度上使用的。赫拉克利特更进一步指出，灵魂是与宇宙同质的，灵魂是火。灵魂对应于火和气，也就是说灵魂由火和气构成，但主要是火。赫拉克利特所说的灵魂（psyche），是热的呼气，是干燥的火，他认为“一个干燥的灵魂是最智慧的，也是最高贵的”，有火的特性的灵魂是优秀的，因为火是智慧。这样，主体和客体、精神与物质、人与自然都是火，都是火的和谐运动，都是火的不同存在形态，而灵魂之火是智慧，是最高存在的火，即灵魂在火之中，又在火之上。

其二，生命与心灵是最高的火。赫拉克利特把灵魂看作是火的高级形态，认为灵魂本身是火并能认识宇宙之火。由此，他认为，人的愚蠢与智慧就是火性的强烈与微弱。火性越强，人就越智慧；火性越弱，人就越愚蠢和蒙昧。他认为，人醒的时候通过知觉和宇宙逻各斯保持联系，睡着时只通过呼吸和逻各斯保持极微弱的联系，人此时的认识能力是最低的，因为睡眠的状态是一个近似于死亡的状态，灵魂之火几近熄灭。愚蠢的人由于得不到宇宙之火，他们的灵魂之火也是很微弱的，而灵魂微弱，存在也就贫乏，对逻各斯的感觉也就微弱。他将那些愚蠢的人比喻为梦中之人，“尽管万物都根据这个逻各斯生成，而我又按其本性划分每一事物并说明它为什么是这样，但是，人们却像毫无经验一样，虽然他们对我所说的和所行的事有所体验。另外的人则根本没有注意他们醒时所做的事，犹如忘却了他们的梦中所为一样。”赫拉克利特把智慧、灵魂与自然之火、逻各斯看成一个和谐的整体，把人与世界、主体与客体看成一个和谐的共同体。“醒时有一个共同的世界，但睡时却进入个别的世界”，个别的世界指人按照自己的主观意志来生活，“不要像睡梦中的人那样行事和说话”。他把共同体的世界看成是真实的世界，是人的本真、本质的世界。而这个世界是火的世界，醒着的世界就是火的世界。从历史的角度看，原始人群首先是在以篝火为中心的洞穴居住环境条件下，才改变了那种风餐露宿，茹毛饮血的自然生存方式。历史在火中逐渐明亮起来，人在火中逐渐聪明和强大起来。对火的利用推动人从自然生存进入到社会生活。但是赫拉克利特对火的认知还只具有自然客体化的意义。

其三，智慧之火、灵魂之火是德行、德性之火。“一个干燥的灵魂是最智慧的，也是最高贵的”。越是干燥的灵魂越接近于火，越接近于宇宙逻各斯（智慧），越接近德性。“人类的本性没有智慧，只有神的本性才有”，“人的风尚没有确定不移的论断，而神的风尚却有”。即越具有火性就越具有神性，越具有神性就越具有德性。赫拉克利特还认为，“战场上捐躯的灵魂比在瘟疫中病死的灵魂更纯洁”，战场就是火场，战火中的人就是火人，火人就是最本质的人、最纯洁的人，就是最有道德和德行的人。病死的人他们是在一种意识不清的类似睡眠的状态中逐渐熄灭了他们的火，而转化成水；而那些在战场上捐躯的人，他们是在一种活跃的强烈的火的状态中突然结束他们生命的，他们的灵魂至死仍是强烈燃烧的火，他们甚至不需经过水的转化形态而直接归入以太的火中。即具有勇敢德行的人或为国家、民众捐躯的人是最炽热的火人，最炽热的火人是最具有道德的人。在赫拉克利特看来，德行与火、智慧、逻各斯是互相内涵、互相规定的，他第一个将道德哲学与自然哲学融合在一起，将人性与火性融合一起，将人与火融合一起。他用火性解构人性、神性，又用人性、神性解构火性。逻各斯代表着公义和善，是完美道德的化身，逻各斯就是神，“对于神来说，万物都是美的、善的和公正的，而人们却认为有些东西不公正，有些东西公正”。因此人要向神寻找智慧，必须按着神的智慧去生活，因为它是宇宙共同的真理，是最高的智慧。智慧与火、逻各斯与道德秩序是一个和谐的共同体世界。“所有人的法律都因那唯一而又神圣的法律哺育生存，因为它拥有任何可能的权力，不仅能满足一切，而且还有余”。这里“唯一而又神圣的法律”、“不仅能满足一切，而且还有余”指的就是逻各斯——火。但赫拉克利特是英雄史观，他特别崇拜神话中盗火的普罗米修斯，认为他是人类的拯救者，他将那些不认识神的人视作“牲畜”，“最高贵的人只选取其一而舍弃其他的一切，即有死者永存的荣耀；但是，多数人却只是狼吞虎咽地吃饱肚子，如同牲畜”。他这种歧视民众的思想是落后的腐朽的人文化。但赫拉克利特的“火神”思想仍有不同于当时其他神性思想的意义，是对神性思想的创新，即他把火与神、逻各斯、道德、智慧同性化。他和早于他的塞诺芬尼，被认为是最初对传统宗教提出批判的两个人。塞诺芬尼批判的是拟人化和自然化的神，反对把神人化和自然化，认为神是没有任何规定性的“一”。赫拉克利特的火神之火虽然也是自然物质，但也是不定型的没有具体规定性的逻各斯化的神，他还批判传统的宗教祭神仪式。赫拉克利特的神不再是希腊诸神中的神，它去掉了那些拟人化的东西，保留了神至高、至善的特性，肯定了人神的和谐相通、相融性。赫拉克利特认为火人是宇宙之火的一部分，宇宙、神、逻各斯、火、灵魂、智慧、德性是一个对立和谐的共同体世界，这是他自然客体化人的基本思想，他的人文化是火人文化。

（2）客体怎样化人

可以说，赫拉克利特的客体化人文化比泰勒斯更进一步的地方，就在于不仅较为明确地描述了客体化的火人的意义、结构和存在状态，而且探究了客体的火是怎样化人的，那就是遵循逻各斯规律，而最根本的逻各斯就是对立统一规律。

其一，逻各斯化人。赫拉克利特不仅把世界万物看成是永不停息的“火”的变化，而且把这种变化看成是有“分寸”的，这个“分寸”就是规律，他称之为“逻各斯”。在赫拉克利特看来，“逻各斯”就是世界上一切事物运动变化所遵循的最普遍的规律。他说：“万物都根据这个逻各斯而产生”，不管人们是否认识它，它都“永恒地存在着”，并且支配万物。显然，逻各斯产生和支配万物也内涵了对人的产生和支配。赫拉克利特用逻各斯理论改造了原始神话中的命运安排一切、决定人生的观点。逻各斯作为规律，同样运行于人类社会。“人类的一切法律都因那唯一的……法律而存在”。人类必须“依自然行事，听自然的话”。“逻各斯”也支配人的主观世界，它是“人人共有的”，是“灵魂所固有的，它自行增长”。它也是普遍的思维规律，正因为有这个思想中的“逻各斯”存在，“人人都秉承着认识自己的能力和思想的能力”。人们要交流思想和语言，“就应当用这个人人共有的东西武装起来”。要认识真理，就必须认识“逻各斯”，即人的思维活动要遵循规律而发展。总之，人循着自然规律行事，受自然规律支配，人的存在就是自然规律客体化的过程。他把人归于火和火的逻各斯，人与世界都是一团按“一定的分寸”即一定规律燃烧的火，这就把人完全客体化了，消解了主体的实践性和社会性。

其二，逻各斯化人的根本规律是对立统一。赫拉克利特不仅指出了客体化人就是逻各斯化人、客观规律化人，而且进一步探明了逻各斯化人的根本规律就是对立统一规律。“人生于土之死，气生于火之死，水生于气之死，土生于水之死”；“土死生水，水死生气，气死生火；反过来也是一样”。即土、气、火、水这些自然元素的矛盾运行和转化过程即是人的产生、存在与发展过程，而这些自然元素又都是“在一定分寸上燃烧”的火的不同形态。而人本身也是一个矛盾运动和转化的过程：“在我们身上，生与死、醒与梦、少与老，都始终是同一的东西，后者变化了，就成为前者，前者再变化，又成为后者”。人性的变化即是火的自然矛盾属性的变化：“冷变热，热变冷，湿变干，干变湿”。总之，人生的成与幻灭就是自然元素循着对立统一规律的聚合与离散过程，人与自然的关系是逻各斯客体化的关系，是自然元素的转化关系。任何人和事物都可以转化为他物，但不是随便转化为他物，而是转化为对方。人和自然元素处于统一体中，因而能够相互转化。

其三，对立产生和谐，和谐是宇宙人生的最高境界和价值取向。赫拉克利特认为，对立产生和谐、对立趋向和谐。“自然也追求对立的东西，它是从对立的东西产生和谐，而不是从相同的东西产生和谐。例如自然便是将雌和雄配合起来，而不是将雌配雌、将雄配雄。自然是由联合对立物构成最初的和谐，而不是由联合同类的东西”。“结合物既是整个的、又不是整个的，既是协调的，又不是协调的，既是和谐的、又不是和谐的”。

既然对立面是统一的，因此它们又是相互依存的。“如果没有那些非正义的事情，人们也就不知道正义的名字”；“没有疾病，也就无所谓健康”；“病使健愉快，……饥使饱舒服，劳使逸舒服。”对立产生和谐，而和谐是世界与人生的最高境界。“美即和谐”，世界是人的世界，人与世界都趋向美。“驴爱草料，不爱黄金”，和谐的草料比纷争的黄金更美更有生命的价值意蕴。赫拉克利特放弃了家族的荣耀和权贵的地位，隐匿于自然的山林，在喧嚣尘世的权力倾轧与黄金资本的劫掠中，寂寞地追寻和体验着生命与火的和谐之美。

其四，客体化人的动态与流变。赫拉克利特把世界比作一条川流不断的河流，并且断言“人不能两次踏进同一条河流”，“踏进同一条河的人经常遇到新的水流”。这种运动和变化无论是作为自然的过程还是人的存在过程，又都是客体的逻各斯特别是对立统一规律作用的结果，即是客体化的过程。赫拉克利特也正是从事物的这种相互联系和不断运动变化中觉察到了人、世界以及人与世界的对立与统一、冲突与和谐关系。人像河流一样流动、流变，人在干与湿、冷与热、正义与非正义的矛盾中生存、流变，这是人的现实世界，人要正视这种矛盾，学会这种流变，适应这个逻各斯统治的世界。这种客观命定论、这种客体化的人，虽然缺少自主、自立特别是改变现实的主体化世界，但还是比那些神灵命定论具有更多的切合实际的实体和现实，更比那些否定运动特别是害怕社会变革、繁华流转与人生变幻的哲学和人文化具有更多的人性自觉、生命信念和进取意义。而“存在不存在，非存在存在”的诗性话语，则是赫拉克利特对人、对人的世界的潜能和未来的预示、预言与高度自觉，如此，这客体化的人，也可以比那些墨守成规甚至顽固不化的人、比那些对生命的自然本性和流变生态缺乏自觉的人提前进入未来。

总之，赫拉克利特把人的生成过程完全客体化了，但这些客体化的意义，如人的矛盾与冲突关系、生成与幻灭过程、流变与动态的存在性等，都是人的存在的本意，只不过这些意义要在人的主体化过程中实现，要在人的生活化、工作化、实践化和社会化的主体化中实现。

（3）火人文化的展延

把火德性、神性、人性化以至制度化、技术化，是中国古代文化的一个重要内容。《周易》记载："火在天上，大有"、"天与火同人"、"上火下泽、睽，君子以同而异"。把火看成是"天火"，反映出人们对火的敬畏。古籍《淮南子·汜论》中所载曾名尊"火神"的炎帝为神农氏族中"神农无制令而民从之"的首领，是中国古代把火人性化、德性化、神性化和制度化的一个标志。《孟子·许行掌》记载"舜使益掌火，益烈山泽而焚之，禽兽逃匿。"显示出人对火燃烧蔓延性控制能力的增强。《管子·立政》记载"修火宪，敬山泽"、"山泽不敬于火，草木不得殖成，国之贫也。"标志着人类对火力的利用开发以及火的生产技术化。火的使用和火的实践促成社会农业生产与工艺制作分工。人们用火烧制出陶器，陶器的出现又促成冶炼技术的产生。我们只有从火文化的意义上才能真正理解赫拉克利特的"火性至上"、"火生万物"的哲学及其生命之火的火人文化。火是光明、智慧和力量。火是自然之火、历史之火、人性之火、德性和神性之火以及技术、制度和生产之火，更是现代文明之火。但是，这只是我们的理解，是我们对他的火文化的主体化的理解，而他本人的火文化或火人文化，还主要处在自然火的层面，生命、智慧、灵魂乃至社会公平、正义和德性，都是被这自然火或神火、逻各斯之火客体化的对象和结果。

火诗歌与火哲学互相辉映。没有"火"的诗歌将是一片黑暗，没有"火"的哲学必将归于沉寂。诗人海子在他的诗歌中除了尊崇水，还有大量尊崇火的诗篇，他自称与荷马一起参加了太阳的诞生仪式，他把抵达"赤道"和"太阳"看成是自己生存的最高境界，即追寻巨大元素召唤的本体追寻境界，他创作了许多关于火的诗歌，展现了"火人"的生成与幻灭过程、燃烧与沉寂状态。但他的诗歌同隐居山林中的赫拉克利特的火人一样，这种被火客体化的火人，由于过度沉湎于痴迷于自然的熊熊大火，而忽略了社会世界和主体世界的主体化的火——火主体点燃与创造的火，以致于终被主体化的火车碾过自然的火的身躯，成为一个殉身于山海关的诗歌烈士，这生命的惨烈，或许就是一次自然火与主体火的一次碰撞和冲突，而这种碰撞与冲突是否也在警示客体化的人文化和诗文化，不可以无视主体点燃的火、不可以忘却主体化的能量，否则，就会陷入人与自然、陷入两种火焰的惨烈的对抗，就会失却赫拉克利特那种“在一定分寸上燃烧，在一定分寸上熄灭”的明亮、智慧与和谐。

那感动的火、生生不息与明亮的火，那最高的智慧之火本质上是主体化的人火！是主体化世界的存在之火！生命在自然之上，心灵在生命之上，在火之上，火照耀世界，心灵照耀火。火车可谓是工业文明的一个标志。近代、现代以至未来，没有什么能取代火车。电力的、火力的、光能的火车，都是“火车”，“火车”的火是赫拉克利特的自然火的主体化，也是诗人海子的赤道之火的主体化。在现代和后现代主义者对工业文明、对火车的一片声讨中，在人们对火的遗忘中，有些诗人却在努力唤醒人们对火的记忆和感觉。诗人处女座的《火车》抵达了一个父与子、前代与后代、火车之火与大地之土的和谐世界，这个世界即是主体化人文化意义上的火人世界。请看处女座的诗歌《火车》[①]：

说到火车
我就想起父亲
许许多多的休息日
拉着儿时的我
去火车站看火车
我喜欢这些庞然大物
爱听它们的叫声
一个生锈的火车头
被遗弃在废弃的铁轨上
那时我并不在意它的存在
许多许多年后

① 引自处女座诗歌集：《穿越者之诗——从故乡到异乡》，知识产权出版社 2013 年版。

每当我想起父亲
和火车
就想起那个火车头
它被遗弃的样子
越来越清晰
车头和车厢为什么要分开
我和父亲为什么要分开
是谁那么有力
取代了父亲的位置
拉着车厢不停地奔波
我拉着我的孩子
呼啸着
又一次穿越大地
——处女座《火车》

火车之火，是流动与奔驰的火，是肉体与灵魂相互链接的火，是前代与后代交替的火，是钢铁之躯与心灵智慧交合的火。遗弃与拥有、怀念与梦想、顾盼与前进、毁灭与建构、沉寂与呼啸，这就是主体化的“火车”和主体化的冲突与和谐关系。赫拉克利特的火一直伸延到火车之中，并且，时代的火车闪耀着神农之火、海子的赤道之火以及生活的炊烟之火、生命的燃烧和思想的感动之火。《火车》与传统赞美工业文明的诗歌不同，传统是把人工业化了，是以工业为本的工业文明、工业文化，给人一种强烈的机器感或“车感”；而《火车》是把工业人化了，把火车人化了，是以人为本的人文明、人文化，给人一种强烈的“人感”，特别是给人一种化自然、社会以及历史为火车进而化火车为主体的主体化力量。《火车》超越了传统工业文明的颂诗，也超越了反工业文明的“反诗歌”，抵达了一个建构的主体化人文化阶段，而且这种抵达不是通过花草树木、风花雪月等虚无缥缈的意象的抵达，而是通过工业、通过火车抵达的，通过大地上实实在在运行的我们都在乘坐的火车抵达的。一些人们已经习惯了在想象的精神中抵达，他们一见到火车就批判、恐惧、忧伤和漫骂与唾弃。火车对他们来说是一种异化的怪物，就像当年西太后看见火车时要把它推进大海里一样。《火车》作为主体化人的诗文化符号，其意义超越了传统的自然火，超越了近现代的工业火，抵达了火人主体化的存在境界，而这种抵达只有那些有火性的诗人才能在诗歌中抵达，如果一个人的“人火”熄灭了，他将是处于自我黑暗蒙昧的生存状态，即赫拉克利特所说的“睡着的人”的无生命或“病死”状态，因为逻各斯之火、智慧之火已经脱离了他的肉体。

3. 德谟克利特的“原子人文化”

（1）建立在原子本体论基础上的“原子人文化”。德谟克利特认为原子是万物的本体和本原，他把原子在虚空中进行漩涡运动生成宇宙的过程看作是必然的过程，并断言“万物都根据必然生成”。如此，人的生成也是原子在虚空中客体化的结果，人与人、自然的关系，都是这种旋涡运动的碰撞与和谐关系，都是原子与原子、原子与虚空的绝对必然性关系。他用原子客体化人消解了人的主体化，用客体必然性消解了主体人的自由性和生成性、创造性。这一局限被后来伊壁鸠鲁的原子偏离说所修正。

德谟克利特没有具体阐明原子客体怎样化人、怎样生成人的问题，只是在宇宙生成论或原子本体论的意义上预示了人的原子客体本质，但他却较为系统详尽地论述了原子客体如何生成人的精神意识问题即原子客体的意向性问题，这就在意识存在论的层面探讨了人的生存意义特别是文化生存的意义问题，意识的意义、精神文化的意义乃至世界的意义、生活的意义到底来自哪里？这是至今我们仍在不断追问和探究的问题，他的原子客体意向性思想也与当代流行的现象学的主观或主体意向性形成对峙。

德谟克利特受恩培多克勒“流射说”的影响，提出了“影像”说，用影像来解释感觉的产生。他认为，客体事物不断发出同自己一模一样的影像，这些影像都是由精细的原子构成的，它指向并不断进入人的大脑或灵魂从而形成关于客体事物的影像、物像，这就构成人的认识、意识、观念，这是一个客体指向主体意识给予主体意识意义的过程，不同于现象学主体意识指向对象构造客体的意义原则。主体意识的意义来自客体，至少其一部分意义来自客体，而另一部分是主客体间性的意识的构造。德谟克利特则把意识的意义完全客体化了，而现象学则把意识的意义完全主体化了，二者都具有各执一端的片面性和极端性，但同时又都具有各执一端的真理性，意识的意义就是客体化和主体化双重意义的构造。

（2）约定俗成论和幸福快乐论对感觉化的主体化意义的否定。德谟克利特还提出了一种“约定论”。他“有时摒斥呈现于感官的东西，认为它们都不是按照真理，而是按照意见显现的。事物的真理是，原子和虚空存在着，……甜和苦是从俗约定的，热和冷是从俗约定的，颜色也不例外，实际上只有原子和虚空”。[①] 即有形象的物像才能构成意识的影像、表象，而处在味觉、视觉、触觉等由单个感觉器官形成的初级感觉，是主观约定俗成的，是主体化的存在。他认为通过理智得来的知识是真实的，可以作为判别真理的尺度，而通过感官得来知识经验都是虚假的，没有能力正确地判别真假，“视觉、听觉、 嗅觉、味觉、触觉属于虚假的知识，真实的知识则与此相区别”。[②] 应该说，作为不同于影像和理性的感觉，无论是对事物真实的还是虚幻的体验，都具有主体化的意义，即没有主体化就没有感觉，感觉天生就是主体的。如此，他在感觉层面上看到了主体化问题，但却否定和丢弃了主体化的意义，认为那都是没有实体和影像的虚幻的无意义的东西。而实际上，那些感觉都是重要的人生和价值，都是人的存在与本质所在，即使是虚幻的体验、感受。如果一个人能把痛苦的事物感受成幸福，能化痛苦为幸福，这不就是主体化人的存在境界和生存意义

① 北京大学哲学系外国哲学史教研室编译：《古希腊罗马哲学》，商务印书馆 1961 年版，第 168 页。

② 北京大学哲学系外国哲学史教研室编译：《古希腊罗马哲学》，商务印书馆 1961 年版，第 138 页。

吗？！

但是，德谟克利特把人的幸福与快乐完全客体化了，完全原子客体化了。他认为作为理智或理性的灵魂由精细的球形原子构成，是一种火或热的东西，因为这种形状的原子最适合穿过一切事物，自己运动并使他物运动。因此，德谟克利特实际上主张精神上的愉快要高于肉体上的快乐，幸福就是灵魂的安宁。在如何达到灵魂安宁的问题上，他认为要真正做到这一点就必须克制欲乐，淡泊名利，因为贪心与嫉妒会使灵魂苦恼。所以，幸福不在于占有畜群和金银，追求神圣的、智慧的东西才能净化灵魂，得到真正的幸福。德谟克利特建立在原子论基础上的幸福论，以及关于肉体愉快与精神愉快的区别，不仅为后来原子论的幸福观奠定了基础，而且对后世的伦理思想有深远的影响。他的灵魂说和幸福论就是要超越精神与肉体、理性与感性的对抗，抵达人与智慧和美德的和谐幸福状态。这种和谐似乎超越了客体性和谐，具有纯粹主体的意蕴，但他把灵魂归结为原子本身，这就使他的主体化的超越又回到了客体化的和谐，尽管灵魂是由精细的原子组成。

（二）精神客体化人文化

精神客体化人文化较早始于巴门尼德。巴门尼德认为具体的世界万物都是不真实的，唯有“存在”本身才是真实的，存在“不是产生出来的，所以也不会消灭，而“思维与存在是同一的”。巴门尼德第一次提出了“存在”概念，并把存在归于思维，这就把客体主体化了。巴门尼德第一次使客体抽象成了一般性的主体，开始赋予客体以主体的意义，使哲学在研究中不再局限于由对象解说对象，而是由主体解构客体。可以说，后来的一些精神哲学，如柏拉图的“理念”，亚里士多德的“第一实体”、实在论的“概念”，莱布尼兹的“单子”乃至黑格尔的“绝对精神”，都同巴门尼德的“存在”一样，是由客体抽象成的主体。但是他们又都把这种一般的精神主体客体化为主体之外的客体精神或精神客体，这就在精神客体化的意义上又把人客体化了。而作为客体化人文化向主体化人文化转向的标志性思想，应该首推普罗泰戈拉提出的“人是万物的尺度”的命题。

1.“人是万物的尺度”

早期的古希腊早期哲学主要致力于探寻宇宙人生的自然本体问题，即主要关注的是客体问题。在他们那里，人与自然、主体与客体还是浑然一体而没有独立的自觉的主体意识。只是少数哲学家有了主体化思想，意识到人自身的价值和地位。智者派的普罗泰戈拉提出了“人是万物的尺度，是存在的事物存在的尺度，也是不存在的事物不存在的尺度”。[①] 黑格尔指出：“就其真正的意义说，这是一句伟大的话”，“一个伟大的命题”，因为“它表明主体是能动的，是规定者，产生内容”。[②] “人是万物的尺度”思想冲破了传统的人与神的关系，否定了神的存在，对被大多数哲学家所忽视的人的主体化、人的价值和作用给予了真正的肯定，第一次把人作为判断和衡量神、自然、权力和法律等一切存在的“尺度”，把人提高到了至高无上的地位而不再盲从神、自然、法律，不再一味地屈从于客体世界。人应该服从自己，万物应该服从人，人是人的主宰和人的世界的主宰。这一思想深刻地影响着后世的哲学家和研究方向，但这一思想还只是一个抽象的原则，因为它没有对人做任何规定，没有任何规定的人实质是“无主体”状态。

2.“认识你自己”：道德人

可以说，苏格拉底改变了普罗泰戈拉“有人在”的“无人在”状态。苏格拉底把哲学研究的重点从神学本体论和自然本体论转向人和社会方面，而他对人和社会的思考主要集中在人的自我意识、社会的伦理道德和人的灵魂方面。苏格拉底对于普罗泰戈拉关于“人是万物的尺度”提出了异议，强调“认识你自己”。在他看来，并非人人都能成为万物的尺度，

① 黑格尔：《哲学史讲演录》第2卷，商务印书馆1960年版，第27—28页。

② 柏拉图：《理想国》，商务印书馆1961年版，第54页。

只有作为思维者的人才是万物的尺度。所谓会思维的人就是懂得“精神接生术”或辩证法的人，这样的人能够从特殊上升到普遍、由相对性把握绝对性。这样，他就给了人一个精神性的规定，一个精神实体的规定。对于知识、苏格拉底更注重的是公正、正义、节制、勇敢等道德知识，而不是求诸外物的那些自然知识。他认为“未经思考的生活是没有价值的”，会思考的人才有价值，生活才有意义，人只有以知识理性而不是感觉作为“尺度”去认识和衡量世界，即用理性主体去化客观客体，才能对自然关系和社会关系的本质作出客观的判断，才能拥有一个主体化的德性世界。他崇尚美德、正义，就是崇尚主体的德性化世界。“美德即知识”，有知才有德，有德就有知。但他说的知识主要是关于神的知识，认识神就是认识自己；他所说的德主要是神性的道德。这样，他又把人神性化了，把人变成了精神客体化的人，变成了“神人合一”的非现实主体。

3. 理想化的人：生活在“理想国”中的精神客体化人

柏拉图的理念论把人归于理念客体，强调现实世界的虚幻性和理念世界的真实性、高级性，人应该追求理念，超越现实的世俗生活，即精神理念客体是人的唯一去处。这种理念客体化的和谐世界就是他的“理想国”境界。

柏拉图一生都致力于从政治沉沦与混乱中拯救雅典人，建立一个美德、公平的和谐社会。他认为只有用理性的“哲学王”来治理国家才是最合适的。他说：“看到政局混乱，我彷徨四顾，莫知所措。我反复思之，唯有大声疾呼，推崇真正的哲学家，使哲学家获得政权，成为政治家，或者政治家奇迹地成为哲学家，否则人类灾祸总是无法避免的。”在他看来，统治者如果没有哲学的指导，就会变成暴民；而哲学家若不与政治相结合，哲学就只能沦为个人修养的工具。据此，柏拉图构筑了一个以“哲学王”治世的知识权力型的和谐理想社会，并提出了比较具体的模式：全社会以哲学家为王；统治阶级实行财产、亲属共产制；女子要在职务上、责任上与男子平等；消除赤贫与暴富等。柏拉图的“理想国”是试图建立一个主体理想化的社会世界，而非自然客体化的世界，这个世界是循着理念客体建构的，如此，这个主体化或社会化的世界实质上是被理念客体主宰和统治的客体化世界，在那个国度里，统治者理所当然地享受着劳动者的劳动果实，理所当然地撒谎，理所当然地在等级制的尊卑中过着奢华的生活，而工匠、平民、奴隶天经地义地受苦受累，且只能世世代代地做好自己的职业，不许改变自己的地位和命运，他们没有主体化的一点权力和尊严，为此，还要绝对地戒除人的私心，孩子都是公共的孩子，妻子都是公共的妻子，这种反人性的存在，更使人的主体化特别是大众主体化世界丧失殆尽。除了理想国理论，柏拉图的"灵魂说"则在灵魂与肉体的对抗中把人客体化为来自天国的灵魂；"回忆说"把人的认识、精神意识的意义客体化为前世注定的理念精神；"洞喻说"则把人客体化为虚幻的影子世界。但是，柏拉图的精神客体化人文化，对精神、理念等精神世界的崇尚和追寻，在主体意识的意义上，具有主体化存在的重要意义和价值，特别是对于一个物欲横流的物化世界或物化人来说，这种在精神客体化人文化的意义上展现的主体化人文化，更具有戒除物化的单面性意义和价值。

4. 知识客体化、政治客体化与教育客体化人文化

（1）知识客体化人文化——知识人。亚里士多德在《形而上学》一书中开宗明义地指出：求知是所有人的本性。对感觉的喜爱就是证明。人们甚至离开实用而喜爱感觉本身，喜爱视觉尤胜于其他。不仅是在实际活动中，就在并不打算做什么的时候，正如人们所说，和其他相比，我们也更愿意观看。这是由于，它最能使我们识别事物，并揭示各种各样的区别。[①]亚里士多德还把理智活动生活化，在《尼各马可伦理学》中，他认为幸福内在于思辨，提出"完满幸福是一种思辨活动"。[②]把求知看作是人的本性，把从事理智活动看作是生活的基本内容，把从事理智活动，进行哲学思辨看作是幸福的完满体现和人生的理想归宿。他认为，在经验的基础上产生了科学和技术，所谓技术，是指由经验的众多观念所生成的一个对同类事

① 亚里士多德：《亚里士多德全集》第7卷，中国人民大学出版社1997年版，第27页。
② 亚里士多德：《亚里士多德全集》第8卷，中国人民大学出版社1997年版，第230页。

物的普遍判断。技术比经验更高一层："技师之所以更加智慧，并不在于实际做事情，而是由于懂得道理，知道原因。"[①]从感觉、记忆、经验到技术，他把前三项看成是人和动物共有的，把技术看成是人特有的，这确实看到人与动物的一个本质区别，那就是人能制造工具，能通过技术改变环境，这一点不仅蕴涵着人的主体化思想，更接近主体化的本质是劳动化、实践化和工作化的思想。

亚里士多德认为，主要是为了实用的目的技术还不是真正的智慧，在技术之后还有一个更高的层次的智慧。智慧的目的不是为了实用，而是为知识而知识，人之为人而区别于其他一切动物的最根本的标志就在于人有理性、有智慧。他把技术看成是人的感性存在、感性本质，而把智慧看成是人的理性存在、理性本质。亚里士多德认为，智慧有以下四个特征：第一，通晓一切；第二，知道最困难的东西；第三，能够最明确地阐明原因；第四，它只是把求知、爱智本身看作目的，不受结果的拘束和限制。因而，关于智慧的知识实际上就是哲学。在亚里士多德看来，研究哲学的目的不是为了实用，而是为了求知，求知、获得智慧的途径就是研究哲学。

为求知而求知、为知识而知识，爱哲学、爱智慧，亚里士多德这一理念虽然忽略了知识的应用性，却有着它的价值和意义。理性和哲学确实具有不能直接具体应用的特点。如果人们学习每一个知识都要问它的用途，这就把知识完全功利化了，这就把知识理性完全当成了手段。而精神和理性以及智慧、知识，它们本身就是人的存在，就是人的本质的一个层面。精神价值和物质价值，二者都是人的价值和意义。而实际上，他并没有否定知识的实用性，因为技术也是一种知识。实际上，他把技术知识和理性知识置于人的不同的主体化本质层面，并看到了二者的区别。亚里士多德更强调理性知识或智慧，实际上是强调客观知识体系，而这种客观知识体系的核心是神的知识或道德知识，他轻视技术知识实际上就是轻视主体化

---

① 亚里士多德：《亚里士多德全集》第7卷，中国人民大学出版社1997年版，第28页。

的知识，轻视主体造化自然的行动和知识，如此，从根本上讲，他的知识人理念实际上是把人客观知识化了，特别是把人道德化和神灵化了，这就消解了主体化的理解、经验和创造，特别是消解了主体对知识的主体化行动和过程。

（2）政治客体化人文化——政治人。在亚里士多德看来，有些人在出生时就注定将是被统治者，另外一些人则注定将是统治者。他从人的灵魂和体格两方面来论证他的观点，从灵魂方面来说，“凡自己缺乏理智，仅能感应别人的理智的，就可以成为而且确实成为别人的财产（用品），这种人就天然是奴隶”。从体格方面来说，“自然所赋予自由人和奴隶的体格也是有些差异的，奴隶的体格总是强壮有力，适于劳役。自由人的体格则较为俊美，宜于政治生活”。[①]这种区别是天赋的，是天经地义的，是符合自然本性的。和谐是一种有分工、有差别的和谐，这种和谐虽然是和谐的一般特征，但作为奴隶制对抗等级的和谐是不可能和谐的。这就使他的和谐又陷入了理想化的境地。亚里士多德所建构的理想社会就是他那个时代的城邦奴隶制社会。在这种城邦社会中，他期望的是实现中产阶级的中庸政治统治。因为在他看来，在社会的不同阶级中，只有中产阶级的要求才是比较合乎正义的。他的政治目的显然是为了维护中等奴隶主的统治并使其永恒化。“中庸”作为社会关系或人与人关系的一般原则，其实质就是和谐，但奴隶制社会的中庸，只能是一种调和阶级矛盾的幻想。亚里士多德所理解的社会主要是一种城邦政治社会，而他所理解的人也主要是一种政治化的人。他提出了“人是政治动物”的命题，说明人在本性上是合群的，要求结成国家，人只有在国家中才能获得最高的“善业”，过美好的生活，实现自己的本性；国家生活是人的本性的实现和完成。他注重从人的社会性存在说明人的本质有其合理之处，但他把人的本质规定为“政治动物”，把社会理解为政治社会，把人理解为政治化的人，是对主体人的社会化本性全面性的消解，也是

① 转引自《存在主义哲学》，商务印书馆1963年版，第347、377页。

对主体个人化存在的严重轻视和低估。

（3）教育客体化人文化——客体化教育人。苏格拉底、柏拉图、亚里士多德崇尚理念、德性，把人客体化为这些精神实体，那么，人怎样才能与这些精神实体合二为一呢？这就是以客观知识体系特别是神性知识体系为核心的客体化教育。他们认为人只有接受这种客体化知识教育，才能成为真正的人，即有知识、有道德、有神性的人。如此，这里，教育具有人的本体存在意义，教育人是本体的人。

苏格拉底认为，人的一切知识、智慧和道德都存在于人的灵魂之中，神不仅创造了人的肉体，而且为人安排了灵魂。人的行为之善恶，主要取决于他是否具有有关的知识，只有知道什么是善、什么是恶，人才能趋善避恶。苏格拉底明确指出："知识即美德，无知即罪恶。"从"知德和谐"的观念出发，苏格拉底进一步作出推论：因为美德即知识、智慧，而知识是可以通过教授、学习获得的，因此，通过传授或学习知识，也就获得了美德。为了有效地传授知识，以达到道德教育的目的，苏格拉底创制了著名的"苏格拉底法"。他认为，真理以潜在的形式存在于人的内心，教师的主要任务不是传授现成的知识，而在于通过交谈和讨论，消除一切错误和模糊的认识，唤醒学生的意识，从而发现真理。"苏格拉底法"就是这样一种教师与学生交谈、辩论的方法。这种方法的运用包括三个步骤：①苏格拉底讽刺。在这个步骤中，教师以无知的面目出现，通过巧妙的连续询问，使学生意识到自己原有认识中所存在的错误、混乱和模糊。苏格拉底认为这是一个非常必要的步骤，因为只有当学生认识到自己的无知时，才会产生学习的欲望，也才有可能学习知识。②定义。在前一个步骤的基础上，通过进一步的归纳，使学生逐步掌握明确的定义和概念。③助产术。在这个步骤中，教师进一步启发、引导学生，使学生自己通过思考，得出结论。苏格拉底曾说过，他自己虽然无知，但却能用辩论的方法帮助别人获得知识，正如他的母亲是助产士，虽年老不能生育，但能帮助别人生产一样。由于这个原因，"苏格拉底法"又被称作"助产术"。这种方法是近代启发式教学法和现代发现法的萌芽。但这种方法只是形式上实现了教育教学主体化，实质上是教育教学的客体化过程，因为它所启发的知识是先在或潜在于学生心灵中的先验的客观神性的知识体系，而不是让学生自己去理解、建构新的知识，即只是启发学生去回忆已有的知识。此外，柏拉图、亚里士多德等人的教育理论，也都特别注重德性知识或神性知识的客观知识体系教育，而亚里士多德的著作后来被中世纪的教会奉为教育的经典，就是他的客观知识体系教育理论的践行，这种教育严重消解和抑制了主体化知识的生成与创新。

（4）神性客体化人文化——神性人。基督教把人性归于神性，强调人对上帝的服从，强调上帝在人的社会生活中的根本性和主宰地位，用上帝的意志来解释和评价人的行为和社会历史，否认人的地位、作用和价值，否认人的现实生活的合理性，以神性代替人性，以神权代替人权。因此，基督教所认识的人是以神为本的“神性客体化人”。基督教认为神创一切，强调人要服从上帝的意志，否则，就要受到上帝的惩罚。《圣经》的“伊甸园”、“原罪”、“失乐园”的故事是这一理念的典型表现。《圣经》是诗性文化，它的隐喻、夸张、叙述、口语范式等主要的文化符号都充满了诗性的意蕴。它不只是神文化，也是人文化，是神性客体化人文化，但也包藏着主体化人文化的倾向，如“原罪”、“失乐园”就具有人性对抗神性、人性消解神性的主体化人文化意蕴。

伊甸园的故事说，上帝创世以后，想把万物交给人看管，于是，就造了人。在伊甸园里，亚当、夏娃、上帝以及大地万物是和谐相处的，人、自然、神构成了一个以上帝为本的和谐的世界。但是，亚当和夏娃偷吃了智慧果，有了人性，违背了上帝的意志，用人性与上帝对抗，这就是“原罪”。可见，人类最初的罪就是人性的罪，爱欲是人性本质的体现，因此，它也就成了原罪的最初形式和始作俑者。“原罪”的实质就是人用人性与神性对抗，而这种对抗使人失去了和谐的世界，即“失乐园”。在《圣经》里，“伊甸园”、“乐园”的深层意蕴就是“和谐世界”，就是人、自然、神的和谐共同体世界。但是，这个和谐世界是以上帝为本，是以人性的牺牲和消解为代价的，人一旦获得人性，就是与上帝对抗，就要受上帝的惩罚，就会失去他的“乐园”。于是，人被驱逐出伊甸园。人性是对神性的挑战和消解，所以，在上帝的眼里，人性化就是扬弃了上帝客体化的主体化，就是人的堕落。上帝绝对不允许人挑战自己主宰者地位。上帝认为一切都是他创造的，也包括人的意志，一切都要服从自己，自己是目的、是永恒的主体，他人、他（它）者是手段、客体。上帝的思维是一种“主客体间性”的思维，即把自己主体化，把他（它）者客体化。整个中世纪，人被作为精神客体消解在上帝这唯一的主体之中。

奥古斯丁从《圣经》的创世说出发，进一步论证了“原罪”论。他认为，上帝造亚当时，亚当是正直无罪的，是有自由意志的。但是，后来亚当滥用了自己的自由意志，偷吃了智慧果而堕落了。亚当的犯罪是自愿的，这种自愿犯罪的后果造成了犯罪的强烈倾向。人类祖先亚当的罪传给了他的后代而使每个人出生时都带有“原罪”。“原罪”成了人的无可更改的本性。犯罪总比行善容易，每个人达到一定年龄就会犯本罪，犯他必然要犯的罪。在“原罪”面前人人平等，因而，整个人类都需要救赎。由于人有“原罪”，所以人的社会也就是邪恶的社会，也就需要有各种制度来节制和消除人的罪过，这样，按上帝的旨意，社会制度就产生了，国家就建立了，而统治者则是上帝在地上的代表，君权是神授的，人民应该绝对服从。服从君主和天主是“人类社会的共同准则”。如此，作为主体化人文化重要原则的人的社会化存在，也被指涉成上帝精神客体化的过程。总之，宗教文化是神性精神客体化人文化，但也包藏着主体化人文化的倾向以及主体化人文化与客体化人文化的冲突问题，特别是作为早期宗教的《圣经》文化，由于其最初是大众存在者或工作者的话语方式，这种倾向和冲突就尤为突出。

上帝与人的分裂是因为人用人性的爱、智慧和美消解了上帝的意志、对抗了神性。而人之所以为人，这种消解和对抗，这种对神性的超越，这种痛苦而美丽的“失乐园”，既是命运又是自由。“失乐园”是人的一次自我和谐，它洋溢着冲突、对抗和碰撞的美，它比“在乐园”更美！而这种美就在于人超越了作为上帝客体的生命状态，抵达了主体间互爱的“主体间性”的境地。这种境地被当今中国女诗人李见心诗化为一种诗的意境，下面是她的诗《失乐园》[①]。

最后我们彼此献上
带毒的嘴唇
让比死亡更深刻的吻
续写青春
人间有一种真情不为世俗所容
却为世俗所羡

我们终于找到了自己
年轻的感觉 在不年轻的时候
以往的人生都是实习或引子
我们的故事一开始就是
高潮也是结局
一样的内心的热火
不一样的成熟与执著
没有什么能比得上
正午的太阳 燃烧着
坠落坠落着燃烧
为了生命抛物线顶点的辉煌
宁愿烧毁我们的前世与来生

我们最后留给世界的
肖像 美得让上帝悔悟

① 引自李见心诗歌集：《比火焰更高》，中国文联出版社。

不该创创世纪
不该设伊甸园

一株枝干紧密缠绕的合欢树
以肉体的形式抵达了灵魂
有一对蝴蝶好像叫梁祝
飞过东海 枝头呢喃
想重活一回
——李见心《失乐园》

夏娃、见心都在"失乐园"中抵达了乐园，这是对"神性"的消解，对人性的张扬。"上帝死了"，这是一个西方人的口号，我们不能照搬照用。上帝在西方死了，不一定在东方死了；上帝在美国、英国死了，不一定在日本、刚果死了。今天，"上帝"就是那些"神圣不可侵犯的人和事物"的代名词。那些体制、权威、权力，那些技术、传统、文化，那些道德、伦理、纲常，一切落后的摧残和压制主体化存在的东西，都是可以侵犯的。上帝不让人智慧、不让人与人相爱，就是压制爱情主体化。当代的"消解神性"，已不再是消解中世纪的《圣经》，而是消解我们今天的"圣经"；已不再是消解《圣经》里的神性，而是消解我们生活中的"神性"。其实，《圣经》里的神在他一出生的时候就已经死了，真正的神从没有真正地存在过，存在的都是现实中的神。从这个意义上讲，尼采说"上帝死了"，也是一句废话。关键是现实中的神，即使在当今的西方，他也没有死！所以，"消解神性"，这依然是存在的必然选择，依然是价值的本真所在，这是我们的祖先从诞生的那天起就为之奋斗的事业，他们为此而"失乐园"，而获得人的主体化的乐园，那是整个人类的爱和初恋！"失乐园"才是人的真存、智慧和生命的光芒！

二、近代主体化人文化

崇尚主体化的理性、科学、感性，与神性客体对抗以及征服、奴役自然客体，是近代主体化人文化的基本精神。近代主体化哲学把世界主体化为理性、感觉和经验，唯理论把世界主体化为人的理性，经验论把世界主体化为人的感觉和经验，意识主体化人是近代人文化的基本方式和趋向，而理性主体化人又是意识主体化人的基本范式和趋向。

（一）唯理论的理性主体化人思想

近代理性主体化人学思想分为精神理性主体化和技术理性主体化两种形式。

1.精神理性主体化思想

精神理性主体化思想认为：人是自由的主体，不需要遵循事先给定的规定性，而是自我规定、自我创造；人的价值、目的具有自足性，在对象世界之外独立地存在；世界只有接受人的规定、符合人的目的，才能被确证。精神理性主体化思想张扬了人的主体性、创造性和个体性，突出了人化世界的精神主体维度，使人的生存获得了内在的动力，使得世界成为人的世界。如此，人的理性被提高到本体的高度，作为理性的人获得了本体的地位，人取代了神，成为世界和存在的中心。但是，精神理性主体把人的自主性、目的性以及人的自由和价值看成是可以离开对象世界的独立自存的东西，从而使人的主体性失去了现实的基础。笛卡尔的精神理性哲学无疑蕴含着主体化人学或主体化人文化的丰富思想。

（1）普遍怀疑的原则。“凡是我早先信以为真的见解，没有一个是我现在不能怀疑的，这决不是考虑不周或轻率的缘故，而是由于我强有力的经过深思熟虑的理由。”这就是笛卡尔的普遍怀疑原则。普遍怀疑原则搁置了神灵本体和物质本体，把世界还原成一个理性主体化的可疑的世界。

（2）我思故我在。一切都可怀疑，但我不能怀疑我的怀疑，否则就无法怀疑，而怀疑是思，我思故我在，我的思想绝对可靠。笛卡尔把人分为身体和灵魂两部分，提出了“人体是机器”的思想，他说：“我首先曾把我看成是有脸、手、胳膊，以及由骨头和肉组合成的这么一架整套机器，就像从一具尸体上看到的那样，这架机器，我曾称之为身体”。这个称之为“身体”的东西是物质，是上帝做成的。笛卡尔进一步分析：“如果我把人的肉体看成是由骨骼、神经、筋肉、血管、血液和皮肤组成的一架机器一样，即使里边没有精神，也并不妨碍它跟现在完全一样的方式来动作，这时它不是由意志来指导，因而也不是由精神协助，而仅仅是由它的各个器官的安排来动作。”人的本质在于人的灵魂，“我确实有把握地断言我的本质就在于我是一个在思维的东西，或者就在于我是一个实体，这个实体的全部本质或本性就是思维。”“我思故我在”张扬了主体和人性、张扬了人的理性，消解了神性和物质性，但他又把人的理性和人性归结为客观的精神实体，归结为神或上帝。

（3）关于上帝存在的本体论证明。“在我看来，凡是认识的清楚的，明白的东西，就存在。因为既然认识的清楚、明白，就真实了。而真实，即为存在”。在笛卡尔看来，真观念或真理的标准就是清楚明白，那么，“我的心目中有一个上帝的观念存在，而上帝是完满的，否则也就不是上帝了，我们就必须承认上帝存在，因为存在就是各种各样完满性之一”。笛卡尔首先用理性消解了神性，又用神性神化了理性。他的神性不同于神学的神性，是理性化的神性，是一种理性精神或精神理性。这其中，与其说是上帝发挥最大的作用，还不如说是人、人心、人的思维，这才是真正的“上帝”，可以说笛卡尔在一定程度上用理性架空了上帝。

（4）二元论。笛卡尔认为共有三个实体：心灵、上帝和物质。心灵实体的本质是思想，不占任何广延空间。物质实体的本质是广延，不能思想。因此，它们各自独立，互相平行，互不影响。这样，笛卡尔就建立了心物平行的二元论世界观。但是他又认为上帝是最高的精神实体，一切都依靠于它，而它本身并不依靠任何别的东西。因此，只有上帝才是绝对的实体，而心灵和物质只是相对的实体。它们最后都依赖于上帝，上帝才是心灵和物质的创造者。这样他的二元论哲学最终又导致唯心主义。笛卡尔的二元论把人的身体与心灵、精神与物质、主体与客体对立起来了，以至造成了整个近代哲学心物分离的二元对立的思维方式，以至造成了人与自然对立的生存状态，使整个近代西方哲学的人文化具有浓厚的“天人分离、天人分立、天人对立”的精神理性主体化色彩，即精神理性主体把世界化作一个心物二元对立的世界，这就是笛卡尔的主体化世界或人化世界。

2. 技术理性主体化人

技术理性和精神理性是在西方理性主义文化传统基础上形成和发展起来的，在其发展过程中，两者的冲突始终存在。近代的技术理性哲学在18世纪唯物主义哲学中得到了空前的张扬。拉美特利的《人是机器》是这一思想的集中展现，随着以机器技术为核心的近代产业技术的发展，生产、生活越来越被机械化了。在拉美特利看来，人不过是比动物多几根发条和弹簧的机器。技术理性虽然创造了空前丰富的物质财富，增强了人类在自然面前的自信心，但也造成了物的世界对人的世界的侵占和人的精神家园的迷失。技术理性和精神理性的冲突现实表明，二者没有意识到它们彼此的相互依赖关系，而是相互背离，各自走上自己的极端。而这一冲突产生的根源就在于它们割裂了在生活中原本内在统一的主客体关系，割裂了科学精神与人文精神的和谐关系。技术理性主体化与精神理性主体化文化的共同点是都弘扬了人的理性，都把人归于理性，把世界归于主体化的理性。技术理性人文化虽然强调客体性原则，但已经远远地超越了古代自然客体化人文化，它遵从自然规律不再是为了把人归于客体，而是为了征服客体，把客体归于人，归于技术理性。但是，技术理性化人的存在方式却为把人归于另一个客体，即技术特别是技术物质客体，埋下了伏笔，最终趋向现代的技术客体化人或技术异化人。

（二）经验论的经验主体化人思想

经验论的经验主体化人思想就是主张靠经验和科学去化解和造化世

界。经验论强调经验的可靠性、真实性，把人和世界都归于经验主体的存在。培根控制、奴役自然的思想和对经院哲学神性人的批判，是经验主体化人文化的典型表现。培根生活在英国革命的序幕时期，为发展资本主义生产而热心提倡科学技术的进步。当时独占英国思想界的经院哲学却窒息人们的头脑，阻碍科学的发展。因此，他要建立一种反经院哲学的能促进科学发展的新哲学。培根指出，经院哲学以维护神学为职，势必把研究自然看成是亵渎“神圣事物”和“损害人心尊严的事”。培根认为，哲学不应以上帝为对象，而应以自然为对象，哲学的任务是研究自然，研究自然的目的则是为了控制自然，他主张哲学和自然科学结成“合法的婚姻”，提出“知识就是力量”的口号，为发展科学知识而大声疾呼。他热情地讴歌自然科学的成就，认为科学技术发明是“任何政权、任何教派、任何杰出人物对人类事业的影响都不能比拟的”；因为“发明的利益可以扩及于全人类而政治的利益则只限于特殊的地带。”《新大西岛》叙述了培根的科学理想，诸如建立一支庞大的科研队伍进行分工合作的研究；收集国内外科技情报；用重金收买发明专利；聘请国外杰出科学人才，对科学成果和科学家实行奖励等。培根的发展科学和“知识就是力量”的思想是对科学主体化人或知识主体化人的崇尚。

培根认为，为促进科学知识发展需要清除人们思想中的一些错误观念和偏见，他把这些错误观念和偏见归类为“四种假相”。第一种是“种族假相”，即人类总喜欢以自身为尺度，不按照事物的本来面目认识事物，结果歪曲了事物的真相。第二种是“洞穴假相”，这是指为个人所特有而非人类所共有的一种偏见。例如，每个人由于在环境、教育、性格、职业方面的不同，在观察事物时往往把自己的个性、偏爱渗入到事物中，歪曲了事物的真相。第三种是“市场假相”，即人们在交往中由于语言使用不当而造成的思想混乱和偏见。第四种是“剧场假相”，这是指由于盲目崇拜权威迷信传统的哲学体系所造成的错误思想和偏见。培根批判“剧场假相”实际就是对经院哲学的批判。培根对“四种假相”的剖析，是对产生错误思想的认识根源做的一种探索。“种族假相”指的是人的主观性，“洞穴假相”指的是片面性，“市场假相”指的是表面性，而“剧场假相”则指的是盲目性。从人学意义看，培根的四假相说就是用科学主体化人对抗和超越被各种假相蒙蔽和客体化的客体化人的存在倾向。但培根把“假相”看成是来源于人的天性，这是脱离了人的社会性来说明“假相”产生的原因，因而不能全面地揭示出人所以犯错误的真正根源。

怎样才能避免被四种假相客体化呢？那就要做一个经验主体化人，用经验化解这些假相，用经验认识事物的本质即“潜伏结构”。培根认为，世界是物质的，在自然界中真正存在的是无数个体事物，构成个体事物的基本成分是“简单性质”，而在“简单性质”背后则有“形式”，形式是事物内部的“潜伏结构”、“潜伏过程”，形式和简单性质的关系是本质和现象、原因和结果的关系。培根提出培根重视感觉经验，但并不迷信感觉经验，他看到了感觉经验的局限性和主观性，认为感官有时只能给人以虚妄的报告。但是，培根和贬低感觉经验的唯理论不同，他并不因感觉的局限而怀疑感官的作用，否认感觉的权威。他认为感官的缺点是可以补救的，培根认为，把感觉经验与理性思维相结合是克服感官缺陷的重要途径之一，只有把两者结成“合法的婚姻”才能获得真正的科学知识。因而他既反对忽视理性的狭隘经验主义，也反对轻视经验的理性主义。他指出，前者好比蚂蚁，只会收集材料，不会加工制造；后者好比蜘蛛，只会吐丝织网。真正的哲学家应当像蜜蜂那样，既采集材料而又加工制造。在培根看来，科学知识不仅要以感觉为依据，还要把从感觉得来的材料加以分析、整理，上升到普遍原理，借以发现事物的本质和规律。这种合理的方法，就是培根所倡导的归纳法。但是，培根因反对经院哲学而过分重视归纳推理，轻视演绎推理。培根推崇“潜伏结构”就是崇尚和拓展了主体化人的潜能存在意义和存在结构，他重视经验和理性的融合，就使主体化人获得了经验和理性的双重精神向度和精神力量。

综上，近代精神主体化人学思想，就是强调人靠理性或经验造化世界，使世界成为主体化的世界，就是诉诸人的主体化存在，这与古代精神客体化人文化和自然客体化人文化形成巨大的反差，其基本精神是精神意识主体化，而精神意识主体化的主旋律是理性精神主体化，但是它的这种主体化存在和过程，仅仅是精神主体化的存在和过程，尚严重缺失实践主体化和主体间性的共同体化的认知。当然，这种意识主体化也夹杂着或存在着一些自然客体化和精神客体化的倾向，前者如培根、费尔巴哈等人的自然主义倾向，后者如笛卡尔的上帝观念、康德的"绝对命令"原则以及黑格尔的"绝对精神"主体。

三、现代主客体化人思想

古代客体化人文化过度消解了主体化人的意义，近代经验主体和理性主体化人文化过度抹杀了客体化人的意义。现代哲学人学文化试图消解客体化人和主体化人二元对立的倾向，把客体化人和主体化人在意识主体化的基础上融合起来，实现主体化人学文化向主客体化人学文化的转向。但是它只是保留了客体的空壳，甚至承认作为没有任何意义的物质的先在性，把客体的意义全部看作是意识主体给予的，并如此来实现客体与主体、客体化人与主体化人的统一，其实质是意识主体化人文化。现代哲学和人文化都试图在主客体统一中进一步显摆、推崇主体，而生活世界则是这种统一的根基。在生活世界，现代哲学和人文化用个体对抗普遍的群体，用自我对抗社会，把人和世界化于自我意识、自我存在。由于自我与社会的强烈的对抗性，现代人文化总体上是一种崇尚个体与他人、自我意识与社会意识对抗的异化人文化，而这种对抗又是以解蔽非理性精神主体的存在实现的，如此，崇尚非理性精神主体化就构成现代意识主体化人文化的又一个特征和基本精神。他们对人与世界的关系作了非理性主体化的解构，对非理性这个一直被哲学和人文化遮蔽的主体化存在域的解蔽，是对人的主体化意义或主体化世界的进一步开拓和展现，这对于重视非理性主体的存在意义有一定价值，但它把非理性主体绝对化，这就把主体化人单面化为非理性的存在，这就在很大程度上消解了主体化人的丰富性和现实性。

1. 唯意志论：意志主体化人

现代哲学转向的标志是叔本华和尼采的唯意志论，他们在意识的意义上建立了主客体统一的哲学，又在现实的存在上解蔽和制造了人与人、社会和世界的对抗。

（1）叔本华的“主客体统一”说——世界意志人。叔本华提出“世界是我的表象”这一著名的主观唯心主义的命题。他把“世界是我的表象”看作是一条适用于一切有生命，能认识的生物的真理。叔本华并不否认自我意识之外的其他人的存在，他不同意唯我论，认为真正的唯我主义甚至在精神病院里也是绝对找不到的。他提出这一命题的真正目的在于说明周围的世界只是作为表象而存在于主客体关系之中。他认为一切表象所共有的最一般的形式是主体与客体的分立及其关系，表象就其本质而言已经包含有主客体之间的关系。没有客体，主体的表象是不可能的，反之，没有主体的意识去表象，单纯的客体也谈不上表象。他认为整个世界，只不过是与主体发生关系的客体，只不过是表象而已。

叔本华从“世界是表象”的命题过渡到“世界是意志”的命题。作为表象的世界是依存于我们，但世界的本质却不依存于我们，相反我们自己却要依存于它。叔本华认为意志是世界的内在内容，是世界的本质，生命、可见的世界、现象只不过是意志的镜子。这种意志是一种神秘的生活力，是一种盲目的不可遏止的冲动。它是一种原始的、无时间性和空间性，是无因而成的活动。意志既是每一特殊事物的内在本质和核心，也是全部事物的本质与核心，它既存在于盲目的自然力之中，也表现在人的自觉的行为中。这样叔本华最终得出“世界是意志”的客观唯心主义的结论。叔本华认为，对意志的认识不是靠科学和理性，而是靠一种神秘的直觉。在他看来，科学与理性只能以表象世界为对象，它们不能认识意志世界本身，只有用直觉的方法或途径，才能达到物自体本身。在静观中，主体达到丧失其自身，只作为纯粹的主体即意志而存在，从而达到主客体直接“合二为一”，达到对物自体即意志本身的认识。如此，叔本华人学思想文化就呈现出这样一个过程，当他说世界是我的表象的时候，主客体统一于意识主体的表象，是意识主体化人学思想，即主体用意识表象造化世界，而当他说世界是意志，是客体的意志，主体在表象中沉入客体意志或世界意志的时候，又是客体化人学思想，是精神客体化人学思想，是用客体化的意志和精神造化世界和主体。如此，他的人学思想具有意识主体化人和意志客体化人的双重特征，而这种双重性是一种对立的没有统一起来的矛盾的双重性，即他只是在意识的形式上表达了主客体统一化人学思想。

叔本华的主客体化人学思想导致了他的悲观主义人生哲学。他认为人的本质是生活意志，而生活意志的本质特征是企求、欲望和行动的意向。所以生活意志的本身就是痛苦之根源。如果没有企求与欲望，也就没有意志；有意志必有企求与欲望，而有欲望则必然存在“欲求与达到”之间的矛盾，痛苦就是在这中间产生的。他认为痛苦不是从没有中产生的，而是首先从想有而又没有中产生的。如果仅仅是没有，而又根本不想有，那无所谓痛苦，但当人们想有而又没有时则一定是痛苦的。人的生活意志越强大也就是说他的企求越大、欲望越强烈，则痛苦也越深重。他指出，人的欲望是永远没有止境的，欲望的满足只是暂时的、相对的、有限的，一旦人的某一愿望得到满足，不满足的心理会暂时消除，但很快会产生新的欲望、新的企求、新的不满足、新的痛苦，这样连绵不断、永无止境。因为意志的本质就是无休止的企求，不断的求生的冲动。倘若没有欲望、没有企求，也就没有了生存意志。另一方面所谓幸福就是欲望的连续不断地满足，但幸福不是生命的目的。因为如果一切欲望都满足了（这显然是不可能的），那人会感到难以忍受的孤寂、空虚和厌倦，这实质上同样是痛苦的。所以，叔本华的结论是只有痛苦才是世界唯一实在的东西，痛苦对生命来说是本质地存在，所有的生命都是痛苦，每一部生命史也就是病苦史；人生不过是一场悲剧，只是在个别细节上才有一点喜剧的意味；人生不过是一场大梦，自然就是不断地互相吞并，历史就是不断地互相屠杀，道德就是伪装起来的罪恶，人生根本没有什么幸福可言。如此，在叔本华看来，人生、人的主体化世界就是一个化痛苦为幸福再化幸福为痛苦的循环往复的过程，这是一个世界意志化的过程，又是一个主体意识化的过程，这两个过程都发生在意识层面或抽象的神秘的客体化的生活意志境界，如此，他对生活化的诉诸只是对生活意志的诉诸，他并没有真正走进主体化的生活化世界。但他毕竟在意志论或意识哲学以及为我论的意义上关注到人的生活世界问题。

叔本华反对近代哲学主客体分离的二元对立的思维方式，强调主客体的统一性，但只是在形式上即在意识自身的意义上把主客体统一起来了。也正是因为这种形式上的意识自身的统一，并没有解决现实中的主体与客体的对立，所以，他的主体世界充满了痛苦、矛盾和挣扎，他的主体与客体、人与人的关系充满了对抗和异化的状态，不可能实现真正的主体化。

（2）尼采的权力意志论——权力意志人。尼采虽然继承了叔本华的意志主义，但他不同意叔本华的绝对禁欲主义、扼杀生存意志的悲观主义。他恰恰要使人的意志和欲望最大限度的发挥，使主体化存在从叔本华的晦暗世界中解放出来、明亮起来，从而建立个人主宰一切的“行动哲学”。他说：“我根本上就是一个战士，攻击是我的本能。”公开主张“权力意志论”，认为不择手段的谋取权力是正当的，用最残酷的手段去剥削和压迫群众是天经地义的。尼采的“权力意志论”与叔本华的“生活意志”不同，他认为“权力意志”是世界的基础和本源，只有“权力意志”才是可以确定的基本事实，才能给人以信心、希望和力量，给人以财富、地位和快乐。所以“权力意志”是一种“创造本能”，是万物的本原和动力，是世界的物自体。他认为，生命的基础是一种粗暴的利己主义本能，即掠夺的利己主义和防御的利己主义。这种利己的本能同利他主义绝对不相容，是生物进化的一条规律。尼采认为，弱肉强食、生存竞争是宇宙的普遍规律；任何有生命的机体都要发泄自己的力量，从而达到自我保存和自我发展，这就是权力意志的表现。尼采认为世界是虚假的，真理仅仅是一种价值判断，由主观意志决定，由权力意志决定。“真理的标准就在于提高权力感。”这就是说，谁的权力越大，谁的真理也就越多。

从权力意志论出发尼采建立了一种非道德主义社会伦理观。他声称要“对一切价值重新估价”。他从反传统的立场出发，否认那些善人的典型和普遍承认的观念或理论。他认为最大的恶属于最大的善。“超人”是它的权力意志的体现和化身，超人非同凡人，超人是“半神、半兽、半人，背上长着天使的翅膀”，超人是金发野兽，只有超人才能主宰世界。尼采站在少数统治者的立场上，主张对群众进行残酷的镇压和奴役。他认为，超人的本性就是奸淫掠夺、杀人放火、滥施暴政、无恶不作，而且对这一切如同儿戏一般。超人要胜利，如果没有残忍，那是不可思议的。超人使用的武器就是“撒谎”、“暴力”和“最无耻的自私自利”。这一切全是权力意志的体现，是使人类免于退化的手段。对待民众只能使用愚民政策，正是从这种超人哲学和反动阶级立场出发，尼采主张暴力专政，赞赏军国主义，认为军国主义是复兴人类的手段。这一切为法西斯主义的兴起奠定了思想理论基础。尼采还十分轻蔑妇女。“妇人的天性没落，如浅水上漂游的一层浮沫。”“你要走向妇人们去么？别忘了你的鞭子！”总之，尼采哲学把人归结为极端的个人主义的权力意志，完全把人置于与他人、社会和世界对抗的境地。他的主体化就是权力意志化，他的主体化世界就是极端个人化的权力意志化世界。

2. 存在主义的主体化人思想：自我中心主体化人

存在主义宣称自己是关于存在本体论的哲学，而且是关于人的存在的学说，是一种以人为中心、尊重人的个性和自由的哲学。存在主义形成于20世纪20年代的德国，创始人为德国的海德格尔和雅斯贝尔斯，在世界范围内影响最大的是法国存在主义哲学家萨特。海德格尔认为，西方传统的形而上学由于从既成的、给定的东西即“在者”出发来探讨“在”的意义，结果都未能真正理解“在”是什么。因此，他主张从“此在”即人的存在入手来揭示存在的意义。他认为，哲学探究的是存在，而存在总是存在者的存在，只有人才会提出存在问题，也只有人才是领会着存在，因此他称人的存在为“此在”。他认为“此在”的本质在于生存和超越，即对“在者”的超越。“此在”是在世界中展开其生存的。“在世中”是“此在”存在的基本日常状态，是“此在”的日常生活。人是生活于世界之中的，因此，人在世界之中首先不是主客二分的二元对立关系，而是彼此交融、不可分割的生活关系，烦、死、畏等体验是人的本真存在状态。

萨特提出“存在先于本质”的命题。萨特认为，人这种特殊存在者与其他物相比较，就在于“存在先于本质”，这是“存在主义的第一原理”。他认为物的本质先于存在，因为物在成其为某物之前它的本质属性早已被人所决定好了才能把它创造出来。而人却不一样，由于上帝是不存在的，所以没有任何一个力量来预先规定人的本质。人之初空无所有，人是先存在、露面、出场，然后才按照自己的意志造成他自身。人的本质是通过自由选择自己创造的，人每时每刻都在设计自己，超越自己，筹划未来，并把这种筹划付诸行动，使原来可能的东西成为现实。“存在先于本质”表明人的本质是随着人的自由选择、人的行动而不断变化的。人的每一次新的选择、设定和行动都构成人的新本质。“人实现自己多少，他就有多少存在。因此，他，就只是他的行动的总体；他，就只是他的生活。……‘人’不外是自己造成的东西。这就是存在主义的第一原理。这个原理，也就是主观性。”①萨持“存在先于本质”的理论揭示了人的本质的生成性、历史性和变化性，强调人的本质是由人的自我选择、人的自己的行动所创造的，这是比较彻底的主体化人学文化，但是，人的选择和创造不能脱离一定的社会环境和与他人的关系的制约，即人化世界的同时也被世界所化。而存在主义把他人、社会、外部世界、科学技术等个人以外的一切都当作压抑自己的力量而采取不信任甚至敌视的态度，这是一种非理性的态度，这一点被萨特表述为“他人即地狱”，人与人之间不是互为主体的主体化关系，而是互为客体的客体化关系，是人的异化关系。如此，萨特这种唯我论和主观性的主体化选择、行动和人生理想，必然会四处碰壁。

3. 列斐伏尔的日常生活世界主体化人思想：日常生活人

列斐伏尔认为传统哲学理论把日常生活世界排斥在哲学的视野之外，

① 转引自《存在主义哲学》，商务印书馆1963年版，第347、377页。

因此，要对哲学实行改造，扭转哲学对日常生活的偏见，使日常生活世界成为哲学思考的对象。他指出了日常生活世界的基本内涵和特征。（1）日常生活与个人生存活动的直接相连。日常生活直接就是每一个人的生活实践本身，是每个人安排、计划自身活动的产物（2）平凡性。它是偶然的小事情，是每个人平凡的世俗生活，日常实践是零散的个人实践。（3）重复性。它具有不断循环往复的重复性特征。日常性概念强调日常生活的协调、重复和琐碎：同样的动作，同样的进程。日常生活构成资本主义社会关系生产和再生产的基础，在其中包含着变革、颠覆和否定的潜能。平凡的日常小事蕴涵、潜藏着整个社会关系。在当今资本主义社会，异化笼罩着包括日常生活在内的全部社会生活。日常生活的异化不仅构成了对个人的直接压抑，而且使个人丧失了具有革命性的主体性和创造性。如此，要把社会解放与个人解放联结起来，而联结的桥梁是日常生活批判。日常生活批判的目的就是要使每个人认识到自身的处境，摆脱压抑，恢复自我的主体性，从而以实际的行动变革整个社会关系。忽视日常生活的革命、忽视个人解放的历史性意义，是旧的革命模式的基本特点。而日常生活批判就是要克服忽视日常生活革命、忽视个人解放的偏向，将微观世界的革命置于社会变革的中心。日常生活批判首先是要获得对日常生活的认识的真实性，使人的日常存在成为一种理论上透明的东西；揭示其中的积极因素和消极因素，研究其中的冲突和矛盾，以达到人的总体性，实现人的人化。列斐伏尔对日常生活世界意义的解析，是对人的主体化世界和主体化行动的现实关注。

4.马尔库塞的心理主体化人思想

马尔库塞认为当代资本主义是一个“病态的社会”，存在着严重的“多余的压制”，以致到了人性受到全面压制的程度。在生产方面，资本主义的机械化、自动化的劳动方式，使人变成了一部机器甚至只是机器的一部分，强加于人的单调而无聊的劳动不能使人感到快乐，只能使人肉体受到损伤，精神遭到摧残，技术的进步等于扩大的奴役。所以，资本主义条件下的劳动是痛苦和不幸的劳动。在消费方面，现代资本主义社会中人的物质消费水平虽然大大提高了，但人们拜倒在商品、物质面前而被商品和物质所奴役，以致丧失了自己的灵魂。而失去了灵魂的人是没有真正幸福的。所以资本主义社会中的高消费享受是“痛苦中的幸福生活”。在人的心灵方面，资本主义社会利用各种传播手段来灌输其意识形态，压抑和控制人的心灵，使人的心灵时刻都受到社会的支配、控制和压抑。在意识形态方面，意识形态成为“单向度”的“虚假意识”，只对社会起保守作用。马尔库塞在《单向度的人》一书中指出：在发达工业社会，技术的进步创造了富裕，创造了一种生活方式，它可以调和反对这种制度的力量，可以同化那些发出不同声音的人，它解除物质上的匮乏却成为生产性奴役的力量。当人们的需要得到满足，他们持异议和抗议的理由就被消除，他们就变成了统治制度的消极工具。所以，人都成为单面人，社会成为单面社会，人丧失了主体性存在。他认为现代文明无论是经济、政治制度，还是科学、工艺、艺术，还是哲学和日常思维，都是“单面”的，都失去了主体化的创造性和社会批评原则。在马尔库塞的眼里，现代资本主义社会对于人的全面的压抑和控制，造成当代人的全面的异化，丧失了主体性、创造性和批判性，沦为客体化的技术人、意识形态人、物化人等异化人，因而要通过主体化的“心理革命”和“本能革命”来改变人的生存状态，实现向主体化人的复归。应该说，马尔库塞的批判是尖锐的，但其摆脱客体化和异化的方法及主体化人的存在理想，却是一种单面的意识主体化的革命和理想，是一种不切实际的乌托邦式的主体化梦想。

5.哈贝马斯的主体间性人思想

在哈贝马斯看来，当代人成为被技术异化的人，主体化成为被技术异化的主体化，而异化的主体化即是非主体化。在他看来，科学技术在晚期资本主义社会中所产生的是完全消极的社会政治效应，因为，科学技术是为资本主义合法化辩护的虚假意识形态。他认为，技术和科学在当代具有生产力和意识形态的双重功能，作为生产力，它实现了人对自然的统治，作为意识形态，它实现了对人的统治。晚期资本主义通过科学技术，使生产力高度发展，使人与自然关系的“工具行为”越来越合理化，人的劳动越来越符合科学技术的要求。人因此变成了劳动的工具，人失去自己的本质存在而被异化了，技术成了对人的统治，技术的合理性转变成了对人的统治的合理性。由于晚期资本主义社会崇尚“技术统治论”，发展科学技术，生产了大量的物质财富，这样，统治者就成功地利用科学技术为其统治的合法性和合理性进行了辩护，并以此来消除晚期资本主义的“合法化”危机，科学技术也就被异化为资本主义辩护的意识形态了。与此相应，“工具行为”的强化，使得人的行为的另一方面——人与人之间的相互作用和相互对话、相互理解的交往行为变得越来越不合理了。因为人们把处理人与自然关系的方式搬到处理人与人的关系上来，这样，必然造成人们之间的正常交往变得不合理，导致行为主体之间的不理解、不信任、冲突和矛盾的不断加剧。哈贝马斯是个跨现当代两个时代的哲学家，他的理论由社会批判理论和沟通行动理论两部分组成，体现出批判和建构的双重性。他的社会批判理论可视为资本主义的异化人论，沟通行动理论可视为当代西方由异化人论向主体化人论过渡的一种“主体间性”理论。哈贝马斯毕生致力于沟通行动理论的构建，他认为，在生活世界中，人们与其他人相处的过程，总是与他们相互之间的理解和沟通紧密联系在一起。哈贝马斯从人与人之间的相互交往、彼此进行的主观沟通、主观理解的角度来设定生活世界。哈贝马斯认为，建构以交往为中心的生活世界基础，主体就不再是孤独的认识主体，主体化就有了生活世界的视域和主体间性关系的结构。哈贝马斯为摆脱技术异化指出了个体之间的主体间性的主体化方向和原则，但他把交往关系视为这种主体间性的核心，忽视了社会关系特别是生产关系的改造和批判，如此，这种主体化至多也只能在个体与个体之间的十分有限的范围内实现。

综上，现代人本主义运动实质是摆脱客体化、异化或物化的主体化运动，但这种主体化运动采取了主观意识主体化或精神主体化的形式，这就无法从根本上克服和改造单面的客体化人或异化人的存在倾向和生存状态。而其对非理性主体存在域的开拓，对于主体化人学或主体化人的主体化行动主张和选择有借鉴意义。

四、当代生活世界理论或主体间性人思想

现代哲学把人归于精神，把主体化人归于精神主体化人，消解了人的自然性、社会性，必然造成人与人、自然和社会的对抗，必然把人置于异化人的境地。现代哲学人学的总体是异化人论。而当代哲学人学则发生了从异化人论向主体间性和谐人论的转向，这是主体化人文化的进一步展延和升华。人文化演进的整个历史逻辑就是：古代客体化人——近代主体化人——现代主客体化人——当代主体间性化人。本章主要考察了三个环节，马克思和当代的主体化人学思想留待第二、三章进一步系统地考察。附带说明一下，马克思的实践主体化人思想是现代主客体化人的科学形式。整个人文化演进的历史是一部主体化人演进的历史。一种主体化意味着一种客体化，一种客体化意味着一种主体化。没有绝对的主体化与客体化。主体化与客体化的对抗冲突总是相伴而生，相伴而行。主体化是对客体化的消解，客体化是对主体化的破坏。无论是消解还是破坏，主体化的建构与创造、主体化的生活与工作是永恒的价值意义和人文化的趋向。

古代哲学世界观主要是一种客体本体论，古代人文化主要是一种客体化人文化。它把世界看成是本体生成的世界。这种客体本体或者是以主体之外的自然物质的样式存在，或者是以主体之外的神性精神面目展现。物质本体论者循着自然元素的召唤，因本体而生，随本体而去。泰勒斯将世界还原为永生的水，并在仰望天空时坠入本体的水；赫拉克利特把世界解构为一团熊熊的火并归隐山林之火；中国“五行说”把世界精练化为金木水火土五种元素，老子追寻自然之道行于大野，庄子用尊意化之法将自己化为蝴蝶、鲲鹏和鱼，游历于五行之中。而精神本体论者柏拉图则循着神灵的启示或灵魂的牵引把世界圣化为天国的理念。“未经审视的生活是没有意义的生活”，柏拉图挚爱着理性、理念生活，钟情于精神恋人的本体。

富与贫、爱与憎、笑与悲……现实生活世界的一切，在“元素论”那里，或者融入水流，或者焚为火花，或化为泥土。如果说这些现实生活在“元素论”那里还能与元素碰撞或融合出一些自然的美，而在柏拉图“理念论”那里，则沦为理念的影子或摹本，成为虚幻或假象。本体论或客体化人文化并不是一无是处，千百年来，这些客体本体论者或客体化人的存在者，或者因为崇尚自然而被人们所传诵，或者因为追寻精神的“理想国”而被人们所推崇。但是，他们却由于对本体的迷恋而丢失了人性化的生活世界，他们都极力想把自己生活其中的这个不一样的世界还原为一个同样的本体。过着平民生活，热爱教育、德行并体验过战争的生与死的苏格拉底显然比其他哲学家拥有更多的生活，懂得更多的人性，“认识你自己”的主体化思维，使他逻辑上成为一个从古代本体论世界观向近代主体论世界观、从古代客体化人文化向近代主体化人文化转向的转向者。而古代本体论者那么热爱自己之外的事物本体，这种过度的“无主体”精神就成了近代哲学世界观和人文化的生成契机。

近代哲学文化作为资产阶级价值利益诉求和对中古神性中心论的反叛，主要是一种以人为中心的主体中心论，同时交织着物质本体论和精神本体论的不同样式。只把近代哲学世界观归结为同古代哲学世界观同类的本体论思维，似乎没有把握近代哲学世界观的基本精神和对古代哲学世界观的超越性。比如培根就是一个实体本体论者，但他对主体意义和价值的关注、对主体依靠科学技术改造、控制甚至奴役自然本体或实体的自豪和崇尚，远远胜于对煤矿、铁矿、金矿这些自然本体的怜惜与关爱，或者说他爱这些本体是为了爱主体，是为了把本体变成主体可以任意用鞭子驱使的奴仆。在培根的实体本体论里，本体那种在古代哲学世界观里既是本体又是中心的优越性已不复存在了，本体只剩下本体的“始基”意义，它将自己原有的中心意义让位给主体了。从这个意义上讲，制造本体论与中心论的对立、客体与主体或物质与精神的对立，实际上是从培根开始的，笛卡尔只是以更为直接和明确的方式表达了这种主客二元分立的思维方式。而笛卡尔的上帝本体、康德的“绝对命令”本体以至黑格尔的“绝对精神”

本体，也都丧失了古代本体生成万物、支配万物的丰富意义和优越性，这些本体几乎只成为哲学世界观的一种逻辑形式或逻辑前提，只是对于一个思想者不得不保持它的逻辑上的优先性。它们的生成与创造本性，它们在世界的中心地位，统统让位给了诸如笛卡尔的“我思故我在”的“我思”主体康德“理性为自然立法”的“理性”主体以及黑格尔的“神或绝对精神在大地上行进”的国家理性主体。而只有少数哲学世界观本体论还遵循着古代本体论的较为完整的意义，如贝克莱“存在就是被感知”的感觉，费希特“自我设定非我”的自我意识，就既是本体又是中心。但这种自我意识本体论是以绝对地否定客体或客观存在为前提的，因此，这种自我意识只能成为自我的意识，亦即自我意识作为本体只是自己的本体，这种不能生成客体、客观的本体也就不具有本体的意义了，但它还不失为一个中心，即整个的意识世界以自我为中心，尽管抽象地看，意识以意识为中心，还是一种没有边缘陪衬的中心，但具体地看，自我意识作为世界意识的中心就成了有边缘陪衬的中心，这种中心论甚至影响了整个资本主义自我中心论的现代文化体系。还有，费尔巴哈的世界观是经典的物质本体论，但他却不愿意称自己的哲学世界观为唯物主义，而更愿意用人本主义这个归属，这即是他不愿意做一个本体论者而更愿意做一个主体论者、做一个主体中心论者的表证，即费尔巴哈同培根一样，循着物质本体论的方向，也把主体“中心”从本体中分离出来了；而笛卡尔、康德、黑格尔等人，则从精神本体论出发，把主体中心从本体中分离开了。由此可见，本体意义或本体论思维在近代就遭遇到被怀疑、消解、悬置的命运。可以说现当代哲学世界观较为彻底地消解和悬置了本体论思维，这至少在一定程度上应该归功于近代主体中心论用主体中心意义对本体意义的覆盖。

近代哲学世界观的主体中心论思维，突出了主体、人的中心地位，同古代本体论把人消解到物质、神灵、理念、精神等本体中去的思维相比，不失为一种哲学世界观和人学文化的进步，但是这种主体中心论也导致了中心——边缘二元对立的思维方式和存在现实，使生活世界总体性出现多重分裂，如阶级与阶级，人与自然、社会的激烈对抗和过度争斗；同时，人是现实生活世界的人，由于这些感性、理性、经验以及道德国家主体的精神性和单面性，主体中心论的主体也因为不具有生活世界的总体性而成为抽象的主体。如果说本体论的主要缺陷是把主体归结为本体消解生活世界的意义，那么中心论的主要缺陷则是把现实生活的主体归结为抽象的或精神性主体，并把这个主体视为生活世界的中心，从而也消解了生活世界的现实性意义和总体性意义。这样从主体中心论走向生活世界总体论就成为哲学世界观和人学文化历史和逻辑的必然。黑格尔极力用绝对精神的粘贴剂和辩证法把自然、社会和历史粘贴成一个世界的总体，并试图用这个总体论去消融本体论和中心论的缺陷。但这个总体不具有生活世界的现实性、总体性，不过是一种抽象化和理想化的形式而已，最后成为齐一化的没有历史性的国家主体的总体，这就是黑格尔自由理性的最后回归，最后回归到国家理性这个主体同时也是本体中心。所以黑格尔的哲学世界观具有本体论、中心论和总体论三种思维倾向。从这个意义上看，后现代的去本质（本体）化、去主体化、去中心化、去总体化全部适用于对付黑格尔哲学。

现代哲学和人文化以作为主客体统一的表象世界，扬弃了古代和近代哲学与人文化的主客分离甚至对立的二元分裂思维方式，其实质是用主客统一的总体论消解和代替主客分离的本体论或中心论，但这种消解和代替主要是在经验或理性、自我意识或国家意识、理性精神与非理性精神等精神意识的层面上实现的，也就是说，这种主客统一的总体论，这些“世界表象”、“世界意志”、“权力意志”、“潜意识”、“生命冲动”以及“存在”、“此在”与“亲在”的世界，还都由于远离人的现实生活世界而显得缺乏存在的总体性，并如此而陷入主观、抽象、孤寂、沉沦甚至荒谬。如此，当代哲学和人文化都竭力赋予这种主客统一的总体以现实生活世界特别是日常生活世界的总体意义，到此为止，主客体分裂的本体论和中心论思维，才至少在意识哲学的形式上被淹没在生活世界总体性之中了，如此，主客体统一的意识化总体也由于找到了生活世界这个现实的总体而被消解在生活世界的概念和话题中了，而逻辑实证主义的“拒斥形而上学”、现象学的“悬置法”无疑是消解主客体分离的本体论和主客体统一的总体论的经典方法。他们通过对现实世界、生活世界的描述，发现了生活世界的总体意义、主体间性结构和意向性存在本质。如此，当代哲学和人文化又发生了从现代主客体统一的思维向主体间性思维的转向，这个转向的实质是从主客体统一的抽象总体向现实生活世界总体的转向。现代哲学和人文化的转向是用总体论代替近代的本体论，当代哲学和人文化的转向则是用一种新的更为现实和亲在的总体论消解和代替现代哲学文化的抽象、先验主客体统一的总体论。当然，这些当代生活世界总体论由于建立在意识哲学基础上，依然带有浓厚的非世俗性和乌托邦色彩，但它毕竟在意识哲学的层面抵达了生活世界的总体意义、结构特别是主体间性关系本质，这对于对抗、反抗和消解现代文化的自我中心价值体系具有划时代的意义。而现象学社会学家许茨则从生活世界总体性出发，进一步描述和探究了作为生活世界基础和核心的工作世界总体性、主体间性结构和意向性本质，这就使现实世界的总体性或总体世界的现实性更加明亮和敞开起来，使主体化世界更加显现出工作化的亲善、力量和实有的存在性。如此，笔者在第三章用一章的篇幅考察和解构许茨的以工作世界为基础和核心的生活世界现象学，即许茨现象学的主体化人学思想的体系和结构。而许茨是受了马克思实践哲学的影响才使他的现象学有了工作世界的实有性灵光。

马克思的实践主体化人学思想扬弃了本体论和中心论思维，也扬弃了黑格尔的理性观念总体性方法，建构了生活世界总体观，它坚持物质本体但不是物质本体论，主张主体中心但不是主体中心论。有些西方马克思主义者把马克思哲学归结为一种总体论，确实是一种真知灼见，但其实践总体论或历史总体论的归结还不具有生活世界的总体性，这便使马克思的总体论在很大程度上失落了总体的光辉和意义。而现当代哲学生活世界观的转向，不是缺少世界观的总体性，就是没有从根本上摆脱意识总体性或个体总体性的单面性。从这个意义上，本研究在第二章用一章的篇幅专门探讨马克思的生活世界总体人意蕴、共同体人论和共同体实践理论，这即是对马克思实践主体化人学思想的解构与建构。

第二章　从生活世界到实践：马克思的主体化人学思想

主体化人的总体性就是生活世界总体性，其本质是共同体实践，实践的现实化、实体化、主体化是工作世界化即工作世界。

马克思生活世界总体观是对现实世界做生活世界总体的理解，实践观是对现实世界实践本质的理解，从生活世界总体到实践本质是马克思新世界观对现实世界理解的深化和递进过程，这个深化过程既符合历史又合乎逻辑。实践是与认识、精神、意识活动相对而生的范畴，实践特别是物质生产实践是生活世界的最为深刻的根基，但不具有生活世界的完整性、全面性、丰富性和普遍性，不具有生活世界那样的总体性。马克思生活世界总体观和实践观共同构成马克思主体化人学思想的基本结构。实践主体化人学是马克思人学理论的本质人学，主体化人学思想是马克思的总体人学思想。以往对马克思人学理论的研究，对其本质人学即实践人学研究颇多，而忽略或遗漏了对其主体化人学思想即生活世界总体人学思想的研究，而对其实践人学的研究则缺失共同体实践概念和工作世界核心的探究。主体化是人的生活世界总体存在，实践是人的生活世界本质，主体化人学思想与实践人学在马克思人学体系里，分属于两个互相关联的不同层次。实践主体化在马克思主体化人学思想中处于基础与核心的地位，如此，可把马克思的主体化人学思想称之为实践主体化人学思想，即马克思的实践主体化人学思想是实践本质人学与生活世界总体人学的统一。马克思没有明确提出主体化人或主体化人学的概念，但通过考察就会发现，他有这方面的丰富的思想。

一、马克思的生活世界总体观——生活世界主体化人学思想

人的现实世界是生活世界，探究生活世界的意义结构和建构问题，即是探究主体化人的现实意义结构和改变的问题，故马克思的生活世界总体观思想即是其生活世界主体化人学思想，即是主体怎样造化世界为生活世界、怎样建造生活世界、怎样改变生活世界的主体化存在问题。

从新世界观的维度探讨马克思哲学的生活世界总体观本蕴，是一种新的研究方法和向度。从古代客体本体观到近代主体中心观再到马克思的生活世界总体观，是哲学世界观历史与逻辑的演进过程。马克思新世界观的生活世界总体观归属的理论进路或理论表征是：新世界观把“现实世界”归结为生活世界，并以此作为自己的现实出发点和逻辑前提；新世界观把哲学的“全部问题”归结为改变世界的总体性问题即主体造化世界的问题，又把这一总体性问题归结为主体化生活世界总体性问题，将本体论和中心论消解于生活世界总体论；新世界观解构了主体化生活世界总体性意义结构，强调总体对“本体”、“中心”和部分的优越性。马克思的新世界观的本蕴是主体化生活世界总体观，是关于主体化生活世界总体性意义结构的理论体系，不再是任何形式的本体论。它对于当今中国马克思哲学生活世界总体化研究、教育和实践有进路的启示性。

（一）马克思生活世界总体观研究问题的提出

提起世界观，人们就会习惯性地以为讲的都是自然、历史、社会等世界类的大问题、大道理或普遍规律，与实际生活比较疏远，或者觉得世界观本身不是生活世界观，只是由它延伸出来的方法论才对生活有一些根本方法的指导性，如“一切从实际出发”、坚持“两点论”和“重点论”等，而直面生活的既不是方法论，更不是世界观。笔者作为一名哲学教师亲历过这样的场景：在一节哲学课上让学生谈自己为什么要学习马克思主义哲

学，学生们基本上都是按着教科书的思维条目式地讲它的世界观总体性和方法论功能，而当有一个学生讲到“学习马克思主义哲学可以使我做好一名父亲”这句话时，引起哄堂大笑，学生们似乎都觉得马克思主义哲学世界观与做好一名父亲风马牛不相及，认为这个讲法滑稽可笑。而笔者觉得这个学生语出惊人，并对学生们表达了自己的理解：做好一名父亲不正是日常生活吗?！这句话恰好表达了马克思主义哲学世界观的生活世界观内蕴，哲学世界观生活世界化是当代哲学世界观的发展趋势和运行路向。学生们对马克思主义哲学日常生活意义的不理解，特别是对马克思世界观的生活世界总体观意义的无知，表明马克思主义哲学生活世界观理论内容及其教育与实践的缺失。

哲学应该非常懂得生活。是的，“哲学非常懂得生活”[①]。马克思哲学之所以非常懂得生活，主要不在于它是一般意义的生活世界观，而在于它是生活世界总体观。哲学首先是世界观，哲学的归属问题实质上就是世界观的本蕴问题。马克思哲学新世界观新就新在这种世界观的生活世界总体观本蕴。长期以来，受马克思哲学研究中把马克思哲学世界观归结为本体论或世界普遍规律说的影响，国内外学界一直存在回避、淡化、消解甚至鄙视马克思的世界观、片面重视马克思历史观、实践观或存在论的倾向。卢卡奇、葛兰西等西方马克思主义者只把马克思新世界观归结为实践观、历史观，这就缺少了生活世界观的总体性内蕴，新世界观的总体性首先是生活世界的总体性，其次才是实践的本质性或实践总体性，即他们虽然“走在重新理解马克思哲学世界观的途中”[②]，但却没有理解马克思新世界观的生活世界总体论，最后又重新回到了实践本体论或社会本体论的本体论思维旧路。国内有学者看到了马克思新世界观的非本体论意蕴，解构了马克思新世界观的现实向度和重大现实意蕴、重大现实“事件”的归属[③]，

① 《马克思恩格斯全集》第1卷，人民出版社1956年版，第123页。

② 俞吾金:《在重新理解马克思哲学的途中》,《上海交通大学学报(哲学社会科学版)》,2007年第5期。

③ 陆杰荣:《马克思新世界观的现实性向度及其实质》,《中国社会科学》2007年第6期。

但是没有生活世界总体本蕴，现实的向度就失去了向度，事件的思维就没有了思维，世界观就失去了“世界观”的意蕴；又有学者只从实践观或历史观维度探讨马克思哲学生活世界观的归属或转向，认为新时期马克思主义哲学的范式转换就是从实践哲学范式转换成生活世界范式，这虽有现实世界和生活世界总体意蕴，但却没有系统分析生活世界的意义结构，从而满足于“婚丧嫁娶”等日常生活系列。为此，一方面，对马克思新世界观要作生活世界观总体本蕴的理解，并分析其意义结构；一方面，对马克思的生活世界总体观要作世界观哲学本意的把握。这两个方面集合起来，就构成了对马克思新世界观的生活世界总体观本蕴的自觉。

（二）马克思的新世界观首先是生活世界总体观

新世界观有强烈的世界意识和世界关怀，马克思认为，在消灭了异化和对抗的未来生活世界，作为新世界观的哲学，不同于其他旧世界观的哲学体系，它“不再是同其他各特定体系相对的特定体系，而变成面对世界的一般哲学，变成当代世界的哲学。各种外部表现证明，哲学正获得这样的意义，哲学正变成文化的活的灵魂，哲学正在世界化，而世界正在哲学化。”[①] 哲学必须具有世界的总体性，即必须是世界观，否则就不是哲学。如此，哲学首要问题就不在于是不是世界观的问题，而在于是什么样的世界观，以往哲学世界观是把世界还原成本体或中心，是本体论或中心论的世界观，新世界观把世界恢复成生活世界的原样，是非本体论的生活世界总体性世界观。这一点从马克思新世界观的出发点和“全部问题”理论可以得到证明。

新世界观把“现实世界”归结为生活世界，并以此作为自己的出发点和逻辑前提，显然新世界观首先是生活世界总体观。马克思在被恩格斯奉为新世界观天才萌芽的第一个纲领性文件《关于费尔巴哈的提纲》中指出：“从前的一切唯物主义（包括费尔巴哈的唯物主义）的主要缺点是：对对

① 《马克思恩格斯全集》第1卷，人民出版社1995年版，第220页。

象、现实、感性，只是从客体的或者直观的形式去理解，而不是把它们当作感性的人的活动，当作实践去理解，不是从主体方面去理解。”[①]“对对象、现实、事物、感性世界的理解”即是对现实、现实世界的理解问题，这提纲第一段话开明宗义地讲世界观问题，并十分清晰地表达了马克思哲学新世界观与旧唯物主义和唯心主义世界观对“现实世界”的根本分歧。以往哲学世界观是循着本体论思维，旧唯物主义世界观把“现实世界”理解成客体本体的世界，将主体、生活世界消解在客体世界中；唯心主义世界观把“现实世界”理解成精神本体的主体世界，将客体、生活世界消解在精神世界中。新世界观首先是从“人的活动”方面去理解，即把现实世界当成主体化生活世界去理解，人的生命活动的世界就是主体化生活世界。“没有从主体方面去理解”即是指没有把现实世界当作主体化生活世界去理解，关于这一点，马克思在后来批判费尔巴哈抽象人本主义世界观时，又有一个十分清晰的表达：“就形式讲，他是实在论的，他把人作为出发点；但是，关于这个人生活的世界却根本没有讲到，因而这个人始终是在宗教哲学中出现的那种抽象的人。”费尔巴哈以人为本的世界观、现实观脱离生活世界，是抽象人本主义，马克思这里明确提出的“生活世界”概念和对费尔巴哈的批判与《提纲》中“人的活动世界”概念和对费尔巴哈的批判是一致的。新世界观首先是生活世界观，首先是生活世界总体论，其次才是从实践方面去理解的实践论，即“当作实践去理解”，即进一步把现实生活世界的本质理解为实践或实践生活，这与《德意志意识形态》认为新世界观的出发点是“从事实际活动的人”、“他们的现实生活过程”[②]，进而深入到实践本质是一致的。生活世界总体观是对现实世界做总体生活世界的理解，实践论是对现实世界做实践生活本质的理解，从总体生活世界到实践生活世界是新世界观对现实世界做生活世界理解的深化和递进的过程，这个深化过程既符合历史又合乎逻辑。实践是与认识、精神、意识

① 《马克思恩格斯选集》第1卷，人民出版社1995年版，第54页。

② 《马克思恩格斯选集》第1卷，人民出版社1995年版，第73页。

活动相对而生的范畴，实践特别是物质生产实践是生活世界的最为深刻的根基，但不具有生活世界的完整性、全面性、丰富性和普遍性，不具有生活世界那样的总体性。生活世界不仅具有实践的规定性，而且包容了情感、思想、想象、梦想、幻想甚至潜意识等所有精神生活世界。如果把生活世界等同于实践活动，那么许多精神活动、心理活动就被从生活世界中开除了。特别是在思想匮乏、精神失落、物欲横流或物质生活水平提高的当今社会，更应该追寻生活境界的精神向度、精神价值和精神文化归属，更应该有生活世界的总体性思维，更不能把生活就归结为本质的实践活动。"我思故我在"，人是物质动物也是思想动物，是实践活动者也是精神生活者。学界在解读《提纲》第一段话时往往忽略了"人的活动"一语，一下就跳到"没有当作实践去理解"这句话，进而把后面的"主体"一词也只是理解成实践主体，而不是马克思理解的内涵了实践的生活主体。这是因为对作为生活世界总体性的主体或主体的生活世界总体性缺乏理解和把握，也正是如此，这段话总是被解构成马克思的实践观或实践本体论的经典表述，而遗漏了马克思新世界观对现实世界做生活世界总体性的理解和归结，这就遗漏了马克思新世界观的出发点和逻辑起点是生活世界总体性，从而也遗漏了马克思实践观的逻辑前提是生活世界总体论。这种遗漏可谓是历史性的疏忽或失误，因为迄今为止，关于《提纲》开篇这段话，人们所知道的还只是实践论或实践本体论的解读，而对其进行主体化生活世界总体观的解读还尚未存在或凸显。也正是如此，这段话的世界观内蕴也就不得而知了。这段话能作为《提纲》的开篇不是偶然的，实际上，它是马克思新世界观也是整个马克思哲学的开篇，哲学首先是世界观，马克思哲学首先是生活世界总体观，其次才是生活世界的展开——实践本质论、主体论或存在论、社会历史观等。《提纲》的全部内容实际上就是循着这个逻辑展开的。总之，这段话具有强烈的世界观自觉，这种世界观自觉又具有强烈的生活世界总体观自觉，也正是这种世界观的强烈自觉，恩格斯才奉《提纲》为包含"新世界观"天才萌芽的第一个纲领性文件。它从马克思新世界观的出发点和逻辑起点上明晰了马克思哲学的生活世界总体观归属。

新世界观在明确了自己的出发点和逻辑前提是生活世界总体的同时，又把哲学的“全部问题”归结为改变世界的总体性问题，把这一总体性问题归结为生活世界总体性的建构问题，将本体论和中心论消解于生活世界总体论。“哲学家们只是用不同的方式解释世界，问题在于改变世界。”[①]对于新世界观来说，“全部问题都在于使现存世界革命化，实际地反对并改变现存的事物”。[②]旧哲学世界观的问题是只“解释世界”，这个被解释的世界就不具有改变世界的生活、实践的意义，人的生活被摆置在世界之外或被淹没和消解在世界中，这个世界就是不完整的世界，只是一个从客体方面被解释或理解的世界或者是从主体精神层面被虚构、歪曲或抽象化的世界，是一个非生活世界的世界，不具有世界的总体性。由此造成旧世界观不是世界总体论思维，更不是生活世界总体论思维，而是重视本体决定或中心控制的本体论或中心论思维。新世界观强调“改变世界”，改变本身即是人的生活，是创造生活的意义，或者是把世界的意义融入生活，把生活的意义给予世界；世界被纳入生活之中和被赋予生活的意义，生活从世界中凸显出来，使世界成为生活世界。人只有在改造自然对象的活动中“才能真正地证明自己是类存在物。这种生产是人的能动的类生活”。[③]改变世界就是主体生活、实践的世界，改变着的世界就是生活世界，它融入主体、客体、人、自然、社会的全部存在，是一个总体的世界，即总体的生活世界。新世界观的全部问题都是“改变世界”、“使现存世界革命化”，这样就把哲学世界观的全部问题归结为世界总体性问题，归结为生活世界的总体性问题。哲学基本问题是世界的本体问题，哲学“全部问题”是世界的总体性问题，即以什么为总体的问题。马克思新世界观提出哲学世界观的“全部问题”或总体问题，是对哲学世界观问题说的一个重大发展。新世界观不仅要解决哲学基本问题，还要解决哲学世界观总体性问题，

① 《马克思恩格斯选集》第1卷，人民出版社1995年版，第57页。

② 《马克思恩格斯选集》第1卷，人民出版社1995年版，第75页。

③ 马克思：《1844年哲学经济学手稿》，中共中央马克思、列宁、恩格斯、斯大林著作编译局译，人民出版社2000年版，第58页。

而且从新世界观的出发点和逻辑前提是现实生活世界这一点看，“基本问题”和“总体性问题”是哲学世界观的一体化问题，即总体性问题解决不好，不能立足于生活世界总体性，就不能解决好哲学基本问题，即“实体与自我意识”（物质与意识）的关系问题、“人与自然的关系”问题以及“高深莫测的创造物”即本体问题，“一切深奥的哲学问题”，只有在生活世界、实践活动特别是现实“工业和商业”世界中才能得到说明，才能被理解并获得和解和意义。[①] 只有在生活世界总体中才能消除主体与客体、物质与意识、人与世界二元对立的思维和存在。

（三）生活世界总体性的意义结构

马克思在《提纲》里确立了新世界观的生活世界出发点和生活世界总体性这一“全部问题”之后，又在《德意志意识形态》等著作中解构了生活世界的总体性意义结构，强调总体对“本体”、“中心”和部分的优越性。新世界观把世界观归结为生活世界观，又进一步把生活世界观归结为生活世界总体观，具体解构了生活世界总体性的意义结构。

第一，世界意义的总体性。即生活世界的世界性，即生活世界是内涵了人、自然、社会等世界一切存在要素、关系和意义的总体，包容了物质生活与精神生活、社会生活与个人生活、实践生活与认识生活、感性生活与理性生活的总体；是异质性与同质性、差异性与齐一性、碎片性与一体性、片段性与过程性、杂乱性与齐整性、逻辑性与逆逻辑性、本体性与非本体性、中心性与边缘性的总体。其中实践、物质生活处在本质或核心层次。马克思新世界观解释了人与人的存在、历史、自然、意识的生活世界意义。“人就是人的世界”，[②]“人就是人的实际生活过程”，“个人怎样表现自己的生活，他们自己就怎样”；人的本质即是现实生活世界中

① 参见《马克思恩格斯选集》第1卷，人民出版社1995年版，第76—77页。

② 参见《马克思恩格斯选集》第1卷，人民出版社1995年版，第1页。

的“一切社会关系的总和”[①]；历史是人的劳动创造的，而“人们为了能够‘创造历史’，必须能够生活”[②]；自然界是“人的无机的身体”[③]，是“工业和社会状况的产物”，是人的生活的物质条件，“所谓人的肉体生活和精神生活同自然界相联系，不外是说自然界同自身相联系”。[④]意识的意义源于生活世界“意识在任何时候都只能是被意识到了的存在，而人们的存在就是他们的现实生活过程。”[⑤]生活世界是内涵了世界各个要素的生命活动的总体世界，而不是世界的一部分或一个要素。我们仰望天空，天空就有了生活世界的意蕴，我们触摸大地，大地就有了生活世界的内涵。没有生活，地球、星体、宇宙依然客观存在，但不具有生活世界的总体性。生活世界不是世界的一部分，而是世界的总体，世界观的总体性就是生活世界的总体性。当代哲学家海德格尔对这一点也深有自觉，认为存在就是人的生活世界，人和世界的关系不是像水在杯子里或衣服在衣柜里那样，而是“融身”在世界之中，“依寓”于世界之中，繁忙在世界之中，生活于世界之中，生活世界是人与自然的统一。[⑥]由此，“世界观也意味着、甚至首先意味着生活观。”[⑦]马克思“新世界观所理解的‘世界’是在人的实践活动中，在历史的发展过程中所生成的世界”。[⑧]新世界观的最大现实意蕴或最强烈的现实性向度和归属，就是消解了各种高深莫测的哲学问题的生活世界。

第二，生成意义的总体性。马克思承认物质的“先在性”，坚持物质的本体性，但不是本体论，主张物质生活和实践的根基性、核心性或决定性，

① 《马克思恩格斯全集》第1卷，人民出版社1956年版，第60页。

② 《马克思恩格斯全集》第1卷，人民出版社1956年版，第79页。

③ 马克思：《1844年哲学经济学手稿》，中共中央马克思、列宁、恩格斯、斯大林著作编译局译，人民出版社2000年版，第58页。

④ 《马克思恩格斯全集》第1卷，人民出版社1995年版，第45页。

⑤ 《马克思恩格斯全集》第1卷，人民出版社1995年版，第72页。

⑥ 海德格尔：《存在与时间》，陈嘉映、王庆节合译，三联书店1987年版，第66—69页。

⑦ 海德格尔：《林中路》，孙周兴译，上海译文出版社1997年版，第90页。

⑧ 陆杰荣：《马克思新世界观的现实性向度及其实质》，《中国社会科学》2007年第6期。

但不是中心论，认为本体、中心只有在生活世界总体中才有意义，认为总体的意义高于本体、中心和局部意义，并具有本体、中心和个体不可比拟的优越性。本体论强调本体的生成与创造意义，中心论强调中心的决定与控制意义，而总体论则强调总体的优越性和生成意义“只有在共同体中，个人才能获得全面发展其才能的手段，也就是说，只有在共同体中才可能有个人自由。”[①]同时又强调总体与本体、中心和个体的共生性，认为生活世界是生产力、生产关系、经济基础、上层建筑等基本存在矛盾运动的过程，或者是“个人的历史过程”。个体不是绝对地服从、追随和受制于总体，面对靠资本逻辑和利润价值生成的充满异化和对抗的社会“虚假共同体”，个体甚至处在边缘的穷困的卑微的无产者个体可以改造或消灭这个共同体总体，建立新的生活共同体，即未来社会的“真正的共同体”。[②]这个生活共同体不再与个体相分离，即共同体总体的意义就是个体的意义。总体的优越性和生成意义就是个体的优越性和生成意义。在这个过程中，消亡、失落的是一些本体、中心和个体，而生活世界的总体性却成为一个不死的幽灵，潜入未来共同体的生活世界。或许正是如此，德里达说，没有马克思，没有马克思的遗产，我们就没有未来。而马克思留给我们最大的遗产就是生活世界总体论，留给我们的最灿烂的未来就是主体化的生活共同体世界。

第三，个体意义的总体性。新世界观坚持生成意义的总体性，强调总体意义生成性和优越性，同时也内含了个体意义的生成性和优越性。个体意义的总体性有三个含义，一是多元、多维个体意义的总和，而不只是作为某个本体、中心的决定者或唯一者，而本体论或决定论的个体只是某个本体或中心，其他个体的意义都被消解于这种单面的个体。二是个体总体即共同体总体如果不再是个体的本质，个体就可联合起来批判改造或消灭它，建立新的共同体总体。在由无产者建立的“真实共同体”中，“各个

① 《马克思恩格斯选集》第1卷，人民出版社1995年版，第119页。

② 《马克思恩格斯选集》第1卷，人民出版社1995年版，第119页。

个人都是作为个人参加的。它是个人的这样一种联合（自然是以当时发达的生产力为前提的），这种联合把个人的自由发展和运动的条件置于他们的控制之下。”[①]“社会结构和国家总是从一定的个人的生活过程中产生的。”[②]“符合现实生活的考察法”就是“从现实的、有生命的个人本身出发”[③]，即社会、生活世界的总体意义实际上是由个体的生活产生的。三是每个人的生活都是总体存在，而不是单面的异化存在。在主体化的共同体生活世界，人“以一种全面的方式，就是说，作为一个总体的人，占有自己的全面的本质”。[④]由此，新世界观实际上是用总体性方法和意义剥夺了某个本体或中心个体的绝对至上的生成与统治意义，又把总体的意义还给了多元个体。如此，新世界观的总体意义的优越性和生成性，实际上是对某个本体、中心和单个个体的优越性和生成性，是多元个体对一元个体、个体总体对单个个体的优越性和生成性，总体意义就是个体意义的总体性。由此，后现代的去总体化、去中心化、去本质化、去主体化等对生活世界的现代文化体系的批判，并不适用于马克思的生活世界总体性理论，而且马克思在后现代之前就表达了异化的“虚假共同体”的无主体、无中心、无本质的碎片状态，特别是还描绘了这个生活世界中的去总体化、去中心化的现实运动，并建构了未来共同体生活世界的个体化、个性化、差异化的总体化生活理想。

第四，结构意义的总体性。即生活世界结构的意义是结构总体生成的。马克思在《〈政治经济学批判〉序言》中把对生活世界结构的认识视为自己研究工作的总结果：“人们在自己生活的社会生产中发生一定的、必然的、不以他们的意志为转移的关系，即同他们的物质生产力的一定发展阶段相适合的生产关系。这些生产关系的总和构成社会的经济结构，即有法

① 《马克思恩格斯选集》第1卷，人民出版社1995年版，第121页。

② 《马克思恩格斯选集》第1卷，人民出版社1995年版，第71页。

③ 《马克思恩格斯选集》第1卷，人民出版社1995年版，第73页。

④ 马克思：《1844年哲学经济学手稿》，中共中央马克思、列宁、恩格斯、斯大林著作编译局译，人民出版社2000年版，第56页。

律的和政治的上层建筑竖立其上并有一定的社会意识形式与之相适应的现实基础。物质生活的生产方式制约着整个社会生活、政治生活和精神生活的过程。不是人们的意识决定人们的存在，相反，是人们的社会存在决定人们的意识。社会的物质生产力发展到一定阶段，便同它们一直在其中运动的现存生产关系或财产关系（这只是生产关系的法律用语）发生矛盾。于是这些关系便由生产力的发展形式变成生产力的桎梏。那时社会革命的时代就到来了。随着经济基础的变更，全部庞大的上层建筑也或慢或快地发生变革。”①马克思所确立的生活世界的结构，结构的意义——包括过程动态意义、矛盾的动力意义、生产的物质意义、政治法律的精神意义、意识形态的精神文化意义，等，是结构总体或结构要素的共生过程，而非某个本体或中心的单面决定。生产力虽是最终决定者，但生产关系、经济基础、上层建筑也都是生活世界意义的生成者，既生成自身的意义，又产生他者和总体的意义。生产力的劳动者主体与劳动资料和劳动对象、生产关系的所有制基础与交往关系和分配关系、上层建筑的政治核心与各种意识形态，都在互动互为中生成与幻灭。把生活世界看作是一个动态的结构总体，阿尔都塞就是在这个意义上理解马克思哲学的总体性概念的：“黑格尔主义的总体性认为有一个原始的、主要的本质，存在于复杂的外表背后，这些外表因历史的外部化而产生；因此，这是一个有中心的结构。然而，马克思主义的总体性在这方面从不与构成它的因素相分离，因为每一个因素都是其他因素存在的条件；因此它没有中心……它是一个无中心结构。”②西方马克思主义把总体性方法视为马克思主义的基本方法，并把马克思主义归结为社会总体性或实践总体性理论，看到了结构意义的总体性，看到了马克思无中心主义的结构总体性，这不失为真知灼见。但它把马克思主义说成是无中心的结构，这就消解了生产力、物质生产这个中心，马克思主义不是任何形式的中心主义，但却诉诸一定形式的结构、本

① 《马克思恩格斯选集》第2卷，人民出版社1995年版，第32页。

② L.Althusser:*For Marx,Harmondsworth*:Penguin,1969. PP.253—254.

质、中心、核心基础等人和社会的深层存在。

生活世界结构意义的总体性是社会生活结构的总体性和日常生活或个体生活结构的总体性的统一，它既是社会结构又是各个个体的生活结构，每个个体的生活结构都是由一定的个体生产力、个体生产关系和思想、政治、文化关系构成的，它不单是社会生活的总体结构，也不单是某个个体或某些个体的生活结构，而是每个个体即所有个体的生活结构，也是所有共同体的生活世界结构。

综上论述，生活世界总体性即生活世界的世界意义、生成意义、结构意义的总体性。马克思的新世界观就是生活世界观，就是生活世界总体观，就是关于生活世界总体性意义结构的理论体系。主体化生活世界共同体是其核心价值体系，对现存生活世界的批判、否定精神和对未来生活世界共同体的造化精神是其基本精神。生活世界是人的现实存在世界，如此，生活世界总体观即是主体化生活世界观，马克思对异化的生活世界的批判，对生活世界共同体的建构，即是对非主体化或客体化的生活世界的批判与对主体化的自由平等的和谐生活共同体的建构。可以说，马克思是最关怀人的生活世界即主体化的生活世界或生活世界主体化的哲学家，特别是深入到了生活世界的工作世界核心，特别是深入到了劳动阶级、工人阶级、平民阶级的生活世界之中。马克思新世界观的生活世界总体观归属，其世界观革命的真义在于用生活世界总体性思维方法，消解、抿抹和超越了哲学世界观历史上的本体论和中心论二元分立的世界观思维惯性，并深刻和广泛影响了现当代西方哲学世界观的生活世界转向或回归。如胡塞尔用现象学还原法质疑、悬置和消解了本体论的本体世界，使世界呈现出一个现象学的生活世界的原样，即由纯粹意识构成的先验的主体间性的共同体的生活世界，认为生活世界是哲学的“一个持久的有效性的基础，一个不言而喻的一劳永逸的源泉。” “生活世界问题与其说是一个局部问题倒不如说是一个哲学的普遍问题。”[①]现象学社会学家许茨又使胡塞尔的“先验生活世界”沉入“世俗生活世界”，并进而深入到工作世界，把生活世界的实践活动意义转换成工作世界意义。[②]这些思想都是马克思新世界观生活世界总体观归属的价值佐证，也在较为具体和现代的层面上伸延和拓展了生活世界主体化意义的时空，为马克思生活世界总体观或生活世界主体化人学思想的进一步发展提供了借鉴；同时，其生活世界观的先验性、绝对意识性、过度的个体性以及过于纯粹和缺乏总体性内蕴的个体之间共同体性，还需要马克思的生活世界总体观予以矫正和升华。当今中国，各种生活方式、价值取向和生活理想相互交融，特别是面对一些生活世界的沉沦、困境、迷茫和失落状态以及工作就业的问题，马克思生活世界总体观的主体化人学思想，对于马克思哲学人学在当今中国的生活化研究、教育、学习和实践具有进路的启示性和引导性。

二、共同体人论——马克思的共同体主体化人学

马克思关于生活世界总体性的理论是关于人的现实世界总体性的理论，是主体化人学关于主体化总体性的理论。而生活世界并不都是主体化的生活世界，异化的生活世界就是客体化的生活世界，就是人被客体化的世界，如此，马克思进一步探究生活世界的本质问题，解蔽了资本主义的生活世界是虚假的共同体，指明了人在生活世界——社会生活世界和个人生活世界中的共同体本质。

（一）“人的本质是共同体”

马克思的共同体人理论源于异化人论。马克思认为，人类早期的自然

① 胡塞尔：《生活世界现象学》，上海译文出版社 2002 年版，第 258—271 页。

② 何林、李晓元：《日常生活世界的意义结构——许茨〈社会实在问题初探〉》，知识产权出版社 2005 年版，第 52 页。

人生活在以血缘关系结成的各种共同体中，以私有制为基础的商品经济关系绞碎了人与人之间的共同体纽带，人们彼此间漠不关心，人沦为异化的人。“在货币关系中，在发达的交换制度中……人的依赖纽带、血统差别、教养差别等等事实上都被打破了，被粉碎了（一切人身纽带至少都表现为人的关系）；……各个人看起来似乎独立地……自由地互相接触并在这种自由中互相交换。”[①] 但是，在发达的交换制度中实现的人的独立“只不过是错觉”，“确切些说，可叫作——在彼此关系冷漠的意义上——彼此漠不关心。”[②] “毫不相干的个人之间的互相的和全面的依赖，构成他们的社会联系。”[③] 人的社会关系和生产关系都被异化为物的东西。“把在生产中以财富的各种物质要素作为承担者的社会关系，变成这些物本身的属性（商品），并且更直截了当地把生产关系本身变成物（货币）。”[④] 人的自由和解放只有通过建立新的社会关系，即联合起来的共同体才能实现。“个人力量（关系）由于分工而转化为物的力量这一现象，不能靠人们从头脑里抛开关于这一现象的一般观念的方法来消灭，而是只能靠个人重新驾驭这些物的力量，靠消灭分工的办法来消灭。没有共同体，这是不可能实现的。”[⑤] 共同体是人的自由本质和社会关系本质的现实形式：“在这个共同体中各个人都是作为个人参加的。它是各个人的这样一种联合（自然是以当时发达的生产力为前提的），这种联合把个人的自由发展和运动的条件置于他们的控制之下。而这些条件从前是受偶然性支配的，并且是作为某种独立的东西同单个人对立的。”[⑥] 马克思认为只有在共同体中人才能占有对象，占有自己同世界的一切关系，从而全面占有自己的本质：“人以一种全面的方式，也就是说，作为一个完整的人，占有、拥有。人

① 《马克思恩格斯全集》第 30 卷，人民出版社 1995 年版，第 113 页。
② 《马克思恩格斯全集》第 30 卷，人民出版社 1995 年版，第 113 页。
③ 《马克思恩格斯全集》第 30 卷，人民出版社 1995 年版，第 106 页。
④ 《马克思恩格斯全集》第 25 卷，人民出版社 1979 年版，第 91—92 页。
⑤ 《马克思恩格斯选集》第 1 卷，人民出版社 1995 年版，第 118—119 页。
⑥ 《马克思恩格斯选集》第 1 卷，人民出版社 1995 年版，第 121 页。

以一种全面的方式，也就是说，作为一个完整的人，占有自己的全面本质。人同世界的任何一种人的关系——视觉、听觉、嗅觉、味觉、触觉、思维、直觉、感觉、愿望、活动、爱，——总之，他的个体的一切器官，正像在形式上直接是社会的器官的那些器官一样，通过自己的对象性关系，即通过自己同对象的关系而占有对象。”[①]马克思把人的社会关系本质、自由本质以及全面性本质都置于现实的共同体之中，共同体是本质的本质，没有共同体，人与世界就处于“毫不相干”的异化关系之中，个人就会“受抽象的统治”。[②]

现象学受马克思的影响，把共同体看作是人的本质状态。胡塞尔指出：“作为一个个人活着就是生活在社会的框架之中，在其中我和我们都一同生活在一个共同体之中，这个共同体作为一个视界而为我们共同拥有。”[③]胡塞尔的“共同体”就是现象学的核心概念“主体间性”，就是各个主体之间的和谐关系。但胡塞尔的主体间的共同体是由“先验自我”、“纯粹意识”构成的，远远地脱离了现实世界。现象学社会学家许茨把胡塞尔的先验共同体拉到了日常生活和工作世界，在较为微观的层面上具体展现了主体间和谐共同体的生活、工作、沟通、理解、交往等关系。这些思想可视为是对马克思共同体人论的一个佐证和具体层面的拓展。马克思的共同体是以社会关系特别是物质生产关系为基础构成的人与人的联合体，其理论研究的眼界和层次远远高于现象学对个体意识和个人关系共同体的研究和描述。

（二）“共同体的本质是人的和谐关系”

人的本质是共同体，共同体的直接标志是联合、合作的人的群体。联合不只是生物意义的身体的联合，不只是手拉手、肩并肩的联合。从共同

---

① 马克思：《1844年经济学—哲学手稿》，刘丕坤译，人民出版社1979年版，第76页。

② 《马克思恩格斯全集》第30卷，人民出版社1995年版，第114页。

③ 胡塞尔：《欧洲科学的危机和先验现象学》，张庆熊译，上海译文出版社1988年版，第3页。

体的内涵看，共同体就是以一定的物质关系和精神关系、自然关系和社会关系为纽带联合起来的人的群体。它的本质是人与人、自然、社会的和谐发展关系。“一般地说，人对自身的任何关系，只有通过人对其他人的关系才得到实现和表现。”①“人的本质是社会关系的总和”，社会关系的本质是人的联合、合作关系，即人的和谐关系。“社会关系的含义是指许多个人的合作。”②没有联合、合作就没有和谐，就没有交往，就不能发生关系，社会关系就成了虚假的或异化的关系。共同体的根基是“共同占有生产力总和”。在自由人联合体中，“能够实现自己的充分的、不再受限制的自主活动，这种自主活动就是对生产力总和的占有以及由此而来的才能总和的发挥。”③人的共同体本性就是和谐本性，共同体人就是和谐人，人对共同体的追求就是对人的和谐关系的追求。处在根本对抗中的人不具有共同体的关系，不是共同体。马克思的共同体人论就是和谐人论。

马克思认为共同体和谐关系的维度，不仅包括人与人、社会的和谐，还包括人与自然、技术的和谐。“动物只是按照它所属的那个种的尺度和需要来生产和塑造，而人却懂得按照任何物种的尺度来进行生产，并且懂得怎样处处都把内在的尺度运用到对象上去，因此，人也按照美的规律来建造。”④“美即和谐”，美的创造是人的内在价值和自然物种内在价值的和谐统一。“生产力、资金和社会交往形式的总和，是哲学家们想象为‘实体’和‘人的本质’的东西的现实基础。”⑤生产力直接表现了人的技术关系和自然关系。这些关系构成互相制约互相促进的和谐共同体。他从工艺和工业技术的视角揭示了人与技术、自然和社会的和谐共同体关系：“工艺学揭示出人对自然的活动方式，人的物质生活的生产过程，从而揭

① 《马克思恩格斯全集》第1卷，人民出版社1995年版，第91—92页。

② 《马克思恩格斯全集》第3卷，人民出版社1972年版，第33页。

③ 《马克思恩格斯选集》第1卷，人民出版社1995年版，第129页。

④ 马克思：《1844年经济学—哲学手稿》，刘丕坤译，人民出版社1979年版，第50—51页。

⑤ 《马克思恩格斯选集》第1卷，人民出版社1995年版，第93页。

示出社会关系以及由此产生的精神观念的起源。”[1] 如果离开技术关系和自然关系，只讲人的社会关系，又把社会关系归结为生产关系，把生产关系归结为所有制关系，就把人简单化和抽象化了。在人的自然关系和技术关系如此重要的今天，把自然关系和技术关系从社会关系本质中排除，是极其片面和有害的，必然导致忽视人与自然、技术的和谐共同体关系。

对“共同体人”的认识，《吕氏春秋》中有一则“荆人遗弓”的寓言：荆国有人丢失了一张弓，他不肯去找，别人问他为什么不找，他说“荆人失之,荆人得之,又何必去找？”孔子听到后说：“(在他的这番话中)把‘荆’字去掉就可以了。”而老子听到后又说:“(在他的这番话中)还可以把‘人’字也去掉。”这里，三个人从三个视觉把人的本质置于和谐共同体的层面。荆人主张的是“生活（生产）共同体”，孔子是“社会（人类）共同体”，老子是“自然（生态）共同体”。这三个共同体论的精髓是主张共同体的和谐关系，这是对马克思共同体和谐关系本质的佐证。而它们的矛盾和冲突，则需要马克思的共同体人论来平衡和消解。依据马克思的共同体人论，这三个共同体是一个和谐共同体，都统一于现实的生活（生产）共同体。

（三）“共同体是个人与社会的结合域”

共同体社会是由诸多现实的具体的共同体构成的,这里把前者叫作“绝对共同体”，把后者叫作“相对共同体”。离开后者，前者就成为“虚假的共同体”；离开前者，后者就成为没有社会意义和本质的片面的“个人共同体”，如异化社会中的家庭共同体、工作共同体、生活共同体等。同样的共同体社会，不同的“相对共同体”使人具有不同的本质和呈现出不同的生存状态。工人在他所工作的工厂共同体中实现个人的价值和利益，教师在他所在的学校共同体中实现个人的价值和利益，共同体社会只有社会化为不同的共同体才能成为“个人的历史”，个人只有融入特定的共同体才能成为“社会动物”。

---

① 马克思：《资本论》，中国社会科学出版社 1983 年版，第 374 页。

共同体不单是个人，也不单是社会，它既是个人也是社会，是个人和社会的结合域，是人的个人本质和社会本质的结合域。马克思指出："人们的社会历史始终只是他们的个体发展的历史"[①]，人"不仅是一种合群的动物，而且是只有在社会中才能独立的动物"[②]社会是个人并不是说社会直接地就是个人，个人是社会并不是说个人直接地就是社会。个人成为社会和社会成为个人都要通过现实的共同体形式。个人离开生活的共同体，就会失业、无家可归，流浪在街头，就失去了社会；社会失去共同体本质，就不能实现它的"人性"或"人的普遍利益"，就沦为"虚幻的共同体"。[③]个人和社会真实的结合都发生在现实的共同体中。个人的本质直接取决于共同体。"在真正的共同体的条件下，各个人在自己的联合中并通过这种联合获得自己的自由。"[④]马克思还在阶级共同体的层面上说明了个人的社会本质直接取决于共同体，而不是取决于整个人类社会或某个总体的社会形态。"各个人的社会地位，从而他们个人的发展是由阶级决定的，他们隶属于阶级"， 不承认个人的发展是在某个等级或阶级共同体条件下产生的，而是设想为"类"或"人"的发展，这"是对历史的莫大侮辱"。[⑤]马克思在《资本论》中指出，资本主义社会个人的"生产不是直接的社会的生产，不是本身实行分工的联合体的产物。个人从属于像命运一样存在于他们之外的社会生产；但社会生产并不从属于把这种生产当作共同财富来对待的个人"。[⑥]生产的社会性直接体现在"自由人的联合体"中，异化的对抗的社会由于不具备共同体本质，人的个人本质和社会本质都成为人之外的异化的东西。社会只有具备了共同体本质，才能成为人的社会，否则，就不是本质意义上的社会，而是"异化"的或"虚假"的社会。

---

① 《马克思恩格斯选集》第 2 卷，人民出版社 1995 年版，第 2 页。

② 《马克思恩格斯选集》第 4 卷，人民出版社 1995 年版，第 532 页。

③ 《马克思恩格斯选集》第 1 卷，人民出版社 1995 年版，第 84 页。

④ 《马克思恩格斯选集》第 1 卷，人民出版社 1995 年版，第 119 页。

⑤ 《马克思恩格斯选集》第 1 卷，人民出版社 1995 年版，第 118 页。

⑥ 《马克思恩格斯全集》第 30 卷，人民出版社 1995 年版，第 108 页。

“我们都是命运的共同体”，实际上，这个理念早已在每个现实生活的人的体验、感悟和理解之中了。

（四）“共同体人论”价值意义

马克思人的“共同体人论”是当代人特别是和谐社会关系中人的生命活动的现实指向。共同体人是超越异化人的人的高级本质和生存状态。他不仅是社会主义人的本质状态，而且对任何一个社会的人都是一种生命的激励和一定层面的生存意义的展现。异化社会无论怎样对抗、离散，它总是存在着一些联合的共同体，如家庭生活共同体、合作的生产组织共同体。人的共同体本性只能在对抗的社会关系中暂时地迷失或沉沦，但无法彻底泯灭。任何社会的对抗与异化都不是绝对的，都有非对抗与和谐的一面；同样，任何具有非对抗性质的社会，其和谐也不是绝对的，也存在着很多冲突和不和谐因素。处在对抗和异化状态中的人同处在非对抗和和谐状态中的人一样需要和追求和谐人共同体。可持续发展时代和构建和谐社会的理念与实践正在不断地唤醒人的共同体本性，对共同体关系的追求正在成为当代人特别是和谐社会关系中人的普遍的价值取向、生命理想和发展目标。

“共同体人论”是对“异化人论”的超越。共同体关系是社会关系，但社会关系不都是共同体关系，异化和对抗的社会关系就不是共同体关系。社会关系异化的社会，没有共同体基础，人处于与社会对抗的异化状态。“在真正的共同体的条件下，各个人在自己的联合中并通过这种联合获得自己的自由。”[①]共同体意味着合作、和谐、沟通、理解、互动，它是在冲突中趋向和谐、在不平等中趋向均衡、在无序中趋向有序的过程。和谐关系是共同体人的本质关系，是社会关系的本质关系和总体趋向。

“共同体人论”是对“社会关系人论”的升华。“人是社会关系的总和”是对人的本质的一般规定，是进一步研究现实关系中人的本质的方法论指向，它本身不是现实的人，不体现时代特征。社会关系必然都是实践

① 《马克思恩格斯选集》第1卷，人民出版社1995年版，第119页。

着的社会关系，实践必然都是社会关系的实践。“总和”这个概念所给予人的东西，远远比不上一个普通的人在现实生活中经验到的人的东西那么丰富。苦辣酸甜、悲欢离合、兴衰荣辱，人所具有的一切，普通的现实的人都经验到了。异化人与自由人、企业家与下岗职工、天使与撒旦，都是社会关系的人，都是生理、心理与实践的人……而现实的人所追问的是人应当追求什么样的社会关系，做什么样的社会关系人，并希望哲学能告诉他们答案。马克思的共同体人论用人的共同体本质对这个问题作了回答。

“共同体人论”是“自我本体论”、“社会本体论”、“生态本体论”以及“自我中心主义”、“人类中心主义”、“生态中心主义”的消解。当今时代，人的本质越来越呈现出共同体本质的特征，人的个性也越来越展现出共同体个性的特征，个人的命运与他所在的共同体的命运结合得越来越紧密。这种结果，与其说是失去了自我，不如说是失去了封闭的狭小的自我，把自我扩展到他所融入其中的共同体的层面，这是个性的现实的张扬。人的本质无论是从“社会本质的高度”还是从“自我本质的低度”转换成“共同体本质”，都是人在本质层面上的发展和进步。人的个人本质和社会本质都通过共同体本质呈现出来，都需要通过共同体才能转换成现实的人的本质。马克思正是因为找到了共同体人才使“社会的历史成为个人的历史”、“个人动物成为社会动物”，才使人既成为个人又成为社会。如果没有共同体这个“结合域”，人的个人本质和社会本质、技术本质和生态本质的结合只能是一个理论的抽象或自我意识的拥抱。人的本质是共同体，自我本体（中心）、社会（人类）本体（中心）和生态本体（中心）都统一、消解于和谐人共同体。

马克思的“共同体人论”实现了与中国传统文化“和谐共同体”思想的契合。“荆人遗弓”的故事形象地展现了中国传统文化对人的理解。人的真正的秘密存在于荆人简洁的话语文本：“荆人遗弓，荆人拾之，何必寻之”。孔子剥去了荆人的荆，剥去了“荆人共同体”；老子剥去了孔子的“人”，剥去了“社会（人类）共同体”。剥到最后，人还剩下什么！按照马克思的“共同体人论”，荆人共同体才是这个预言的谜底所在，才是人的秘密所在。孔子剥去了荆人的荆，同样也就剥去了赵人的赵、楚人的楚。没有荆人、赵人、楚人，整体的社会（人类）就成了抽象的社会。老子剥去了孔子的人，同样也就剥去了生物的生、植物的植、动物的动，自然就只剩下抽象的物。社会（人类）、自然以及荆人个人，都只有在“荆人共同体”中才有生气、有活力、有生成与幻灭，才是彼此联合的现实的“生活共同体”、“生活大家庭”。老子没有超越孔子，孔子没有超越荆人，而“荆人”却因为超越了自我而成为人的最高实在、现实的本体。“荆人共同体”就是马克思的“共同体人”，就是以“共同占有生产力”的和谐物质生活为根基的生活共同体。“荆人共同体论”是马克思“共同体人论”的诗化哲学。

三、马克思的共同体实践观——实践主体化人学

马克思首先进入生活世界或人的世界，把生活世界作为出发点，也是把现实的人作为出发点，再进一步描述这个世界，就进入实践世界，马克思在成熟作品《德意志意识形态》中就是这样描述主体化人的存在过程和本质结构。共同体人的本质是共同体实践。人在生活世界中的共同体本质是通过实践实现的，从根本上讲，共同体关系是实践共同体关系，离开实践特别是生产实践，人的共同体关系本质就是抽象的没有现实世界依附的本质。如此，马克思把人的共同体关系本质置于实践的境地，阐明了共同体实践理论。“全部社会生活的本质是实践的”，共同体人的本质是共同体实践，共同体实践的本质是工作共同体。生活世界主体化人以实践人为核心范式，实践人以共同体实践人为核心范式；生活世界主体化人学以实践主体化人学为核心，实践主体化人学以共同体实践人学为核心。实践主体化人学就是探究人怎样通过实践造化世界、改变世界，使其成为主体化的存在与本质。实践是主体造化世界、自然、社会、人生的根本方式。人的本质是共同体，共同体的本质是共同体实践，共同体实践的根基是生产

活动或工作世界。对实践本质的认识不能滞留在实践的一般规定上，还要深入它的共同体实践本质。对共同体实践的认识也不能停留在一个总体的层面上，还要深入到它的根基，即工作共同体。

（一）共同体人的实践本质是共同体实践

主体化人的实践本质是共同体实践，这个认识以马克思的共同体实践思想为基础，以当代共同体实践的现实为依据。

1.共同体实践论的理论基础

马克思没有停留在“实践的本质是社会实践”这一各个时代、各个社会的普遍的共同的实践本质的层面上，而是进一步解析了资本主义的异化实践，建构了未来社会的共同体实践本质。费尔巴哈就是抽象地谈论人和实践的社会性，没有研究人的现实的活动。马克思批判了异化实践和费尔巴哈的抽象实践，研究了异化的实践本质，进而提出了超越异化实践的共同体实践。异化实践是人的本质的丧失，是非本质的实践，共同体实践是人的自由自觉的联合的活动，是本质的实践，是人的实践的价值取向和奋斗目标，共同体活动是人的本质活动。

“人的本质是人的真正的社会联系，社会本质，而社会本质不是同一种单个人相对立的抽象的一般的力量，而是每一个单个人的本质，是他自己的活动，他自己的生活，他自己的享受，他自己的财富”。异化实践使人丧失了自由本性和个人存在，成为异化的人。要实现自由自主的实践活动，就要超越实践的异化状态，建立联合、合作的共同体。“在真正的共同体的条件下，各个人在自己的联合中并通过这种联合获得自己的自由。”在自由人联合体中，“能够实现自己的充分的、不再受限制的自主活动，这种自主活动就是对生产力总和的占有以及由此而来的才能总和的发挥。”共同体的活动是对异化劳动和异化实践的扬弃，就是自由自觉的实践活动。其根本特征就是“共同占有生产力的总和”。马克思主义哲学的本质特征就是要改变世界，构建人的新的生活情境和实践状态。共同体实践论是对异化实践论的超越，是对一般实践理论的升华，是马克思实践理论的精髓，它既具有总体的社会实践共同体的意义，又具有构成社会实践大共同体的不同层次的生产、生活等群体共同体的意义，而后者是构成总体的社会实践共同体的细胞，如企业共同体、学校共同体、家庭共同体等，否则，离开这些共同体“细胞”，社会就成为虚幻的抽象的东西。

2.当代实践越来越呈现出实践的共同体本性

当今世界，“共同体实践”在社会经济、政治、文化、军事等各个方面的地位和作用越来越重要：创新者不只是发明者，而是作为共同体代表的企业家；战争的胜利取决于整体的配合而不只是英雄的勇敢；经济的竞争取决于经济共同体的强弱；科学的发展取决于科学家共同体等。人与人的关系追求主体间的平等、公平、互动关系，各民族各国家在交往中追求共存共荣的“双赢”关系，在人与自然的关系中，追求生态内在价值的和谐关系，这些都是人在其共同体本质层面上的追求、进步和发展。

当代社会，由于科技的发展、民主水平的提高以及主体自律能力的提高，社会对主体的直接整合功能越来越淡化了，社会的整合越来越隐含在构成社会各个系统的共同体之中。哈贝马斯认为晚期资本主义的危机主要是与规范结构相关的社会制度发生了危机，历史唯物主义的当代重建就是要面对这种危机，提供新的社会分析框架。社会整合指的是具有言语和行为能力的主体社会化过程中所处的制度系统，资本主义的危机就是制度与规范理性的危机。“危机状态表现为社会制度的瓦解。”① 特别是在晚期资本主义社会，由于危机从经济领域转向政治领域，如何从交往理性基础上描述文化传统和制度变化的固有发展逻辑就更加重要。重建历史唯物主义就是要重建为规范和价值进行辩护的普遍交往的前提和方法，在这个意义上，历史唯物主义的重建是按照双重向度展开的。“为了避免把决定着

① 哈贝马斯：《合法化危机》，上海人民出版社2000年版，第5页。

社会进化的两个理性化过程相混淆，我们必须把总体概念，例如，生产活动和实践，分解成交往的行动和目的合理的行动的基本概念；行为的理性化不仅影响着生产力，而且以独立的方式影响着规范的结构。”[①]他把“总体的实践”分解到交往共同体中，也就是“联合的尺度”下的实践。目的合理的行动涉及生产力的提高，遵循的是工具理性的原则，而交往的行动遵循的是主体间公认的规范，这是解释社会的两个重要维度。而实际上对于当代社会来说，只是后者才起着关键性的作用，生产力只有在交往理性的基础上实现了社会一体化时，才能真正地得到发展。联合的共同体尺度已经成为当代人的行为准则和价值标准。“沟通行动同时意味着社会统一和社会化的过程，在这里，生活世界完全以另外一种方式‘经受着检验’，这些检验不是直接根据可以进行批判的运用要求进行衡量的，就是说，不是根据理性的尺度，而是根据成员联合的尺度，社会化个人同一性的尺度来进行衡量的。”[②]

葛兰西指出：“工业的历史表明，它向来是（而现在则更为明显）经常反对人身里面的‘兽的’本性，是经常用新规定的越来越复杂的和越来越严厉的标准以及经过调整的确实而严密的习惯来控制本能（自然的，也就是兽性的和原始的）的连续性的、往往是痛苦的和流血的过程。这些标准和习惯使得越来越复杂的集体生活形式的出现成为可能，而这些形式是工业主义发展的必然结果。” 他认为生产共同体的实践成为集体生活共同体实践的基础，比起以前的原始的本能的实践活动“是很大的进步”。[③]经济生产的共同体是精神生产共同体、知识共同体的基础。“所有社会集团，即产生于历来经济生产基础之上，也就同时有机地给自己造成一个或几个知识阶层，这种阶层使知识界不仅在经济上、而且在社会政治领域具有其自身作用的同一性意识”。[④]葛兰西认为对物质的追求是对人格的追求。

① 哈贝马斯：《重建历史唯物主义》，社会科学文献出版社 2000 年版，第 29 页。

② 哈贝马斯：《合法化危机》，上海人民出版社 2000 年版，第 191 页。

③ 安东尼奥·葛兰西：《狱中札记》，人民出版社 1983 年版，第 418 页。

④ 安东尼奥·葛兰西：《狱中札记》，人民出版社 1983 年版，第 399 页。

他把生产共同体实践置于实践的根基地位,是对马克思思想的承传和佐证。

卡斯泰尔认为信息化造成“政治机构的无权利”、“地域的无意义”“社会含义的消失”。[①] 其实、这些淡化和消失都是社会直接整合功能的淡化和消失，社会对实践的规范性融入共同体之中。最能说明这一点的是企业共同体的实践，计划经济时代完全由社会、国家规范，而市场经济条件下国家是宏观规范，企业的实践自主权扩大，各个生产者的生产实践由企业直接控制和规范。这不是实践社会性的丧失，而是实践社会性的现实化，是共同体实践把个人实践和社会实践结合起来。人的个人实践拓展到共同体层面，人的社会实践融入共同体实践，都是人的实践本质的进化和发展。当代资本主义的实践恰恰是通过一种分散化的共同体实践方式重新建构了一种 “总体性”。20 世纪 70 年代后期国家对市场的解除管制，使资本的投资更加自由化和分散化，而电子网络对资本的国际流动起着非常重要的作用。与生产的分散化相同步的就是政治的超民族国家化和文化的地域化与多元化。这种生产、政治与文化的去中心化，恰好在全球范围内完成了资本市场的总体关联实践。

（二）共同体实践是个人实践与社会实践的结合域

共同体实践不单是个人实践，也不单是社会实践，它既是个人实践也是社会实践，是个人实践和社会实践的结合域，是人的个人实践本质和社会实践本质的结合域。随着社会的发展，个人实践的社会本质越来越嵌入共同体实践之中了。“某一阶级的个人所结成的,受他们反对另一个阶级的那种共同利益所制约的社会关系,总是构成这样一种集体,而个人只是作为普通的个人隶属于这个集体,只是由于他们还处在本阶级的生存条件下隶属于这个集体;他们不是作为个人而是作为阶级成员处于社会关系中的”。[②] 马克思用阶级实践的本质解构个人实践的本质，而不是用一般的

---

① 曼纽尔·卡斯泰尔:《信息化城市》,江苏人民出版社 2001 年版,第 391 页。

② 《马克思恩格斯全集》第 3 卷,人民出版社 1979 年版,第 84 页。

社会实践来说明个人实践，就是把个人实践本质直接化为共同体实践的本质，把共同体实践看作是个人实践与社会实践的结合域。“社会不是由个人构成，而是表示这些个人彼此发生的那些联系和关系的总和”[①]“那些联系和关系”即各种“合作”、“联合”的共同体。

葛兰西指出：“任何一种历史的行动只能由‘人的集体’来完成”[②]“一个单独的个人所能归属的团体是为数很多的比看来要多得多。一个单独的个人正是通过这些‘团体’参加人类的生活”[③]共同体关系是人的本质关系，同一社会的不同共同体决定了人的不同本质，“个人与其躯体的关系、他（她）与较广阔的自然环境的关系、与其家庭的关系、与文化的关系等，都是个人身份的构成性的东西。那种认为在都市中长大的人们与他们生活在农场上的祖父母们在本质上是相同的看法是没有根据的。”[④]共同体是人与自然、他人、文化多维度的关系共同体，都市共同体人的本质不同于农场共同体人的本质。社会关系都是实践着的社会关系，实践都是社会关系的实践。共同体关系是在实践中形成的，人的共同体本质也就是人的实践本质，也就是说，实践的本质是共同体活动，而不只是个人活动，也不只是总体的社会活动，个人实践和社会实践都要通过一定的共同体实践才能获得现实的形式。共同体实践是个人实践和社会实践的结合域，离开共同体实践，个人就失去了实践的“家园”[⑤]社会就失去了实践的细胞。拉克劳·墨菲认为，实践活动不可能再成功地彻底掌握这个复杂性的世界，成为一种总体化实践，尤其是孕育了知识、交换、个体、共同体或群体关系的生活世界，现实的实践不可能再总体地把自身引入到一个绝对整体的范畴中去。对于性别、民族、种族、阶层、团体、经济、文化、国家的种种不同立场和要求，能动的实践只能是在差异性的各个层面上谨慎和不断

① 《马克思恩格斯全集》第30卷，人民出版社1995年版，第108页。

② 安东尼奥·葛兰西：《狱中札记》，人民出版社1983年版，第33页。

③ 安东尼奥·葛兰西：《狱中札记》，人民出版社1983年版，第37页。

④ 安东尼奥·葛兰西：《狱中札记》，人民出版社1983年版，第22页。

⑤ 安东尼奥·葛兰西：《狱中札记》，人民出版社1983年版，第22页。

进行的“连接”。[①]这种链接就是个人实践与社会实践的“结合域”，即共同体实践。

（三）共同体实践的超越性

共同体实践是对异化实践的超越。马克思的共同体实践思想源于异化劳动论，而异化劳动论实际上也是异化实践论，因为异化劳动是异化社会实践的基础和基本形式。异化劳动，一方面，它本身就是生产实践的异化，另一方面，它又决定了人的其他实践活动的异化。共同体实践建立在对异化社会的批判和改造的基础上，以“共同占有生产力总和”为根本，是人的自由自觉的和谐创造活动。

共同体实践是对抽象社会实践的否定和升华。马克思的共同体实践思想源于对费尔巴哈抽象社会实践观的批判。费尔巴哈抽象地谈论人的社会实践或社会关系本质，把社会实践和社会关系归结为饮食男女和利己主义的个人实践关系，不具有社会批判和改造的性质。马克思称之为“卑污的犹太人的实践观”。马克思认为实践是以物质生产为基础的共同体活动和共同体关系，而这种共同体实践必须建立在对异化社会的批判和改造的基础上。费尔巴哈“仅仅把理论的活动看作是真正人的活动，而对于实践则只是从他的卑污的犹太人活动的表现形式去理解和确定。因此，他不了解‘革命的’、‘实践批判’的活动的意义。”[②]费尔巴哈抛开历史的进程，不研究现实的实践关系，把人的本质理解为孤立的抽象的“人的个体”[③]，也就把实践的本质理解为孤立的抽象的个体实践，又把这种实践说成是“人类”（社会）实践。费尔巴哈就是不懂共同体实践特别是生产共同体的实践。实践“这种活动、这种连续不断的感性劳动和创造、这种生产，正是整个现存的感性世界的基础，它哪怕只中断一年，费尔巴哈就会看到，不

① 拉克劳·墨菲：《领导权与社会主义的策略》，黑龙江人民出版社2003年版，第126页。
② 《马克思恩格斯选集》第1卷，人民出版社1995年版，第54页。
③ 《马克思恩格斯选集》第1卷，人民出版社1995年版，第56页。

仅在自然界将发生巨大的变化，而且整个人类世界以及他自己的直观能力，甚至他本身的存在也会很快就没有了。”[①]“工业的历史和工业的已经产生的对象性的存在，是一本打开了的关于人的本质力量的书”。[②]现实的实践的本质不是个体实践，也不是抽象的社会和人类实践，而是工业共同体即生产共同体的实践。

费尔巴哈最大的理论矛盾则表现在无法从自然界过渡到人类社会及其历史，而这一步只有通过对人类生产劳动实践的研究才能做到。如果说，黑格尔“只看到劳动的积极的方面，而没有看到它的消极的方面”[③]那么，费尔巴哈则恰恰相反，“对于实践则只是从它的卑污的犹太人活动的表现形式去理解和确定”，在他看来，正是“实践”产生了一系列消极的后果：“如果人仅仅立足于实践的立场，并由此出发来观察世界，而使实践的立场成为理论的立场时，那他就跟自然不睦，使自然成为他的自私自利、他的实践利己主义之最顺从的仆人。”[④]虽然费尔巴哈也说过：“理论所不能解决的那些疑难，实践会给你解决”。[⑤]但这里的实践不过是一些人的自然行为和饮食男女活动。费尔巴哈由于不懂生产实践和对生产劳动的歧视，抽象地谈论人的社会实践的类本质，必然把社会实践归结为饮食男女的个人利己主义实践和理论家的理论活动。马克思通过研究经济学，立足于人的生产活动，看到了人的共同体实践的类本质，批判和清算了费尔巴哈的抽象社会实践论、利己主义个人实践论和理性实践论。中国学界多年来对实践本质的认识一直停留在抽象的层面，即抽象地谈论其社会的物质的精神的生理心理的本质，脱离了当代实践特别是构建和谐社会关系中其和谐共同体实践的本质，也是一种抽象的实践论。

马克思的“共同体实践人”是对现象学“主体间性实践人”的矫正与

---

① 《马克思恩格斯选集》第 1 卷，人民出版社 1995 年版，第 77 页。

② 《马克思恩格斯全集》第 42 卷，人民出版社 1979 年版，第 127 页。

③ 马克思：《1844 年经济学—哲学手稿》，刘丕坤译，人民出版社 1979 年版，第 116 页。

④ 《费尔巴哈著作选集》下卷，商务印书馆 1984 年版，第 145 页。

⑤ 《费尔巴哈著作选集》下卷，商务印书馆 1984 年版，第 248 页。

升华。现象学的主体间性人是对异化人和个人中心主义的反叛和超越，对当代人和当代人学文化产生了广泛的影响，而许茨的“主体间性实践人”更具有代表性。马克思的“共同体实践人”与许茨的“主体间性实践人”在哲学基础和人生构想上都有着本质的不同，前者以马克思哲学为基础，后者以现象学哲学为基础，但它们都立足于“生活实践”这个感性的、交织着人们之间的复杂关系的、现实的人的世界，都把生活世界的实践理解为和谐实践。两者都以实践的主体间性即“共通性”、“共同体”为本质；两者都突出了实践活动在生活世界中的地位。但是二者有着本质的区别。

其一，许茨基本上把人看成是主观的精神性的存在，因而他主要立足于对人类意识经验的描述，在此基础上具体探讨生活世界的主观意义结构问题。共同体实践的生活世界并不是哲学家通过哲学反思建构的观念世界，而是以物质生产实践为基础的、具有感性直接性的现实存在，是精神生活和物质生活的统一。精神世界并非一个独立的世界，其内容源于非精神世界。“意识在任何时候都只能是被意识到了的存在。”离开了现实人的存在，精神就失去了起码的确定性，“因为，不仅五官感觉，而且所谓精神感觉、实践感觉（意志、爱等），一句话，人的感觉、感觉的人性，都只是由于它的对象的存在，由于人化的自然界，才产生出来的。”[①] 人之作为具有精神的肉体存在，有两种生活即物质生活与精神生活，所以，人类生活世界是物质生活和精神生活相统一的世界，只有这样的世界才是真实的人类生活世界。实际上，对人的理解的片面性导致了许茨的“主体间性实践人”的生活世界具有很强的形式化倾向，并因此而具有抽象性。

其二，马克思“共同体实践人”与许茨的“主体间性实践人”的生活世界的含义不同，二者生活世界的意义也就不同。许茨认为，生活世界的意义完全是主体赋予的，因此，他几乎完全致力于对生活世界的主观意义的探讨，因而并没有对人们的现实的社会实践进行比较充分的研

---

① 《马克思恩格斯全集》第42卷，人民出版社1979年版，第126页。

究和论述。而共同体实践人“不仅通过思维，而且以全部感觉在对象世界中肯定自己。”[①] 他具有具体劳动的丰富性、社会规定和交往形式，他的生活世界具有具体性和多样性。他既反对把具体性还原为意识主体的辩证性，从而忽视生活世界结构的客观性；也反对把生活世界的结构还原为单一的生产结构，从而忽视生活世界结构的多样性。人作为一个对象化的存在物，是能动性和受动性的统一，是主体化与客体化的共同造化；人的生活世界作为人的存在方式，是物质生活和精神生活的统一。共同体实践人的生活世界意义不仅限于对人的能动方面和生活世界的精神方面，而内涵了人“作为一个完整的人”，“以一种全面的方式”存在的全部意义。

① 《马克思恩格斯全集》第42卷，人民出版社1979年版，第125页。

第三章　从生活世界到工作世界：许茨现象学的主体化人学思想

学界对许茨的生活世界现象学已有较为充分的研究，但对许茨的工作世界现象学尚未给予足够的重视，本章对此进行较为系统的考察，并把它与马克思的工作世界思想进行比较。许茨的工作世界现象学在意识哲学的层面上包含主体化人学的积极思想，但应予以马克思主义哲学的升华和矫正。

一、许茨工作世界现象学的缘起与嬗变

许茨现象学的工作世界向度，有其内在的思想运行逻辑，也有其外在的文本表征。许茨现象学的工作世界理论还原了生活世界或文化世界的工作世界基础，探究了工作世界的总体性和主体间性结构与本质，阐明了工作世界是意义的源泉，最终确立了工作意向性是意义的最终源泉，内涵了工作世界观、工作价值意义观、工作人本观和工作生存论，构成了一个较为完整的工作世界哲学理论体系。其还原方法、意义理论、主体间性理论、意向性理论都建立在工作世界基础上。如此，可以把许茨现象学的工作世界理论称作工作世界现象学或工作现象学。它与许茨的生活世界现象学、社会现象学、语言现象学等一道，构成许茨现象学的多重世界向度。

（一）国内外学界对许茨现象学的研究向度与缺憾

阿尔弗雷德·许茨作为现象学哲学家特别是现象学社会学的创始人，其思想日益受到国内外学界的关注，国外每年都产出相当数量研究许茨的

文章或论著，研究的领域主要包括许茨的现象学哲学基础、社会现象学、比较现象学以及应用现象学等方面，唯独缺少对许茨现象学的工作世界向度的独立性研究。这似乎有些不可思议，究其原因，或许是一个先验结构的原因，是受了许茨学生纳塔森的影响。纳塔森作为许茨的得意弟子，许茨委以他出版《许茨文集》的重任，他曾在《社会实在问题》的序言里评论许茨的思想，认为许茨理论的主导线索或主题是日常生活世界的意义结构，目标是建立世俗哲学，独特贡献是现象学哲学与社会实在概念的独特结合，而理解主体间性问题是理解社会实在的关键线索。这为我们把握许茨思想提供了帮助，但是，他没有提到工作世界这一重要思想，他在评论中几乎提到了许茨理论中所有的重要概念，唯独没有提到工作世界这个词。这或许是一个疏忽，或许是一个有意的回避，如许茨在 1945 年发表的《论多重实在》一文明确指出工作世界是最高社会实在并构成生活世界的核心，而纳塔森却说许茨认为日常生活是最高实在。疏忽和回避都不可以确定，而有一点似乎可以确定，即只有牢固持有马克思实践哲学思想的人才有可能从工作实践的价值意义上理解许茨的工作世界理论及其价值所在，才会对它有理论旨趣。如此，西方意识形态语境下的学者、研究者对许茨现象学的工作世界向度的疏忽、回避与熟视无睹似乎就有了较为确定的理由。此外，还有一个原因就是许茨是个银行职员、非主流的业余哲学家，虽然死后受到广泛关注，但受关注的较晚，非主流哲学家总是要受到主流哲学家的冷遇，一些主流哲学家虽也研究他的思想，但真正研究的主要是一些学生论文，再加上长期以来形成的生活世界范式也容易造成研究者的思维定势并抑制新范式的生成。

受国外研究视域和观点的影响，国内有学者对许茨的生活世界现象学理论及其对胡塞尔生活世界理论的继承与改造关系做了较为充分的研究[①]，但国内学界亦没有关于许茨现象学的工作世界向度的独立研究，这在很大程度上是受了国外先验研究结构的影响。通过对许茨思想历程及生

① 何林：《论许茨对胡塞尔生活世界理论的继承与改造》，《哲学研究》2010 年第 11 期。

活世界理论内核的进一步探究，发现许茨的生活世界理论、主体间性理论、意义理论以及这些理论所使用的方法，都建立在工作世界基础上，工作世界理论构成了许茨现象学理论的价值内核。

（二）许茨现象学的工作世界旨趣的生成

许茨现象学的工作世界旨趣有其内在的思想进程逻辑和外在的文本表征。

受韦伯、柏格森、詹姆斯特别是胡塞尔等人思想的激发，许茨的现象学理论呈现出一个从生活世界走向工作世界、从一般的社会行动或个人行动走向实体的工作行动或工作世界的进程。另外，许茨的工作世界理论也留有马克思实践哲学影响的深痕明迹，这一点将在书中其他部分加以表征。

许茨 1918 年入维也纳大学攻读法学、经济学和社会科学，在听了韦伯的学术讲座后，对社会科学产生浓厚兴趣，开始关注韦伯的思想，毕业后成为一名银行职员，用业余时间研究哲学和社会学，感到韦伯的理论缺乏科学基础。韦伯认为社会学就是解释、理解社会行动意义的科学，而行动的意义是主观意识赋予的。许茨认为韦伯理论主要建立在主观性的纯粹意识构造基础上，没有解决主观如何赋予行动意义的问题，需要重新考察行动的意义来源或构成。可见，许茨最初的理论旨趣就定位在具有浓厚的工作行动意蕴的社会行动的意义问题上。他后来成就的工作世界意义理论即是对这一问题的回答和解决。在 1945 年《论多重实在》一文中，许茨认为“社会行动包含沟通，一切沟通都必须建立在工作活动的基础上……。各种姿态、言语、文字书写等，都建立在各种身体运动基础上。”[①]“它(生活世界)从一开始就是一个主体间际的文化世界。它之所以是主体间际的，是因为我们作为其他人之中的一群人生活在其中，通过共同影响的工作与他们联结在一起，理解他们并且被他们所理解。”[②]即社会行动只有实体化、

① 许茨：《社会实在问题》，霍桂桓译，华夏出版社 2001 年版，第 296 页。

② 许茨：《社会实在问题》，霍桂桓译，华夏出版社 2001 年版，第 308 页。

现实化为工作行动才有实际意义。

韦伯虽然对社会行动的类型做了诸如“目的合理的行动”、“价值合理的行动”、“情感的或情绪的行动”、“传统的行动”的分类，但缺失工作行动的概念和认知，而工作行动是行动的根本、总体和实体。正是如此，1924—1927年间许茨试图以柏格森绵延理论为基础解决社会行动的意义问题，但没成功，于1928年放弃了。柏格森生命哲学的价值在于把生命理解为一个创造性行动的过程：“我们仅仅探讨我们的意识赋予‘存在’一词的精确含义是什么，我们认为，对于一个有意识的生命来说，存在在于变化，变化在于成熟，成熟在于不断地自我创造。”[①] 这种思想对许茨在后期的思想中消除胡塞尔的先验意识，把意识活动看作是一个工作意识的设计、活动、创造过程有一定的影响作用，但柏格森把生命意义的源泉、生命行动的驱动力看作是来自神秘的直觉意识的冲动，这与韦伯主观赋予行动意义一样武断和不切实际，无助于解决行动意义问题。

1928年后，许茨开始用胡塞尔的现象学改造韦伯的理论基础。1932年出版第一部著作《社会世界的意义结构：理解社会学导论》，此书受到胡塞尔的赞赏。胡塞尔的先验意识虽然先验，但却是没有任何先验内容规定性的纯粹意识，几乎就是一块意识的白板，只有意向活动的能力和本性，且是一种“我们”化的主体间性的共同体意识，这至少在形式上消除了韦伯、柏格森等人的意识哲学的自我意识本体论和意识先验结构。胡塞尔把世界还原成一个可经验的现象世界或生活世界总体，并由先验意识结合生活现象的材料在主体间性的行动中构造生活世界的意义，认为社会世界、社会行动的意义来自生活世界的主体间性关系。许茨把社会世界、社会行动建在了胡塞尔的生活世界现象学基础上。但是，生活世界的意义又来自哪里？空心化的先验意识虽然不是一个精神实体，但依旧是先验的，先于生活世界也先于主体间性各种意义，至少最初仍然是一个在生活世界之外的构造者、旁观者。这个不自然的先验自我怎能与生活世界的自然而然的

① 柏格森：《创造进化论》，商务印书馆2004年版，第12—13页。

状态相融呢?

许茨1937年移居美国定居后，继续思考生活世界的意义起源问题，并接触了詹姆斯的实用主义理论。实用主义对实在、效果、效用的经验主义和实证主义倾向，排斥了非经验的先验意识，也更增强了意识的工作意向性，因为只有通过工作行动或工作创造活动才能有实用和效果。如此，许茨认识到胡塞尔先验现象学的局限性。“首先，因为我相信在这一领域中，还有许多为职业现象学家所忽略的事情要做;其次，我越来越确信生活的起源不在先验的领域而只在自然的领域。”[①]这自然的领域，根据许茨的分析就是工作世界领域，如此，“许多职业现象学家忽略的事情”就是对工作世界的分析，这表明许茨已很明确认识到生活世界及其意义起源于工作世界，其他现象学家忽略了这个世界。1943年，许茨指出胡塞尔的先验主体性的悖论:先验的“世界构造”预设了自我的主体间性存在，而根据其定义和方法，先验自我就其超级的孤独状态而言并不存在于主体间性之中。[②]于是，许茨对胡塞尔现象学从先验自我中推导出主体间性以及行动和生活世界的意义理论进行批判，他在1945年《论多重实在》一文中提出了工作世界概念并描述了其意义，用工作世界描述代替了生活世界描述，确立了现象学的工作世界理论雏形。

许茨现象学的工作世界旨趣除了上述思想进程的内在逻辑，还有其外在的文本表征。一般把许茨思想分两个时期，即欧陆时期和1940年后美国时期。前期以《社会世界的意义结构》为代表，主要是社会世界主观意义的探讨，主要致力于对内在经验的纯粹心理学现象学探讨，用胡塞尔改造韦伯。工作世界理论生成于第二个时期，是思想成熟期。在他去世后出版的四卷本的《许茨文集》收集了他在美国时的37篇论文，《许茨文集》第一卷有着突出的地位，收录了他1940—1959年间的主要论文，浓缩了

① Wagner, H. R.: Alfred Schutz: *An Intellectual Biography*, Chicago and London: The University of Chicago Press. 1983, p.99.

② Wagner, H. R.: Alfred Schutz: *An Intellectual Biography*, Chicago and London: The University of Chicago Press. 1983, p. 291.

许茨成熟时期思想的精华，由他的学生纳塔森编辑，即1962年出版的《社会实在问题》。从这些文章的时间排列顺序也可见其思想的递进逻辑，即从日常生活世界到工作世界再到最后的社会理论总体。该文集发表的论文集中在1945年。1945年初的论文，主要内容是阐述现象学的最主要概念，把现象学做了一个梳理。许茨的工作世界理论主要集中在1945年6月发表的论文《论多重实在》中，它论及日常生活世界实在的各种层次，提出了工作世界概念并描述了其意义和在生活世界中的核心地位。如第一部分“日常生活世界的实在”，通篇阐述的是工作世界意义结构问题，共分七节，第一节“日常生活的自然态度及其实用动机”，就是以描述工作世界为起点；第六节“实在在日常工作中的各种层次”和第七节“最为最高实在的工作世界、原始焦虑、自然态度的悬置”，则是以工作世界理论为结束，而其他五节也都是以描述工作世界为主线。第一节“日常生活的自然态度及其实用动机”也只用了不到一页就开始引出工作世界概念，通篇几乎很少提到生活世界概念，一直在用工作世界概念，如此，从文论形式看，他的生活世界理论实际是工作世界理论。这篇文章的其他部分是关于梦和理论静观的论说，这些论说也是建立在工作世界基础上。

（三）“现象即本质”的方法与工作世界本质还原

从理论的内容结构看，许茨现象学的工作世界向度首先表现在用“现象即本质”的现象学还原法还原了生活世界的工作世界本质。对于现象学来说，“现象即本质”既是一种世界观又是一种研究方法。作为世界观即是说世界的本质就是人的经验世界即现象世界，不存在预先设定或与人无关的本质、本体。现象学所说的现象世界就是人的现实世界。这虽否定了“物质世界的先在性”，但在“世界的本质是人的现实世界或实践世界”这一点与马克思的实践哲学有共通点。马克思认为现实、事物、感性、对象，如果离开主体人的实践活动就没有意义。许茨承袭了这一观点，指出：“对于我们的自然态度来说，这个世界首先不是一种我们思想的客体，而是一个我们支配的领域。我们对他具有突出的实践方面的兴趣。这种兴趣是由满足我们生活的基本需要的必然性造成的。”①“现象即本质”作为研究方法即是悬置以往各种关于本质、本体的先验认识，以抵达“按事物的本来面目认识事物”的境界。如此，作为研究方法即是现象学的悬置法、还原法或描述法。胡塞尔把现象或现实世界描述为或还原为一个由纯粹意识指向的生活世界，认为主体意识化的生活世界是现象、现实世界的基础，也是各种科学和文化的基础。而许茨则不满胡塞尔先验现象学的抽象生活世界观，试图探究现象学也是整个现实世界的更为世俗的基础，这个基础就是工作世界。“世界首先是一个我们支配的领域”、首先是一个“实践兴趣的世界”，即是说工作世界是基点和价值核心。“精明成熟这个概念合理而且实用地为解释我们的认知生活揭示了出发点”②“精明成熟”即是许茨所谓的“精明成熟的自我”即“工作的自我”。“这种关于操纵领域优先的理论当然与我们这篇论文提出的论题集中到一起了，这个论题就是，这个由于我们的工作，由各种身体的运动，由我们可操纵的客体，可处理的事物和人构成的世界，构成了日常生活的特殊实在。”③他悬置了胡塞尔先验的纯粹意识或先验自我，认为现象、现实、生活世界都是被工作世界连接起来或总体化的，认为工作世界是一个自然而然的世界，是最现实、最现象、最可经验的世界，是最高的实在和意义。

许茨现象即本质的方法即是自然态度的悬置法。与胡塞尔通过“括弧法”抛弃“自然态度”的做法不同，许茨关注的是“自然态度”本身。胡塞尔把各种所谓的实体悬置起来即是悬置人们的“自然态度”。“使属于自然态度本质的总设定失去作用，我们将该设定的一切存在性方面都置入括号：因此将整个自然世界置入括号中，自然界持续地‘对我们存在’，‘在身边’存在，而且它将作为被意识的现实永远存在着，即使我们愿意将其

---

① 许茨：《社会实在问题》，霍桂桓译，华夏出版社2001年版，第306页。

② 许茨：《社会实在问题》，霍桂桓译，华夏出版社2001年版，第290页。

③ 许茨：《社会实在问题》，霍桂桓译，华夏出版社2001年版，第301—302页。

置入括号之中。”[①]许茨认为，对于自然态度我们应该采取与传统现象学不同的悬置。这种“自然态度的悬置”就是还原了被胡塞尔悬置的“自然态度”：“也许可以冒险地提出下面的建议来看一看，即人在自然态度中也使用一种特殊的悬置，当然，这种悬置是与现象学家的悬置截然不同的。人并不把他对外部世界及其客体的信仰存而不论，而是与此相反，把他对它的存在的怀疑存而不论。他放进括号里的是这样一种怀疑，即这个世界及其客体可能与它显现给他的样子不同。我们建议把这种悬置叫做自然态度的悬置。”[②]在《论多重实在》一文中，作为方法论的自然态度悬置法虽是放在后面阐述的，但却是初始使用的方法，即他的还原过程一开始就使用了这种方法。而许茨之所以能持有这种自然态度，关键就是从抽象的或先验的生活世界走进工作世界，发现了工作世界是现实世界或生活世界的“出发点”和“最高实在”。他还认为连婴儿都是被工作世界预先设定的，“只要人类不像侏儒那样被在曲颈瓶中调制而成、而是由母亲们生育哺养起来的，那么，‘我们’这个领域就自然而然被预先假定了”。[③]“假定”即预先设定，婴儿虽然不工作，但离不开父母亲的工作世界的物质文化的养育、培育。日常生活和生命时空依靠工作世界组织、拓展和延续。“精明成熟的自我在它的工作中并且通过它的工作，把它的现在、过去和未来结合成一种特殊的时间维度；它通过它的工作活动实现作为一种整体性的自身；它通过工作活动与他人进行沟通；它通过工作活动把这个日常生活世界的不同空间视角组织起来。”[④]生命的时空维度、存在的“完整性”和过程以及交往都靠工作世界拓展和组织并在其中实现。

“现象即本质”的思维和方法，就像笛卡尔通过普遍怀疑消解以往哲学的自然本体、神灵本体抵达了精神理性的“思”之本体一样，胡塞尔悬

① 胡塞尔：《纯粹现象学通论》，商务印书馆1992年版，第97页。

② 许茨：《社会实在问题》，霍桂桓译，华夏出版社2001年版，第308页。

③ 许茨：《社会实在问题》，霍桂桓译，华夏出版社2001年版，第289页。

④ 许茨：《社会实在问题》，霍桂桓译，华夏出版社2001年版，第231页。

置了整个古代、近代哲学的“本体”，特别是也悬置了当时乃至整个西方社会始于笛卡尔的并在德国古典哲学达到巅峰的康德、黑格尔、费尔巴哈等哲学的自由理性本体，还原了在他看来是被以往的“本体”遮蔽了的“纯粹自我（我们）”这个非传统理性哲学的现象学的经验本体。之后，他又通过“现象即本质”的规定，使这些纯粹经验的存在现象具有了属于现象学的本质、本体意义。由此，现象学家通过使用笛卡尔发明、黑格尔发扬光大的理性自由怀疑、运动、扬弃的方法把笛卡尔和黑格尔的自由理性驱逐出了本体界，使本体界成了现象学的本体界。可见，现象学家都是不安分于现象界的时刻都在窥视本体的人，并想通过拥有现象而占有本体，这是现象学运动的一个基本趋向。许茨就是循着这条道路进入工作世界这个人人都能经验、都在经验的比较有现象和实在感的界面。按照现象即本质的方法，越是现象的就越是本质的，日常生活无疑是首先经验的最现象的东西，进入这个世界就会发现现代生活都被工作化了，工作世界又是现象的现象、现实的现实。现象学的这个过程就像婴儿首先进入的是日常生活世界而不是工作世界，随着生命的生长，他才开始就业进入工作世界，尽管他一出生就直面护士、接生婆的医疗工作世界，但那不属于他，属于他的最强烈、最初级的现象是母亲温暖的怀抱。从这个意义上讲，现象学的最初是进入生活世界，后来才抵达工作世界，这既符合现象学哲学行进的逻辑，也符合生命生长的逻辑。总之，许茨通过“现象即本质”或“自然态度的悬置”方法，还原了现象世界或生活世界的工作世界本质、基点、出发点。

（四）意义理论与工作世界的总体性和主体间性意义

现象即本质的方法还原了现象世界的工作世界本质，那么工作世界及其本质又是什么？或者说工作世界的意义结构是什么？这是许茨现象学意义理论的主要指涉，即他的意义理论建立在工作世界基础上，而工作世界主体间性意义是其意义理论的核心。

许茨首先从世界总体性上揭示了工作世界的总体性意义。许茨用工作世界而不用工作这个概念，就在于强调工作的世界性，而世界是一个总体，生活世界、文化世界、工作世界、社会世界、个人世界……世界的多重性意味着总体的多重性，强调世界性即是强调总体性。许茨明确地描述了工作世界的总体性："作为一个整体，作为最高的实在，工作世界是对照着实在的其他许多次级宇宙（sub—universe）突出表现出来的。它是由自然事物构成的世界，包括我的身体在内，它是我的各种运动和各种身体操作的领域；它提供要求我们努力去克服的各种抵抗；它把各种任务摆在我们面前，允许我们把计划进行到底，使我能够通过尝试达到我的目的获得成功、或者遭到失败。我通过我的工作活动同外部世界连接起来，而且我改变它。……我和其他人一道分享这个世界及其客体；我和其他他人具有共同的目的和手段；我通过多种社会活动和社会关系与他们一道工作，检查他们并被他们检查。这种工作世界是这样一种实在，只有在这种实在中，沟通和双方动机的作用才能变得有效。"[①] 即工作世界是一个由自然、身体的运动与操作、工作任务、工作目标目的、工作成功与失败的效果以及工作同伴关系构成的总体，工作世界或工作行动总体化并改变外部世界，是现实世界或生活世界的基础和核心，且主体间的沟通交往关系即主体间性关系只有在工作世界总体性中才能实现。"我们建议把这种被个体当作实在核心来经验的工作世界的层次，称为处在他力所能及的范围之内的世界（the world within his reach）。"[②] 而"处在我力所能及的范围之内的世界"的整个系统只是一个"现在时态"，是随着"我的工作运行"的改变而改变。

工作世界的意义产生或总体化生活世界的意义，那么工作世界总体的意义又是由什么总体起来的？许茨进一步探讨了工作世界的结构或本质就是主体间性的伙伴关系，即主体间性关系生成于工作世界并构成工作世界的意义源。胡塞尔指出："作为一个个人活着就是生活在社会的框架之中，

① 许茨：《社会实在问题》，霍桂桓译，华夏出版社 2001 年版，第 305—306 页。

② 许茨：《社会实在问题》，霍桂桓译，华夏出版社 2001 年版，第 302 页。

在其中我和我们都一同生活在一个共同体之中，这个共同体作为一个视界而为我们共同拥有。”[①] 这个共同体是生活世界共同体，“它是一个持久的有效性的基础，一个不言而喻的一劳永逸的源泉，我们无论是作为实践的人还是作为科学家，都会不加考虑地需要这个源泉。”[②] 而生活共同体的意义来自先验自我：“这个客观世界……从作为先验自我、作为只有借助先验现象学的悬搁才会呈现出来的自我的这个我中，获得它每次对我所具有的全部意义及其存在效果的。”[③] 在胡塞尔看来，生活世界或主体间性的共同体是意义的源泉，而先验自我是一切意义的最终源泉。许茨把胡塞尔的意识化的主体间性共同体或生活共同体原则置于工作世界，揭示了工作世界的共同体本质或主体间性的伙伴关系。“我们生在其中的这个世界，从一开始就是一个主体间际的世界。这一方面意味着，这个世界不是我个人的世界，而是对于我们所有人来说共同的世界；另一方面意味着，在这个世界中存在我通过各种社会关系与之联系起来的同伴。我不仅影响那些无生命的东西，而且也影响我的同伴，在他们的诱导下进行活动，并且诱导他们进行反作用。”[④] 在许茨看来，主体间的现实关系——交往、沟通、相互理解和作用以及面对面的情境、互相关照的伙伴关系、共同经验等，不是存在于胡塞尔的纯粹意识或先验意识中，而是只有在工作世界之中才是可能的。“在这种面对面的关系中，每一个伙伴不仅通过生动的现在共享另一个伙伴，而且其中每一个伙伴及其自发生活的全部表现也都是另一个伙伴的环境的一种成分，他们都参与他们对外部世界的一整套共同经验，其中，每一方的工作活动都可以连接在这个世界上。而且最后，在这种面对面的关系中（而且也只有在这种关系中），这个伙伴才能通过生动的现在，把他的同伴的自我当作一个完好无缺的整体来观察”。[⑤]

① 胡塞尔：《现象学与哲学的危机》，国际文化出版公司 1988 年版，第 135 页。

② 胡塞尔:《生活世界现象学》,克劳斯·黑尔德 编,上海译文出版社 2002 年版,第 259 页。

③ 胡塞尔:《欧洲科学的危机与超越论的现象学》，商务印书馆 2001 年版，第 198 页。

④ 许茨：《社会实在问题》，霍桂桓译，华夏出版社 2001 年版，第 295 页。

⑤ 许茨：《社会实在问题》，霍桂桓译，华夏出版社 2001 年版，第 298—299 页。

主体间性关系产生于工作世界并构造工作世界的意义，是工作世界意义的源泉。“我想用‘精明成熟’这个术语表示意识张力程度最高的平面，它是从充分注意生活及其各种要求的态度中产生的，只有进行活动的自我、特别是工作的自我，才是对生活完全感兴趣的自我，因而才是精明成熟的自我。它生活在它的活动之中，……这种注意完全是一种主动的注意。……工作的自我所具有的这种充分觉醒的状态勾勒出这个世界从实用角度看与我们相关的部分的轮廓，并且勾勒出这些决定我们的思想流的形式和内容的关联的轮廓：它们决定我们的思想流的形式，是因为……它们决定我们的思想流的内容。[①]工作世界是产生自我、主动、自由、思想意识、经验等意义的源泉和根据。“希望和畏惧以及与它们相关的满足与失望，都以这个工作世界为依据，而且只有在这个世界中才成为可能。”[②]许茨还认为，梦、游戏、虚构或想象、童话、神话这些“有限意义域”的意义也都来自工作世界及其主体间性关系：“都来源于我们的日常生活的最高实在所经历的一种特殊修正，因为我们的心灵在通过意识张力的逐渐减少离开这个工作世界及其各种任务的过程中，为了一种被想象为准真实的（quasi—real）幻想代替这个工作世界，取消了它的某些层次的实在特征。”[③]这些精神世界或幻想世界的意义来自作为最高实在的工作世界，又有相对独立性或自由，在这些精神领域“我们摆脱了支配我们关于这个日常生活世界的自然态度的实用动机，也摆脱了‘客体间际’的（inter—objective）空间和主体间际的标准时间的束缚。”[④]许茨还认为理论静观的意义也来自工作世界及其主体间性关系：“这种静观思维的全过程都是为了实践的意图和结果而进行的，正因为如此，他在这个工作世界中、而不是在一个有限意义域中，构成了理论静观的‘飞地’（enclave）。”[⑤]一个人离开工

---

① 许茨：《社会实在问题》，霍桂桓译，华夏出版社 2001 年版，第 290 页。

② 许茨：《社会实在问题》，霍桂桓译，华夏出版社 2001 年版，第 307 页。

③ 许茨：《社会实在问题》，霍桂桓译，华夏出版社 2001 年版，第 314 页。

④ 许茨：《社会实在问题》，霍桂桓译，华夏出版社 2001 年版，第 314 页。

⑤ 许茨：《社会实在问题》，霍桂桓译，华夏出版社 2001 年版，第 326 页。

作活动及其创造的财富和生活条件，既不能在深夜梦想，也不能进行科学静观，连精神病患者的精神意义也会因为没有生存条件的支撑而消失。

工作世界作为意义域，是众多有限意义域之一，作为意义源，是其中的核心。许茨把工作世界作为意义源，实际上是承袭了马克思“社会生活以物质生产活动为基础”的思想，超越了柏格森、詹姆斯以及胡塞尔的精神、意识主体意义源。但是，这似乎背离了现象学的意识意向性这一首要原则，其实不然，他是把胡塞尔的生活意识转换成了工作世界意识，认为意义来源于工作主体的意识或意向性，许茨的意义源最终在胡塞尔意向性的意义上返回到工作意向主体自身。可以说，许茨关于工作世界主体间性关系或共同体本质的解蔽，是对当代资本主义狭小的个人共同体关系和向往和谐工作共同体的普遍人性的反映和建构。但其脱离一定生产方式的“肩并肩、手拉手”的工作共同体的连接方式，缺乏“共同占有生产力总和”[①]这一社会关系基础，带有理想化的诗意的浪漫色彩，其本质是工作意向性或工作共同体意识。

（五）意向性理论与工作行动的意识设计过程

工作世界主体间性关系构成工作世界的意义，工作世界的意义总体化生活世界的意义，那么工作世界及其主体间性关系的意义又来自哪里？许茨认为工作意向性即工作行动设计是整个意义世界的源泉。胡塞尔的意向性是先验或纯粹的主体间性意识意向性。“自身意识和对他人的意识是不可分的。每一个人当他与他人进行交往时，同时就意识到这个具有他人特性的他人；他的意向性以惊异的方式延伸到他人的意向性中，反过来他人的意向性也延伸到他的意向性中，……通过相互修正，最终始终是，而且必然是关于具有同一些事物的这个同一的世界的世界之一致的意识起作用。”[②]如此，这个世界，就可以被“理解为由诸基本的意向性形成的

① 《马克思恩格斯选集》第1卷，人民出版社1995年版，第129页。

② 胡塞尔：《欧洲科学的危机与超越论的现象学》，商务印书馆2001年版，第304页。

意义构成物”[①] 许茨的意向性理论没有停留在胡塞尔先验而纯粹的意识意向性活动的层次，他从工作行动意向性开始，把行动分为内化的自我意识设计行动和外化的公开活动，“为了把单纯思考的（隐蔽的）行进与那些需要身体运动的（公开的）行进区别开来，我们可以称后者为工作（working）。”[②] 这就使意向性成为有现实或世俗感的工作意向性或工作意识活动，成为一个完整的过程总体。这里的自我不是一个以物质活动为本质的人，而是有意识张力即意识延伸力、设计力或现实建构力并在主体间性关系中存在的工作的精明成熟的自我。“精明成熟这个概念合理而且实用地为解释我们的认知生活揭示了出发点”，工作的自我或行动的自我是出发点，是认知的出发点，也是生活的出发点。

在胡塞尔现象学里，意向性理论本来是与还原法一起阐述的，即还原出的先验自我就是意向能力，是研究的出发点，是放在前面。而许茨正是反对这种先验意识，在《论多重实在》一文中，首先还原出工作世界，工作世界是出发点，通过对工作世界意义、结构和主体间性的描述，最后才回到作为意义源泉的意识意向性，即意识的构造问题。从这个意义讲，许茨的还原最后完成在意向性理论，意义首先来自工作世界主体间性，最后来自意识意向性，即最后回到意识的指向性赋予对象意义问题。如此，许茨与胡塞尔在意向性问题上是殊途同归。但有一点不同，即胡塞尔的意识构造力是先验存在，而许茨是后天绵延、行动的过程，是在设计行动修正中累积的能力，即意向性或意向性能力是一个后天行动作为的过程。但不是行动修正设计而是设计修正行动，即设计才是行动有没有意义的参照者，行动的过程方式都是意识设计的，行动的意义在于是否符合设计。而设计的不断修正和改变则是意识本身的张力或意向性本性和能力。意识就是这样一个自我驱动、自我行动、自我修正、自我实现效果的意向性过程，过程的每一个环节都是意向的活动，行动是意向的设计，效果是意向的外化，

① 胡塞尔：《欧洲科学的危机与超越论的现象学》，商务印书馆 2001 年版，第 203 页。
② 许茨：《社会实在问题》，霍桂桓译，华夏出版社 2001 年版，第 289 页。

修正是行动不符合意向或原有的意向的自我改变和行进。当然这主要是一种逻辑的分析，在实际阐述和实际工作世界中，意向性始终存在，意义理论和主体间性理论，也就是他的意向活动理论。如前所述，行动理论是他整个研究的起点，始于对韦伯的兴趣，最后又落在工作行动上，工作行动最后落在工作行动设计即工作意向性上。“工作是存在于外部世界之中的行动，它建立在一个设计基础上，并且由通过身体运行造成经过设计的时态的意向描述其特征。对于构成日常生活世界的实在来说，工作形式是我们描述过的全部自发性形式中最重要的一种形式。”①

如此，许茨的意向性理论以工作意向性理论的方式最终解决了韦伯等人没有解决的“意识如何给予行动意义”的问题。其基本环节是：（1）把行动转化为工作行动，使得行动实体化、实在化，为描述行动意义做铺垫或提供经验材料；（2）意识设计行动；（3）以一定的知识储备为基础，不同知识储备有不同的设计，并导致不同结构；（4）设计要有动机，动机不断变化；（5）把设计外化为公开化的行动；（6）意识修正行动，发现行动偏离了设计就要修正，或者发现自己不能公开化、外化也要修正行动；(7) 行动意义在于效果是否符合设计，而不是效果本身；（8）行动、设计都基于主体间性的伙伴关系；（9）意向性就是意识行动或工作设计、修正的全过程，它给工作行动意义，赋予工作世界意义，又给社会世界及生活世界意义，即意识行动总体化现实世界。韦伯、詹姆斯等现代意识哲学大量阐述行动，试图通过亲近行动获得意识的现实感。许茨与之不同的是把行动转换成工作行动，这就更具有实在感和现实境遇，与之相同的是最后回到意识自身，这是意识哲学普遍的生存轨迹。“我们可以说，现象学家并不与客体本身发生什么关系，他所感兴趣的是它们的意义，因为它是由我们的心灵活动构造的。”② 他的“意义源”否定了客体的意义，最终回到了现象学的主观意向性。

① 许茨：《社会实在问题》，霍桂桓译，华夏出版社 2001 年版，第 289 页。

② 许茨：《社会实在问题》，霍桂桓译，华夏出版社 2001 年版，第 167 页。

综上，许茨现象学的工作世界理论还原了生活世界或文化世界的工作世界基础，探究了工作世界的总体性和主体间性结构与本质，阐明了工作世界是意义的源泉，最终确立了工作意向性是意义的最终源泉。“现象即本质”或“自然态度的悬置”还原方法、意义理论、主体间性理论、意向性理论等，许茨现象学的基本理论都建立在工作世界基础上。许茨现象学的工作世界向度，内涵了工作世界观、工作价值意义观、工作人本观和工作生存论，构成了一个较为完整的工作世界哲学理论体系。如此，可以把许茨现象学的工作世界理论称作工作世界现象学或工作现象学。它与许茨的生活世界现象学、社会现象学、语言现象学等一道，构成许茨现象学的多重世界向度。它对我们具有一定的启示与借鉴意义：哲学不仅要关注生活世界，更要关注工作世界；不仅要关注工作世界，更要关注人性化或主体间性关系的工作共同体世界；要循着工作世界的意义结构，追寻工作世界的过程、总体和共同体的价值意义，而不能停滞于某个片段或痴迷于某种物化；工作世界是生活世界的核心，以人为本要以建构人性化的工作世界为本；就业优先不只是就业岗位数量的优先，更是工作共同体意义的优先。但其共同体主体的狭隘性、意向性的主观性以及意义域的意识性，则需要予以马克思主义哲学的矫正和升华。

二、许茨与马克思的工作世界理论比较

现象学之所以影响深远，其魅力并不仅在于它那为人们所熟识的生活世界理念，更在于它把生活世界升华为生活共同体，更在于许茨又把生活共同体拓展到工作共同体这一本体界面，这就使它的共同体思想具有对抗现代文化体系的个人中心主义的效应，具有超越“抽象人本论”和“异化人论”的价值。这一点只要想一想因为缺乏共同体理念而被世人冷落的叔本华和尼采的生活哲学就可以理解了。可持续发展和构建和谐社会的时代

精神是共同体精神。工作共同体思想是许茨生活世界理论的深层底蕴、价值核心和精髓。

从劳动（工作）异化论到劳动（工作）共同体论，从《1844年经济学—哲学手稿》到《资本论》，马克思毕生关注和研究人的劳动、工作世界这些现实的生活和人的现实的关系。其“劳动（工作）异化论”已为人们所熟识。而“劳动（工作）共同体”思想是对劳动异化论的超越，是对人的社会关系和实践本质的现实解构和升华，是马克思生活哲学和人的本质理论的价值核心。这里，“劳动”和“工作”是两个同等程度和含义的概念。狭义的工作是与机器生产相联系的劳动，是近代产业活动的产物。广义的工作与劳动、生产等概念是通用的，即它们都是产业（工业、农业、服务业）生产活动中创造价值的生命活动，这里也在相同的意义上使用这些概念。在马克思的异化劳动论、劳动价值论中，劳动和工作两个概念也是通用的，如他在《雇佣劳动与资本》一文中所表述的就是这样：“由于他们工作的劳动部门不同，他们每一个人因做了一定的工作（譬如，织成一尺麻布或排好一个印张的字）而从各自的雇主那里得到的货币数量也不同。尽管他们得到的货币数量不同，但是有一点是一致的：就是工资是资本家为了偿付劳动一定的时间或完成一定的工作而支出的一笔货币。”[①]“劳动部门”即“工作部门”，“工作时间”即“劳动时间”，劳动即工作，工作即劳动。

是工作共同体令人情不自禁把许茨和马克思连接起来。他们能把工作世界讲成哲学问题，而不是像经济学那样只讲成经济学问题或社会学那样只讲成社会问题，就在于把工作共同体置于生活的本体界、意义源和主体域。他们的工作共同体思想，超越了对本体、本质、实践、精神、物质等范畴进行概念研究的概念哲学。生活、工作、建构、创造、沟通、理解、和谐，这就是他们的核心理念，而共同体精神是他们的基本精神。通过比较，马克思的工作共同体思想更加璀璨。许茨的工作共同体思想，一方面是马克思思想的承传、佐证和个人工作共同体层面的具体化拓展，一方面

① 《马克思恩格斯选集》第1卷，人民出版社1995年版，第333页。

其本体界的一维性、意义尺度的狭隘性、主体域的个体性以及整个共同体思想的先验性，需要马克思的工作共同体思想予以矫正。

（一）工作共同体与本体界——工作世界的本质是工作共同体

工作世界呈现给我们的是一个个共同体的世界，共同体的现实的直接的显现莫过于在工作世界。许茨和马克思都认为工作共同体是生活的本体界，但二人本体的维度不同。

马克思的工作共同体思想源于劳动（工作）异化论。在对抗性质的社会，劳动活动的异化与劳动的社会关系的异化是同一过程，"把在生产中以财富的各种物质要素作为承担者的社会关系，变成这些物本身的属性（商品），并且更直截了当地把生产关系本身变成物（货币）。"[①]"劳动是工人本身的生命活动，是工人本身的生命的表现。工人正是把这种生命活动出卖给别人，以获得自己所必需的生活资料。可见，工人的生命活动对于他不过是使他能以生存的一种手段而已。他是为生活而工作的。他甚至不认为劳动是自己生活的一部分；相反地，对于他来说，劳动就是牺牲自己的生活。劳动是已由他出卖给别人的一种商品。"[②]劳动活动、劳动关系的异化引起人的技术关系和自然关系的异化，"在我们这个时代，每一种事物好像都包含有自己的反面。我们看到，机器具有减少人类劳动和使劳动更有成效的神奇力量，然而却引起了饥饿和过度的疲劳。财富的新源泉，由于某种奇怪的、不可思议的魔力而变成贫困的源泉。技术的胜利，似乎是以道德的败坏为代价换来的。随着人类愈益控制自然，个人却似乎愈益成为别人的奴隶或自己的卑劣行为的奴隶。甚至科学的纯洁光辉仿佛也只能在愚昧无知的黑暗背号上闪耀。我们的一切发现和进步，似乎结果是使物质力量成为智慧的生命，而人的生命则化为愚钝的物质力量。现代工业和科学为一方与现代贫困和衰颓为另一方的这种对抗，我们时代生产力与生

① 《马克思恩格斯全集》第 25 卷，人民出版社 1974 年版，第 934 页。

② 《马克思恩格斯选集》第 6 卷，人民出版社 1961 年版，第 477 页。

产关系之间的这种对抗，是显而易见的、不可避免的和无庸争辩的事实。"[①]机器"把大批手工工人抛到街头上去，而在机器日益完善、改进或为生产效率更高的机器所替换的地方，机器又把一批一批的工人排挤出去。"[②]劳动异化导致人的本质的异化。马克思从工作活动、工作关系、工作环境和技术手段各个方面展现了对抗性质的社会工作世界的异化状态。

消除劳动、工作的异化，就要建立联合、合作的共同体。"在真正的共同体的条件下，各个人在自己的联合中并通过这种联合获得自己的自由。"[③]在自由人联合体中，"能够实现自己的充分的、不再受限制的自主活动，这种自主活动就是对生产力总和的占有以及由此而来的才能总和的发挥。"[④]马克思所说的共同体就是共创共享的和谐工作世界共同体。"人们在生产中不仅同自然界发生关系。他们如果不以一定的方式结合起来共同活动和互相交换其活动，便不能进行生产。为了进行生产，人们便发生一定的联系和关系；只有在这些社会联系和社会关系的范围内，才会有他们对自然界的关系，才会有生产。"[⑤]人只有联合成一定的共同体才能进行自由的工作、生产或劳动。

工作共同体是生活共同体的本体。马克思在《德意志意识形态》中曾经明确指出，人们为了能够创造历史，必须能够生活。但是为了生活，首先就需要生产衣、食、住以及其他东西。因此，第一个历史活动就是生产满足这些需要的资料，即生产物质生活本身。生产实践的本质是自由自觉的共同体实践："通过实践创造对象世界，改造无机界，人证明自己是有意识的类存在物，就是说是这样一种存在物，它把类看作自己的本质，或者说把自身看作类存在物。诚然，动物也生产。它为自己营造巢穴或住所，如蜜蜂、海狸、蚂蚁等。但是，动物只生产它自己或它的幼仔所直接需要

① 《马克思恩格斯全集》第1卷，人民出版社1995年版，第775页
② 《马克思恩格斯选集》第6卷，人民出版社1961年版，第504页。
③ 《马克思恩格斯选集》第1卷，人民出版社1995年版，第119页。
④ 《马克思恩格斯选集》第1卷，人民出版社1995年版，第129页。
⑤ 《马克思恩格斯选集》第1卷，人民出版社1961年版，第486页。

的东西；动物的生产是片面的，而人的生产是全面的；动物只是在直接的肉体需要的支配下生产，而人甚至不受肉体需要的影响也进行生产，并且只有不受这种需要的影响才进行真正的生产；动物只生产自身，而人再生产整个自然界；动物的产品直接属于它的肉体，而人则自由地面对自己的产品。”[①]“正是在改造对象世界中，人才真正地证明自己是类存在物。这种生产是人的能动的类生活。通过这种生产，自然界才表现为他的作品和他的现实。因此，劳动的对象是人的类生活的对象化：人不仅像在意识中那样理智地复现自己，而且能动地、现实地复现自己，从而在他所创造的世界中直观自身。”[②]生活的本质是生产实践共同体，生产实践的现实化、实体化、主体化就是工作实践或工作世界。工作活动的实质是共同体的活动，工作世界的本质就是工作共同体，它以“共同占有生产力总和”是共同体关系的根本体现和主要标志。异化的社会也有各种经济、政治、文化的共同体，但不具有“共同占有生产力总和”这一共同体的根本特征。

工作共同体的本质是人在工作活动中创造的和谐关系，它是人与人、自然和社会三维和谐关系的总和。“一般地说人同自身的任何关系，只有通过人同其他人的关系才得到实现和表现。”[③]“自然界的人的本质只有对社会的人说来才是存在的；因为只有在社会中，自然界对人说来才是人与人联系的纽带，才是他为别人的存在和别人为他的存在，才是人的现实的生活要素；只有在社会中，自然界才是人自己的人的存在的基础。只有在社会中，人的自然的存在对他说来才是他的人的存在，而自然界对他说来才成为人。因此，社会是人同自然界的完成了的本质的统一，是自然界的真正复活，是人的实现了的自然主义和自然界的实现了的人道主义。”[④]“劳动首先是人和自然之间的过程，是人以自身的活动来引起调

① 《马克思恩格斯选集》第1卷，人民出版社1995年版，第46—47页。
② 《马克思恩格斯全集》第42卷，人民出版社1979年版，第97页。
③ 《马克思恩格斯全集》第42卷，人民出版社1979年版，第98页。
④ 《马克思恩格斯全集》第42卷，人民出版社1979年版，第122页。

整和控制人和自然之间的物质变换的过程。”①

当代西方人本主义哲学大多带有异化人论的色彩。异化人是人的非本质状态，是处于与自己对抗的技术关系、自然关系和社会关系等多维异化关系中的人。海德格尔指出了人通过技术与自然的异化。他认为技术的本质不是传统意义上的工具和手段，而是对世界的解蔽方式，即展现自然的本真意义，但人却把技术当作控制自然的手段，使自然进入到一种非自然状态，成为被人摆置、预置的失去独立性的“持存物”（bestand）。②马尔库塞在《单面人》中指出了人的全面异化，认为现代人在物质和技术压制下变得只求物质不求精神，只按技术合理性活动而没有批判性和创造性，人成为片面的“单面人”，社会成了片面的“单面社会”。霍克海默和阿多尔诺说过，“今天，技术上的合理性，就是统治上的合理性本身。它具有自身异化的社会的强制性质。”③此外，弗洛伊德的“本我”、柏格森的“绵延”、萨特的“他人即地狱”等哲学思想都是异化人论的不同形式。当代异化人论在人同技术、自然和社会的关系中研究人，展现了资本主义体系和技术压制状态下人的生存状态，进一步启示人们：人的本质不只是人自身，更是人与人、技术、自然和社会的多维关系的总体，而这些关系不只是一般的抽象的关系，更是其历史的现实的关系。

异化人论过多地关注自我反而失去了自我。现象学则从主体间的关系寻求自我的意义，提出了“主体间性”概念，从个人共同体层面上展现了人的和谐本质。主体间性的基本含义就是主体间的关系，即不同主体在生活交往中实现的和谐关系。胡塞尔指出：“作为一个个人活着就是生活在社会的框架之中，在其中我和我们都一同生活在一个共同体之中，这个共同体作为一个视界而为我们共同拥有。”④“共同体”就是一种在各个主

① 马克思：《资本论》第1卷，人民出版社1975年版，第204页。

② 海德格尔：《技术的追问》，孙周兴编：《海德格尔选集》(下卷)，上海三联书店1996年版，第93页。

③ 霍克海默、阿多尔诺：《启蒙辩证法》，洪佩郁等译，重庆出版社1990年版，第113页。

④ 胡塞尔：《欧洲科学的危机和先验现象学》，张庆熊译，上海译文出版社1988年版，第3页。

体之间存在着的共同性（或共通性），即“主体间性”关系，其实质是个人之间的和谐互动关系。许茨批评了萨特的唯我论，萨特强调人的本质不是共在，而是相互冲突和相互否定，他人不是我可依赖的伙伴，而是地狱。许茨认为如果把萨特的理论应用于生活世界中人们的日常经验，它只能表现出彻底的失败。“我们可以说，这种构造包含了一种实践唯我论（a practical solipsism）。不是他人观察我，使我的自由异化，就是我同化并且把握他人的自由。因此，在萨特的哲学中，自由之中的相互互动不具有任何地位。”[①]许茨指出了工作世界中人与人的主体间性的“伙伴关系”，认为自我不是他人的构造者，自我意识不能脱离他人而得到理解，甚至我们也更多的是生活在他人之中，而不是生活在我们自己之中。“与其说人从一开始就生活在他的个体领域之中，还不如说人从一开始就生活在其他人的经验‘之中’。”[②]现象学的“主体间性”概念就是“共同体”概念，它把人的本质置于共同体层面，至少在形式上实现了对唯我论的克服。但胡塞尔的主体间关系是由“先验自我”、“纯粹意识”构成的，这就使他的主体间和谐共同体远远地脱离了现实世界。许茨批评了胡塞尔的先验现象学，把主体间性关系置于现实的工作世界的“伙伴关系”，这一点在前面已有诸多论述。

共同体的现实的直接的集中的显现莫过于在工作世界了。人的劳动从一开始就是人的联合体的活动。近现代的社会化生产特别是当代的全球化背景使工作世界的共同体本色更加彰显。许茨的工作共同体只是异化社会内部个人之间关系的狭隘的共同体，建立在交往、沟通、理解的基础上，缺乏和谐生产关系的基础，不具有总体的社会批判和改造的性质。任何对抗的社会都有和谐的一面，就像非对抗的社会都有冲突的一面。异化的社会虽然不具备“共同占有生产力总和”这一共同体基础，但有很多诸如家庭、企业、学校等方面的工作共同体。这是现象学共同体思想在异化社会

① 许茨：《社会实在问题》，霍桂桓译，华夏出版社 2001 年版，第 276 页。

② 许茨：《社会实在问题》，霍桂桓译，华夏出版社 2001 年版，第 224 页。

内部产生的原因，这也注定了其个人共同体的狭隘性质。

马克思的工作共同体是对异化工作、劳动关系的超越，是对一般生产关系和社会关系的具体化和升华，其本质是生产活动中的联合、合作、和谐关系。而马克思的工作世界共同体是以共创共享的共有的物质生产关系为基础，具有现实工作世界共同体的品格。许茨的工作共同体思想，把生活本体由唯我论的本体拓展到现象学的主体间性共同体，又由胡塞尔的生活共同体本体深化到工作共同体本体，这一方面是马克思工作共同体本体界思想的佐证和个人共同体层面的具体化拓展，一方面其本体界的狭隘性又需要马克思思想给予矫正。马克思的工作共同体本体界是人与人、自然和社会三维关系的统一体，是三维本体界，许茨是个人关系本体，是狭隘的一维本体界。

（二）工作共同体与意义源——工作共同体是生活世界意义的源泉

生活就是对生活意义的追求，没有意义的生活不是生活。“生活即意义”，意义即价值。既然工作共同体是生活世界的本体界，那么它也就是生活意义的来源。许茨与马克思都认为工作共同体是生活的意义源，但二人意义的尺度不同。

马克思终生都在探求劳动、工作的意义，他不仅解蔽了异化劳动的无意义，而且展现了共同体劳动的有意义。“整个所谓世界历史不外是人通过人的劳动而诞生的过程，是自然界对人说来的生成过程，所以，关于他通过自身而诞生、关于他的产生过程，他有直观的、无可辩驳的证明。”[①] 劳动是历史中生活意义的诞生地，但异化社会的异化劳动却成为生活无意义的源泉，所以要建立工作共同体，找回人们失落和沉沦的价值、意义、生活。“工作共同体是生活的意义源”，这并不等于说价值、意义都是工作创造的，只有经济学才会那么认为：劳动创造价值。一个不会工作的婴儿不创造商品的价值，但却在创造生活的意义和价值，他是家庭的欢乐、

① 《马克思恩格斯全集》第 42 卷，人民出版社 1979 年版，第 131 页。

生命的延续，而他的“创造”、他的“生活”又都依赖父母的工作。同样，工作不仅创造商品的价值意义，而且同时创造生命、生活的价值意义。对于劳动、工作，只从经济学的视野研究是不行的，还要有哲学人学的研究。马克思就是在经济学中寻找哲学、在劳动活动、工作中寻找生活、生命的价值意义的哲学家。

生活最大的或最普遍的意义莫过于自由了，它就来源于工作共同体。马克思的工作共同体理论谈的最多的就是自由，“在真正的共同体的条件下，各个人在自己的联合中并通过这种联合获得自己的自由。”[①] 在和谐人共同体中，个人可以“随自己的兴趣今天干这事，明天干那事，上午打猎，下午捕鱼，傍晚从事畜牧，晚饭后从事批判，这样就不会使我老是一个猎人、渔夫、牧人或批判者”。[②] 自由是人从一种工作状态向另一种工作状态的超越。还有，在共同体中，“每个人的自由都是他人自由的条件”。而离开共同体关系，工作活动就沦为对抗性的异化活动，生活就会丧失其自由状态。

马克思还认为只有在工作共同体中人才能占有对象，占有自己同世界的一切关系，从而全面占有自己的本质，从而全面占有生活的意义。在扬弃了异化劳动的联合生产的共同体中，“人以一种全面的方式，也就是说，作为一个完整的人，占有、拥有。人以一种全面的方式，也就是说，作为一个完整的人，占有自己的全面本质。人同世界的任何一种人的关系——视觉、听觉、嗅觉、味觉、触觉、思维、直觉、感觉、愿望、活动、爱，——总之，他的个体的一切器官，正像在形式上直接是社会的器官的那些器官一样，通过自己的对象性关系，即通过自己同对象的关系而占有对象。”[③] 马克思把人的社会关系本质以及感性、理性、爱、生理、心理、活动等所有生活的价值意义都置于现实的共同体之中，共同体是本质的本质，没有共同体，人与世界就处于“毫不相干”的异化关系之中，个人就会“受抽

---

① 《马克思恩格斯选集》第1卷，人民出版社1995年版，第119页。

② 《马克思恩格斯选集》第1卷，人民出版社1995年版，第85页。

③ 马克思：《1844年经济学—哲学手稿》，刘丕坤译，人民出版社1979年版，第76页。

象的统治”。[①] 生活就失去了生活的意义。

生活的价值意义来源于工作共同体，那么用什么作为衡量有意义和无意义的尺度呢？“动物只是按照它所属的那个种的尺度和需要来生产和塑造，而人却懂得按照任何物种的尺度来进行生产，并且懂得怎样处处都把内在的尺度运用到对象上去，因此，人也按照美的规律来建造”。[②]“物种的尺度”就是物种的“内在价值”。“美即和谐”，按美的规律创造就是要体现出物种的价值尺度和人的价值尺度的双重统一。这个统一同时也是个人价值尺度和社会价值尺度的统一。“人如何生产人——他自己和别人；直接体现他的个性的对象如何是他自己为别人的存在，同时是这个别人的存在，而且也是这个别人为他的存在。……正像社会本身生产作为人的人一样，人也生产社会。”[③]“活动和享受。无论就其内容或就其存在方式来说，都是社会的，是社会的活动和社会的享受。”[④] 马克思把意义的尺度看作是主体尺度与客体尺度、个人尺度与社会尺度的统一。而马克思的客体尺度不但没有削弱他的主体尺度，反而使其具有更为丰富现实的“意向性”，这是通过主体意义和客体意义互相交织、互相给予实现的。“蜜蜂建筑蜂房的本领使人间的许多建筑师感到惭愧。但是，最蹩脚的建筑师从一开始就比最灵巧的蜜蜂高明的地方，是他在用蜂蜡建筑蜂房以前，已经在自己的头脑中把它建成了。”[⑤]“思想、观念、意识的生产最初是直接与人们的物质活动，与人们的物质交往，与现实生活的语言交织在一起的。”[⑥] 马克思的意向性理论是由多向度互动的意义尺度构成的，或者说，他的意义尺度是一种互动的意向性尺度。意向性无论作为生活的意义源还是意义尺度都不是现象学的专利。相反，现象学的意向性——这种建筑师

---

① 《马克思恩格斯全集》第30卷，人民出版社1995年版，第114页。

② 马克思:《1844年经济学—哲学手稿》，刘丕坤译，人民出版社1979年版，第50—51页。

③ 《马克思恩格斯全集》第42卷，人民出版社1979年版，第121页。

④ 《马克思恩格斯全集》第42卷，人民出版社1979年版，第121—122页。

⑤ 马克思：《资本论》第1卷，人民出版社1975年版，第202页。

⑥ 《马克思恩格斯全集》第1卷，人民出版社1995年版，第72页。

式的设计方式，很像是受了马克思的影响。

胡塞尔较为明确地指出了生活共同体是生活的意义源，主体的意向性是意义的最终源泉和尺度。意识指向现实对象，最后又回到自身，成为意义的意义，源泉的源泉，尺度的尺度。他的意向性共同体构成现实生活共同体并成为意义的尺度。这种复数的自我意识至少在形式上具有反对唯我论的意义。许茨在胡塞尔的生活共同体意义源中继续挖掘，找到了工作共同体这一意义之源。他认为日常生活的最高实在是指现实的可经验到的不同层次的工作世界，它是生活世界的最基本的维度，是一个产生、创造意义的“域”。日常生活的实在感首先体现在工作世界这个最高实在上，只有在这种作为工作世界的实在中，社会个体之间的动机的相互作用和意义的相互沟通才是有效的。在许茨这里，工作世界和工作共同体是一个概念，工作世界就是主体间际的关系，就是个体沟通、交往、合作的共同体。许茨认为“操纵领域”(manipulatory area) 构成全部实在的核心。只有对在这个区域中的物体的经验，才能给我们最确实的现实感。从这个核心向外推，就是我潜在的力所能及的范围和我虽然不能触及但可以通过间接行动影响的区域。这些区域加起来，便构成了工作世界的总体。日常生活世界的实在就是由个体行动者的工作、由其可以操纵的客体、可以处理的人和事构成的。他把“操纵领域”、可经验的物体看作是生活世界这一实在的核心，也就是把工作世界看作是生活价值意义的源泉，是产生自我、主动、自由、思想意识、经验等意义的源泉和根据，生活和生命的意义都产生于工作共同体。或者说，工作共同体的意义本身就是生活世界的意义，至少是最高的生活意义。

生活的价值意义来源于工作世界，这是再简单不过的道理和事实了。人类要想生活首先要进行生产活动，创造生活资料，个人要想生活，首先要工作。工作共同体作为意义源，并不等于说生活的一切意义都直接产生于工作领域。但生活的其他领域的意义的独特性或相对独立性也不会改变意义源的地位。工作共同体作为意义域，是众多有限意义域之一，作为意义源，是意义的核心。许茨在把工作世界看作是意义源意义上的意义域的同时，又解蔽了其他方面的有限意义域，如梦的世界、想象和幻想的世界、科学家静观的世界、儿童游戏的世界以及精神病患者的世界。它们都具有与“工作世界”的认知风格不同的独特的认知风格，这些世界与工作世界构成“多重实在”。许茨还特别强调了各个意义域的相对独立性和特殊本质，认为各个意义域之间是可以互相转换的，如上床睡觉就是从清醒的意义域“跳跃”到梦的世界；观众看戏时，就是从日常现实的世界“跳跃”到虚构的世界之中。

在意义的源泉或尺度上，许茨承袭了胡塞尔的主体意向性尺度，意义源最终在胡塞尔意向性的意义上返回到意向主体自身，认为客体意义最终都是心灵的构造。他的意义尺度否定了客体的意义，只具有主体意义的一维性，这与马克思实践基础上的多重意义尺度有本质区别。许茨把工作共同体作为意义源，把主体间关系构成的共同体作为意义尺度，具有反对唯我论的效应，也是对马克思意义源思想的一个佐证；对各种有限意义域的解蔽，拓展了生活意义的空间，可视为对马克思工作共同体思想的一个外延的补充。但其意义源的先验性和主体意义尺度的狭隘性，需要马克思的意义尺度予以矫正。

（三）工作共同体与主体域——工作共同体是实践的主体域

生活的意义是创造出来的，没有创造，共同体也就不可能作为本体界和意义源。工作共同体是在产业活动中以一定的物质方式和精神方式链结起来的主体链和主体链构成的主体网。这些网链构成一个个相互联系又相互区别的“域”。“域”表明创造者的共同体特征，表明创造者不是单个的人，也不是总体的社会。许茨与马克思都认为工作共同体是创造的主体域，但二人主体的链结方式不同。

马克思指出：“实际创造一个对象世界，改造无机的自然界，这是人类作为有意识的类的存在物的自我确证。”[①] 人“在他所创造的世界中直

① 马克思：《1844年经济学—哲学手稿》，刘丕坤译，人民出版社1979年版，第50页。

观自身”[①]。创造对象世界是人作为“类”即作为共同体来进行的，而且作为共同体进行创造是人的本质的“自我确证”。而异化的扬弃，自由的获得以及“全面占有自己的本质”，“没有共同体，是不可能实现的”。人“不仅是一种合群的动物，而且是只有在社会中才能独立的动物”[②]自由自觉的工作活动的主体只能是一个共同体：“在这个共同体中各个人都是作为个人参加的。它是各个人的这样一种联合（自然是以当时发达的生产力为前提的），这种联合把个人的自由发展和运动的条件置于他们的控制之下。而这些条件从前是受偶然性支配的，并且是作为某种独立的东西同单个人对立的。”[③]马克思还在阶级共同体的层面上说明了创造者的活动是共同体的活动。与其说实践的本质是创造，不如说工作的本质是创造，因为实践的创造是通过工作来进行和完成的，而工作是在一定的共同体中进行的。

马克思认为创造的主体是工作共同体，产业技术是主体链结的根本方式。作为创造的主体，既不是个体，也不是抽象的社会或人类，而是一个个在社会化生产中由产业技术链和产业链链结起来的工作共同体。“工业的历史和工业的已经产生的对象性的存在，是一本打开了的关于人本质力量的书”[④]费尔巴哈离开工业、技术和生产方式以及人的工作、就业状态来考察人的生活和活动，所以就不懂得创造主体的共同体性质，所以“撇开历史的进程，孤立地观察宗教感情，并假定出一种抽象的——孤立的——人类个体。”[⑤]所以，他只能抽象地谈论实践、社会关系、人、社会、自然、生活等概念。“因为他从来没有把感性世界理解为构成这一世界的个人的共同的、活生生的、感性的活动。”[⑥]工业活动是由机器技术链结起来的

① 马克思：《1844年经济学—哲学手稿》，刘丕坤译，人民出版社1979年版，第51页。

② 《马克思恩格斯选集》第2卷，人民出版社1995年版，第2页。

③ 《马克思恩格斯选集》第1卷，人民出版社1995年版，第121页。

④ 《马克思恩格斯全集》第42卷，人民出版社1979年版，第127页。

⑤ 《马克思恩格斯选集》第1卷，人民出版社1979年版，第18页。

⑥ 《马克思恩格斯选集》第1卷，人民出版社1979年版，第50页。

工作共同体的活动。现代社会，人的实践、创造活动都是由产业技术链结起来的共同体活动，共同体作为创造活动的主体域特征更加彰显。彼德·科斯洛夫斯基指出“人类社会并不是一个装着文化上中性的人造物的包裹。那些设计、接受和维持技术的人的价值与世界观、聪明与愚蠢、倾向与自得利益必将体现在技术身上。”[①]国内有学者指出:“技术是人性的集中体现，技术是社会矛盾的集中体现”，“技术不仅是人与自然的中介，也是人与人的中介”。[②]信息化背景下，产业技术的空间域不断扩大，关联度不断增强，创造主体的链式结构和网状特征越来越明显，产业技术对主体的链结作用越来越增强。

作为共同体的根本链结方式，除了产业技术，还有物质生产关系。马克思认为共同体以“共同体占有生产力总和”为特征。技术链结与生产关系链结的统一构成生产方式的链结，因此可以说，在马克思的视界里，生产方式就是工作共同体的根本链结方式。此外，共同的自然环境、共同的利益、文化、交往等也是重要的链结方式。“正是自然的必然性，人的特性、利益把市民社会的成员彼此连接起来。他们之间的现实联系不是政治生活，而是市民生活。”[③]但这些链结方式都以生产方式相关联。

许茨也认为创造活动的主体只能是现实工作中结成的共同体。他批评萨特的个人主体论，主张创造活动是人与人结成的共同体行为，反对把他人当成客体。从对鲁滨逊“个人工作”世界的否定到对萨特个人实践主体的批判，从生活本体界到生活意义域，从“面对面情境”到手拉手肩并肩的“世俗身体”式沟通，所有这些都表明许茨把生命活动的主体置于共同体的层面。关于主体链结的方式，许茨认为主要是通过共时的经验、身体和语言的交流以及交往、沟通、理解达到彼此的和谐、互动并结成共同体关系。“我们在这里看到了先验自我多元性概念，看到了单子共同体概念。

---

① 彼德·科斯洛夫斯基：《后现代文化——技术发展的社会文化后果》，毛怡红译，中央编译出版社 1999 年版，第 2 页。

② 王大洲、关士续：《技术哲学、技术实践与技术理性》，《哲学研究》2004 年第 11 期。

③ 《马克思恩格斯全集》第 2 卷，人民出版社 1979 年版，第 154 页。

只有借助于最宽泛意义上的世俗身体姿态、包括语言，它们才能立即直接进行沟通。”[①]“我们，我和他人，都通过一种生动的现在经验这个不断发展的沟通过程。”[②]“当这种在外部世界中发生的事件——这个沟通者的言语——不断进行的时候，有一种成分对于他的生动的现在和我的生动的现在来说是共同的，因此，这两种生动的现在是同时存在的。所以，我通过同时性对他人不断发展的沟通过程的参与，建立了一种新的时间维度。当这个过程持续进行的时候，他和我，我们，共享一种共同的生动的现在——我们的生动的现在，它使他和我都能够说：‘我们一起经验这种事件。’通过这样建立起的我们关系，我们——向我讲话的他和倾听讲话的我——都生活在我们共同的生动的现在之中，都在这种沟通过程中、并且通过这种过程被引向应当认识的思想。我们是一起变老练的。”[③]

许茨摈弃了唯我论的个人主体，代之以主体间的共同体主体，这是“主体域”的一个拓展。但他否定客体的意义，把客体的意义完全看作是主体给予或创造的，这是一种“个人共同体中心主义”。从创造的性质和意义上看，是单纯的精神主体的创造，即意向性的创造。这就有悖于马克思的“共同体主体”和多维的价值尺度；有悖于当代可持续发展的理念和实践。这种“复数自我”中心主义倾向受到了“生态共同体主义”的批判。美国生态学家巴里·康芒纳指出：“每一种生命都是紧紧地依附于它的物理和化学的环境……每一种生物都是靠很多其他的生命而生存的，不论是间接地通过环境中的各种化学和物理部分，或是直接成为食物或庇护所。在地球上的每一种生物中间，确切地说，在它每个单独的细胞里，都包含有另一个组织结构。”[④]每一个生物都是有序和谐的“组织”共同体，共同体之间互相“依附”、“包含”和“庇护”，即创造者主体是一个互相创造的“共同体”。深生态学家纳斯则认为，人类自我意识的觉醒，经历了从本能的

① 许茨：《社会实在问题》，霍桂桓译，华夏出版社 2001 年版，第 338 页。
② 许茨：《社会实在问题》，霍桂桓译，华夏出版社 2001 年版，第 296 页。
③ 许茨：《社会实在问题》，霍桂桓译，华夏出版社 2001 年版，第 297 页。
④ 巴里·康芒纳：《封闭的循环》，侯文蕙译，吉林人民出版社 1997 年版，第 16 页。

自我(ego)到社会的自我(self)，再从社会的自我到形而上的“大自我”(Self)即“生态的自我”(ecological self)的过程。这种“大自我”或“生态的自我”才是人类真正的自我。在大自我的共同体中，人与自然万物都有内在价值和意义，都是活动和创造的参与者和“主体”。生态共同体论使现象学的个人共同体更显得有些小家子气了，特别是它又找回了在主体创造活动中被现象学丢弃的客体的意义并把它置于与主体价值平等的地位，这种对现象学所进行的深度矫正，实际上是在应用马克思的“物种的尺度”和人的“内在的尺度”所进行的矫正，实际上是马克思的思想在对现象学进行矫正。而它由于剥去了人的社会本质而把人降低为与植物、动物同等的生态层次，这不但没有影响马克思的思想，反倒使他的共同体主体显得更富有人性、创造性和审美性，因为他一直在“按美的规律”进行创造。

在马克思的视界里，人的自由本质、全面性本质和社会关系本质都意味着联合、合作，意味着共同体；人的创造本质是在共同体中实现的，创造主体不是单个的个体，也不是总体的社会，而是联合主体，是工作着的共同体。当今世界，共同体主体在社会经济、政治、文化、军事等各个方面的地位和作用越来越重要：创新者不是发明者，而是作为共同体代表的企业家；战争的胜利取决于整体的配合而不只是英雄的勇敢；经济的竞争取决于经济共同体的强弱；科学的发展取决于科学家共同体等。人与人的关系追求主体间的平等、公平、互动关系，各民族各国家在交往中追求共存共荣的“双赢”关系，在人与自然的关系中，追求生态内在价值的和谐关系，这些都是人在其共同体本质层面上的追求、创造和发展。如果说许茨的创造主体思想解蔽了“主体间性”的共同体，马克思则全方位展现了作为创造者的工作实践共同体。二者都把创造主体置于共同体的层面。许茨的工作共同体主体思想是马克思思想的一个佐证和个人工作共同体层面的具体化拓展，他对交往、沟通、理解等共同体链结方式的具体化探讨也具有重要的社会学和人生价值意义。但其创造的先验性和链结方式的个人化特征和情感化色彩使他的共同体难以形成与社会化工作特别是当代全球化、信息化背景相匹配的创造力和凝聚力。

当代社会，共同体作为创造主体的特点更为明显。拉克劳、墨菲认为，实践活动不可能再成功地彻底掌握这个复杂性的世界，成为一种总体化实践，尤其是孕育了知识、交换、个体、共同体或群体关系的生活世界，现实的实践不可能再总体地把自身引入到一个绝对整体的范畴中去。对于性、性别、民族、种族、阶层、团体、经济、文化、国家的种种不同立场和要求，能动的实践只能是在差异性的各个层面上谨慎和不断进行的"链结"。①这种链结就是个人与社会的"结合域"，即共同体。联合的共同体尺度已经成为当代人的行为准则和价值标准。哈贝马斯指出："沟通行动同时意味着社会统一和社会化的过程，在这里，生活世界完全以另外一种方式'经受着检验'，这些检验不是直接根据可以进行批判的运用要求进行衡量的，就是说，不是根据理性的尺度，而是根据成员联合的尺度，社会化个人同一性的尺度来进行衡量的。"②

公平占有、均衡分配、平等生活……链结方式越是具有和谐生产方式的本性和质地，人们彼此的联系就越密切，共同体就越牢固并越具有凝聚力和创造性。从总体上讲，物质的精神的链结，经济的文化的政治的链结，血缘的地域的情感的链结，个人的群体的社会的链结，都以生产方式的链结为根本，随着生产方式的变迁而变迁。工作共同体作为创造的主体，它不单是个人也不单是总体的社会，它既是个人又是社会，是个人与社会的结合点。没有共同体，个人和社会都不复存在。人，越是能把自己链结成共同体，就越有创造力和生命力。个人通过融入共同体而成为社会的人，又通过融入不同的共同体而具有不同的本质、不同的生活；社会通过化解为具体生活和工作的共同体而成为个人的社会、现实的社会。"找工作"就是对人的共同体本质、意义和根基的寻找。工作性质、关系、环境，工作态度、理想、情感，工作技能、知识、方式，一句话，工作境遇——工作的情境和遭遇就是"精明成熟的人"的生命过程或生存状态。生活、工

① 恩斯特·拉克劳，查特尔·墨菲：《领导权与社会主义的策略》，尹树广、鉴传今译，黑龙江人民出版社2003年版，第126页。

② 哈贝马斯:《交往行动理论》第2卷，洪佩郁、蔺青译，重庆出版社1994年版，第191页。

作、意义、建构，交往、沟通、理解、共同体、和谐，共同体理念和精神是许茨更是马克思的哲学和人学的理念和精神，也是当代人崇尚的核心理念和精神。

小结：庄子讲过一个“宋人资章甫”的故事：一个宋国的商人投资制造了许多帽子（章甫）拿到越国去卖，到那儿一看傻眼了，越国人都以“断发文身”为美。他们光头、裸身，拒斥多余的服饰，特别是帽子，这是崇尚自然美。这种审美观也是他们身居南方的自然气候所致。宋国人以主体意义为标准，用“意向性”制造了帽子，无视越人的自然状态，无视客体意义，他无法把自己一厢情愿的“意向性”帽子卖给越人，结果只能是惨遭失败。有人把这个故事改编成一个现代产品开发的案例：一个制鞋公司的老总派一个推销员到非洲的某地推销鞋子，推销员去了才知道，那里的非洲人都赤足行路，不穿鞋。他看了这种情形非常高兴，回来后对老总说：“这是一个多么大的市场等着我们开发啊！”他的“意向性”是可以实现的，这家公司可以通过做广告、示范、开展销会、模特鞋装表演等一系列现代技术手段和销售方式，引起非洲人的穿鞋欲望，从而把自身的意义给予顾客这一“客体”。但这个过程并不是纯粹的主体的意向性过程。他时刻都要指向对象，与顾客交流、沟通、理解，销售的过程是一个互动的过程，开发与销售的世界是一个主体间际的世界，是主体意义与客体意义统一的现代的工作共同体，它是给“非洲人”创造新生活的本体界和意义源。而古代的宋国商人就不同了，他没有现代科技和文化背景下的工作共同体，他的工作共同体也许是一个家庭，也许是一个小小的手工作坊，他只能成为宋国人文化背景下的生活本体和意义源，无法去越国构建客体的意义。它只能证明客体的意义。正如马克思指出：“古老的社会生产机体……以个人尚未成熟，尚未脱掉同其他人的自然血缘联系的脐带为基础，或者以直接的统治和服从的关系为基础”。[1]这种幼稚的尚未“成熟”的靠血缘

① 马克思：《资本论》第1卷，人民出版社1975年版，第96页。

关系连在一起的工作共同体，只能以对自然、社会等客体意义的服从为本分，它怎么能同现代“精明成熟”的“成年人”工作共同体相比呢？他也无法在越国建立联合的自由的工作共同体。失去工作共同体就失去了生活的意义价值。工作共同体是生活世界的本体界、意义源、创造的主体域，离开工作共同体谈生活、实践以及人的全面性和社会关系本质都缺少实际意义的支撑。

工作共同体对每个人来说都是最现实、最亲近、最可经验的世界、关系、本体和意义。一个企业、公司倒闭破产，一个单位的解体，一种生产方式或生产关系的变迁，都意味着一些人共同体本质和生活的丧失。失业就是失去共同体本质，就业就是占有、拥有共同体本质，待业就是期待共同体本质和意义的到来。而如果是“精明成熟的成年人”失去或找不到工作共同体，又意味着他的孩子也丧失生活和意义。工作、劳动、生产、就业，这不只是赚钱问题，不只是一个经济问题，更是生活、本体、主体和意义的问题。企业、学校、机关，城市、乡村，工业、农业、服务业，这些不只是一些工作单位或一些生产、生活的地域，生活的本质和意义就在那里，从那里获得，或者从那里丧失。最日常的东西就是最根本、最普遍、最需要的东西。最日常的工作共同体原来就是我们的生命共同体。

第四章：主体化人的意义结构

主体化人学是研究主体化人的存在、本质、结构、价值伦理以及生存方法或智慧的理论体系，是以工作世界为基础和核心的工作世界人学即工作人学。本章依据前几章考察的主体化人学发生的人文化演进的历史逻辑、马克思实践人学的理论基础以及许茨现象学人学的思想借鉴，立足和融合现实人的存在境遇，提出并阐明主体化人的概念内涵，探究主体化人的存在、本质、结构和价值伦理意义，从而建构走进工作世界的主体化人学的基本理论体系即工作人学或现实人学理论体系。

主体化人即是主体化世界，即是主体化生活世界的总体或主体化关系的总体，主体化关系是主体与自然、社会和主体的共同造化关系的总体。主体化关系是主体化生活世界的结构，主体化生活世界是主体化关系的实体存在。主体化工作世界或工作共同体是主体化人的本质和价值伦理核心。主体化能力与主体化关系的互构关系是主体化人存在的总体结构，工作能力和工作关系的互构关系是其本质结构。主体化人的主体结构是主体间性的多重主体结构。生活世界总体结构、工作世界本质结构、主体间性的主体主导结构构成主体化结构的三位一体存在结构和分析结构。在主体与主体、自然和社会共同造化主体化世界的意义上，主体化人即是“和谐人”。

主体化就是主体对世界的化解、造化，就是主体化世界，主体化世界就是主体化生活世界的总体，其本质是主体化工作世界或工作世界共同体，主体化与主体化人是同一概念。“化”即是“化解”和“造化”的意义。“化解”是“化”意与“解”意的总体。“化”是造化、融化、分化、和化、意化、诗化等行为化和精神意识化的总体；“解”是解析、解构、分解、图解、解放、解决、解释、解开、解决等“精神意识解”和“行为解”意义的总体。“造化”是主体与主体、主体与自然、主体与社会的共同作为。“化”的意义涵盖了生活和工作世界的所有意义，现实世界的一切意义都是人化解、造化出来的。现象学认为意向性是意义的源泉，就是把意识化看作是世界意义的源泉；马克思把实践看作是人化世界即现实世界的基础和核心，就是把实践化即人的造化看作是生活世界意义的源泉。“化”又是最高的意义或最高的境界，如我们通常用“已臻化境”表达一个人的技艺、技能乃至整个人生达到的最高境界。如此，“化”因为其丰富和圆满的世界意蕴而应该成为一个哲学特别是人学词语，而“化解”、“造化”是其最基本的用词和用意。世界是主体化来的世界，每个人的世界都是每个个体主体造化的世界。知识、理论、文化、风景、作品、自然、人、朋友、亲人、单位、社会，幸福与不幸，痛苦与欢乐，富有与贫穷，人的一切存在和意义都需要主体去化解，去福化、感化、意化、造化，需要主体用心、用行为、用工作去化解、造化这个世界。主体化人的基本特质如下。

主体化人是生活世界总体的人，又是工作世界本质的人。实践人是本质的人，主体化人的存在域大于实践人的存在域，主体化人的工作世界本质是实践人实践本质的现实化、实体化和主体化。主体化人的价值伦理及生存方法论都以主体化生活世界和工作世界为根据。

主体化人都有客体化人的存在倾向和问题。主体化人是与物化、资本化、权力中心化、异化人相对峙的人学范式，更是现实人的存在范式，主要是非对抗的社会制度和构建和谐社会关系背景中的现实存在的人，同时，也是一定物化、异化等客体化人存在境遇中理想的人。主体化人与客体化人二者有根本的区别，但又有相互的关联和通约。以客体化人为主体的对抗的社会制度下有主体化人存在的现象，以主体化人为主体的非对抗的社会制度下也有异化人现象和大量的客体化人存在的事实。从个体人的存在看，任何一个主体化人也都不是绝对的，每一个主体化人都或多或少有一些客体化人的倾向和问题，同样，任何一个客体化人也不是绝对的，都或多或少有一些主体化人的存在。如此，对主体化人和客体化人不能绝对化地理解，还要在主体化人中看到客体化人的因素，在客体化人中找寻主体化人的倾向。

主体化人都有客体化或对象化的存在内涵或因素。主体化人的客体化或对象化不同于客体化人的客体化或对象化。“人通过自己创造的对象世界直观自身”。主体化人造化自己的生活世界和工作世界，经常要把自己对象化为客体的财富、成果、技术、人化自然或人化社会等存在，否则就失去了主体化世界的现实存在。主体化与客体化不是绝对对立，在一定条件下互相包含、渗透和转化，但二者有本质区别。其一，客体化人的客体化是以客体化为价值轴心，是把人归结为客体存在，消解人的主体性、社会性特别是创造性；主体化人的客体化是以主体化为价值轴心，是把客体化为主体存在，化解为主体化的生活和工作世界。而主体化是主体与客体的共同造化，以主体化为价值轴心意味着以主体与客体的共同造化为价值轴心，没有否定客体的价值意义。所以本研究考察客体化人的演化和特质对于主体化人汲取其存在价值有重要意义。同样，考察人文化从客体化人文化向意识化或片面化的主体化人文化的演进，对主体化人学的研究也有重要的历史逻辑支持和思想借鉴意义。其二，主体化人的客体化是主体化人主动、能动、自由的造化，是归主体化人占有和享用的世界，这恰好是主体化人主体性或主体力量的展现。而客体化人的客体化，是客体主导和统治下的客体化，是丧失、消解甚至泯灭了主体性或人性的客体化。如此，主体化人对物化人等客体化人的否定与超越，还具有保留这种积极的属于主体化人自己的“物化”、“经济化”等客体化意义的内涵或方式，而不是绝对地弃绝物质、经济、资本和权力等客体因素，但这些客体因素也只是主体化人存在总体中的必不可少的一些因素、因子而已，它们没有一个因素能成为或代表主体化人存在的总体框架和本质结构。

主体化人是多重主体存在与本质的总体。客体化人往往被一个客体中心所摆布、被一个神灵本体所控制，一生只有一个先验的或外在的本质。而主体化人是现实生活世界总体的人，是现实境遇中的人，是随遇而安、随遇而变的人，如此，主体化人是在不同存在平面和层次上的多面人，是栖居和筑造于故乡与异乡的具有多重乡在的故乡人与异乡人、熟悉者与陌生人的总体,是行走于纵横阡陌的多重人生道路和歧路上的生存多歧的人,是一个在多重和谐与冲突关系中造化世界的人，是一个拥有多样生活、工作、主体化能力和主体化关系的总体的人。如此，主体化人的一生不是一个人，更不是一个本质的人，而是显现和涌现于多个存在平面上或潜伏于多重本质结构中的多姿态的人、多本质的人，即一个主体化人具有多平面、多层次、多向度的主体存在与本质意义。而其每一个存在平面和层次又都是一个相对独立的生活世界和工作世界总体。

一、生活世界总体：主体化人的存在

主体化人是主体化关系的总和或主体化生活世界的总体。主体化关系就是主体对自然、社会和主体的化解关系，这些化解关系就是生活世界的总体结构，或者说生活世界就是这些关系的总体化或实体存在。主体化人就是主体化关系或主体化生活世界的总体，主体化就是主体化关系或主体化生活世界。下面从主体化关系总体和生活世界总体两大方面具体解析主体化人的总体性意义。

（一）主体化人是主体化关系的总体

主体化关系的本质是共同体关系；共同体的本质是主体化的多维度和谐关系，根基是和谐物质生产关系；共同体是个人与社会的结合域，亦是主体与自然的结合域。主体化人是主体对自然、社会和主体的造化关系的总体，其本质是主体与自然、社会和主体的共同体关系。

1.主体化人是主体造化自然的关系

主体化自然的关系就是主体造化自然为主体的生活存在。（1）化自然为精神的快乐、幸福、富有、智慧，化自然为主体的精神生活。每个人都面对同样的天空、大地、海洋、河流以及花草树木和动植物，这是每个人的自然存在境遇，这是向每个人都敞开的资源，而有人熟视无睹，有人能化为自己的存在意义。如果不会主体化就会白白失却很多这种存在的资源和意义。这是一块对每个人都相对平等持有的存在的领地和家园。如此，我们要在喧嚣和繁忙的世事中经常去河边注视流水、穿越竹林并倾听翠鸟的鸣叫；经常去曲径通幽的公园散步，汲取花草树木的灵气与芬芳；经常仰望天空的白云和星宿，感受天空的高远和星空的浩瀚，并使得这些高远和浩瀚进入生命和灵魂。在这些自然的怀抱里，还有许许多多的体验、回忆、振奋、感悟，还会得到许许多多的自然的美善和智慧。这一块主体化存在甚至是每个人都需要开拓或进一步开拓的存在的处女地。它对每个人来说，都是一个无限的意义域。（2）化自然为主体的行为、物质、财富存在。化自然为精神的富有和存在即是化自然为生命、生活和工作的富有和存在。因为幸福、快乐、美善和智慧都表现为一定的行为方式或融入一定的选择和行动。如果说化自然为精神主体的精神生活主要还是一种意化，那么这种实践造化自然主要就是一种物化与意化的并行主体化生活。

2. 主体化人是主体造化社会的关系

主体化社会就是主体造化社会为主体的生活存在。社会即是社会生活，社会生活即是社会关系的总体。“社会关系就是许多人的合作”，是人与人关系的总体，其基本结构是生产、分配、交往等物质关系和政治、道德、法律以及精神文化关系，也可表述为技术关系、制度关系和精神文化关系。社会生活和社会关系都是主体人的生活和关系，都是主体人的构造、建造和创造，是主体的自我生成与创造。主体化社会的内涵主要有（1）主体造化社会的对象是社会的物质关系和精神文化关系、经济关系和政治关系、技术关系和制度关系的总体。（2）主体化社会和主体化自然是同一过程，主体化社会是主体化世界的本质存在。只有在社会中才有人对自然的关系。（3）主体化社会以主体造化主体自身和单位为基础。如前所述，相对的单位共同体构成绝对的社会总体共同体。个人的社会本质和社会的个人本质都直接呈现于相对的单位共同体。如此，个人主体化构成单位主体化，单位主体化构成总体的社会主体化。如此，社会主体化始于单位主体化，单位主体化始于个人主体化。如此，个人主体化构成单位主体化的基础，个人和单位主体化构成社会主体化的基础，总体的社会主体化又构成个人和单位主体化的基础。个人、单位、社会主体化是一个互构的结构，社会对主体的构造和主体对社会的构造都是主体对主体自己的构造。一旦社会不再作为主体的社会构造主体，这个社会就是一个与主体分裂的异化的非主体化的社会或“虚假的共同体”；同样，一旦主体不再作为社会的主体构造社会，这个主体就是一个与社会对抗的非社会化的异化的主体或孤立的抽象的个人。如此，每一个个人都可通过造化单位共同体而造化社会共同体，这就使主体化社会通过主体化单位获得实现的通道或路径，即每一个主体都可通过改变或造化单位而获得一份改变和造化社会的生活存在和价值意义，而个体主体造化单位又是从造化自己开始的，而造化自己又是一种主体间性的主体化关系。

3. 主体化人是主体造化主体的关系

主体造化主体就是主体造化其他主体为主体间性的存在，这种造化是主体间性的共同造化。这种主体间性的主体化关系，马克思称之为互为自由的共同体关系；许茨称之为“伙伴关系”；《圣经》称之为“你想让别人怎样爱你，你就要怎样爱别人”；儒家称之为“己欲立而立人，己欲达而达人”；官人与商人称之为“互惠、互利、共赢”的关系。其实质就是互为主体的平等、互助、互动、互为的关系。这种主体间性的主体化关系，这种平等的关系需要一个平等的前提，那就是主体与主体之间在平等的经济、政治、物质利益关系前提下才有这种关系，否则，这种主体间性关系就会大打折扣甚至沦为主客体性关系，如私营企业的雇工在与私营企业主、老板谈判时和利益分配时就不可能有这种平等的主体间性的主体化关系。但是在日常生活和工作中，主体与主体之间的关系并不都指涉这些不平等的前提，而是大量指向平等背景下的合作与交往关系。如此，做一个主体化人，既要认知哪些是自己的主体化世界境遇、哪些是自己的非主体化世界前提，以便在主体化世界中建造自己的主体间性关系，在非主体化世界中尽量避免被客体化或力所能及地去适应或改变这种客体化世界。

（二）主体化人是主体化生活世界的总体

生活世界总体性即生活世界的世界意义、生成意义、个体意义、结构意义的总体性。生活世界是人的现实存在世界，生活世界总体观即是生活世界主体观。生活世界并不都是主体化的生活世界，异化的生活世界就是客体化的生活世界，就是人被客体化的世界。主体化人学的主体化生活世界观是主体化生活世界总体观，是关于主体化生活世界总体意义结构的理论体系，生活世界共同体是其核心价值体系。主体化人的生活世界就是主体化生活世界。依据第二章对马克思的生活世界总体观所蕴含的生活世界主体化人学思想的解析，主体化人的生活世界总体性包含以下意义。

1. 世界意义的总体性

主体化人的生活世界总体性是世界意义的总体性，即生活世界的世界性，即生活世界是内涵了人、自然、社会等世界一切存在要素、关系和意义的总体，包容了物质生活与精神生活、社会生活与个人生活、实践生活与认识生活、感性生活与理性生活的总体；是异质性与同质性、差异性与齐一性、碎片性与一体性、片段性与过程性、杂乱性与齐整性、逻辑性与逆逻辑性、本体性与非本体性、中心性与边缘性的总体。其中实践、物质生活处在本质或核心层次。

2. 生成意义的总体性

主体化人的生活世界总体性是生成意义的总体性，即生活世界意义生成的共同体性，主体与客体、本体与实体、个体与总体、中心与边缘共同构成意义生成的共同体源泉。主体化人学坚持物质“先在性”的本体性，但不是本体论；主张物质生活和实践的根基性、核心性，但不是中心论，认为本体、中心只有在生活世界总体中才有意义，认为总体的意义高于本体、中心和局部意义，并具有本体、中心和个体不可比拟的优越性，而总体的优越性和生成意义就是全体个体的优越性和生成意义。本体论强调本体的生成与创造意义，中心论强调中心的决定与控制意义，作为主体化人学的总体论则强调总体的优越性和生成意义，同时又强调总体与本体、中心和个体的共生性，认为生活世界是社会生活的矛盾运动的过程，也是个人生活历史过程。个体不是绝对地服从、追随和受制于总体，面对靠资本逻辑和利润价值生成的充满异化和对抗的社会“虚假共同体”，个体特别是处在边缘的穷困的卑微的无产者个体可以改造或消灭这个社会生活总体，建立新的“真实的生活共同体”。

3. 个体意义的总体性

主体化人的生活世界总体性是个体意义的总体性。总体意义的生成性和优越性内涵了个体意义的生成性和优越性。个体意义的总体性有三个含义，一是指多元、多维个体意义的总和，而不只是作为某个本体、中心的决定者或唯一者，而本体论或决定论的个体只是某个本体或中心，其他个体的意义都被消解于这种单面的个体。二是指个体总体即共同体总体如果不再是个体的本质，个体就可联合起来批判、改造或消灭它，建立新的共同体总体。主体化人实际上是用总体性方法和意义剥夺了某个本体或中心个体的绝对至上的生成与统治意义，又把总体的意义还给了多元个体。如此，主体化人的总体意义的优越性、生成性，实际上是对某个本体、中心和单个个体的优越性和生成性，是多元个体对一元个体、单个个体的优越性和生成性，总体意义就是个体意义的总体性。三是指每个个体都是一个生活世界总体，都造化和拥有自己的生活世界，即“一叶一世界”，每个人都是一个总体的人，都是一个生活世界总体的人。

4. 结构意义的总体性

主体化人的生活世界总体性是结构意义的总体性，即生活世界结构的意义是多重结构总体的生成。生活世界结构的意义——包括过程动态意义、矛盾的动力意义、生产的物质意义、政治法律的制度意义、意识形态的精神文化意义，等，是结构总体或结构要素的共生过程，而非某个本体或中心的单面决定。生产力虽是最终决定者，但生产关系、经济基础、上层建筑也都是生活世界意义的生成者，既生成自身的意义，又产生他者和总体的意义，它们都在互动互为中生成一个动态的生活世界结构的总体和意义。生活世界结构意义的总体性又是社会生活结构的总体性和日常生活或个体生活结构的总体性的统一，它既是社会结构又是各个个体的生活结构，每个个体的生活结构都是由一定的个体生产力、个体生产关系和政治文化关系构成的，它不单是社会生活的总体结构，也不单是某个个体或某些个体的生活结构，而是每个个体即所有个体的生活结构，也是所有共同体的生活世界结构。

二、工作世界共同体：主体化人的本质

主体化人是生活世界总体的人，也是工作世界本质的人。社会生活在本质上是实践的，主体化人的实践本质就是主体以实践改变世界、化解世界的过程，就是实践化的过程，如此，这里的实践和实践化是一个概念。而实践的具体化、现实化、实体化、主体化就是工作世界或工作化。如此，主体化人的实践本质就是工作世界本质或工作化本质。工作世界是工作化的世界，这里，工作世界和工作化是一个概念。主体化人的实践本质是共同体实践，主体化人的工作世界本质是工作世界共同体。

（一）主体化人的共同体实践本质

主体化人是对实践人的总体化升华。主体化人不同于实践人，实践是生活世界本质存在，主体化是生活世界总体存在。“实践人”是本质的人，而非总体的人，他不能涵盖人的总体性，如人的一些精神活动、梦和想象

的世界、理论静观的世界等。主体化人既是总体的人，涵盖了人的生活世界所有存在域，又是实践本质的人。主体化人既拥有生活世界总体性存在的丰富意义和内涵，又抵达了实践本质特别是工作世界本质的深度存在。

主体化人的本质是共同体人，共同体人的本质是共同体实践。人在生活世界中的共同体本质是通过实践实现的，从根本上讲，共同体关系是实践共同体关系，离开实践特别是生产实践，人的共同体关系本质就是抽象的没有现实世界依附的本质。“全部社会生活的本质是实践的”，共同体人的本质是共同体实践。主体化人以实践人为核心范式，实践人以共同体实践人为核心范式；主体化人学以实践主体化人学为核心，实践主体化人学以共同体实践人学为核心。共同体实践不单是个人实践，也不单是社会实践，它既是个人实践也是社会实践，是个人实践和社会实践的结合域，是人的个人实践本质和社会实践本质的结合域。随着社会的发展，个人实践的社会本质越来越嵌入共同体实践之中。

（二）主体化人的工作世界本质

主体化人必须造化一个主体化的工作世界，即人性化工作世界或工作世界共同体，才能成为主体化人。人的平等、自由、正义是在工作世界中实现的，没有一个工作世界，一切就会沦为空谈。工作世界是工作化来的世界，工作化是工作世界化，工作化的本质是工作共同体化。主体化工作世界有两层含义，一是以工作造化世界，一是工作本身的主体化，是主体化和工作化的统一体。人的心理性和生理性、感性和理性、精神性与物质性、社会性与实践性等本质或特征都是人的一般规定性，人的现实的丰富的真实的本质在于工作世界。离开工作世界，人就失去了存在的支撑，人的一切本质、特性和价值就会沦为抽象、空洞和无意义。人的最深刻、最现实的本质是工作世界，工作世界的本质是主体化的工作世界共同体。

1. 人的本质是工作世界

人的本质是工作世界，这一论点主要有以下依据。

第一，人依靠工作生存的现实与马克思哲学的工作生存论思想。依照马克思哲学的现实考察和描述方法，即“按事物的本来面目来认识事物”、“以从事实际活动的人为根据和出发点”，借鉴胡塞尔、许茨等现象学家的“悬置法”或“回到事情本身”的方法，这里先将各种思辨哲学生存论关于生存本质、本体、意义的观念置之不顾，以便直面工作生存的现实。那么人们生存的“本来面目”或“事情本身”是什么呢？或者说，“从事实际活动的人”何以为生、何以为靠呢？一个普遍得无所不在的事实，就是人依靠工作生存，或者说，人们靠实践生存要现实化地表现为依靠工作生存。谁都知道，离开现实的工作活动，人既不能生存也不能生活更无法实践下去。工作生存论是每个人现实地持有并永不离弃的生存论。无劳动能力或丧失劳动能力的人，其工作生存论就是要靠他人的工作或自己以往工作的贡献生存下去；下岗工人的工作生存论就是要通过再就业和创业来养家糊口、维持生计和尊严；在校大学生的工作生存论就是努力学习、掌握技能、提高素质，以便将来找个好工作成家立业并立足社会；小孩的工作生存论就是从懂事时就知道要靠父母的工作给自己提供营养、食物和生存条件。人依靠工作生存，这是现实人生存也是工作生存论的第一原则或原理。

“任何一个民族，如果停止劳动，不用说一年，就是几个星期，也要灭亡，这是每一个小孩都知道的。”[①]在马克思看来，人依靠工作（劳动）生存，这是连“小孩都知道”持有的生存论。马克思明确指出了人的工作生存意义：“这种活动、这种连续不断的感性劳动和创造、这种生产，正是整个现存的感性世界的基础”。[②]他把实践、生产、劳动以及社会关系或生产关系作为人的生存基础、根本或生存意义的源泉，就是把人的工作活动看作是人的生存依靠。工作就是主体化、实体化的生产活动，工作活动是社会实践、生产、劳动的实体存在和主体化形式，工作关系是社会关

① 《马克思恩格斯选集》第4卷，人民出版社1995年版，第580页。

② 《马克思恩格斯选集》第1卷，人民出版社1995年版，第77页。

系或生产关系的实体存在和主体化形式。工作生存论是实践生存论的核心层次，是实践生存论的大众化、日常化、主体化和实体形式。

第二，许茨现象学的主体间性工作生存观。当代“主体间性”哲学则把人的生存归结为主体间共同意识的活动，胡塞尔把人的生存还原为生活意识的意向性，认为人和生活都可以被“理解为由诸基本的意向性形成的意义构成物”。[①]现象学社会学家许茨把人的生存还原为工作意识的意向性，他们与笛卡尔和黑格尔一样，也都曾把意识现实化为生活和工作活动，但最终又把这些现实还原为意识，即现实的生存只是意识生存的一个片段，只是意识总体性的一个中间环节。而工作生存作为意识生存的一个片段或环节在许茨那里得到了前所未有的发挥和展现。在许茨看来，工作世界是生活世界的核心领域和最高的社会实在。“精明成熟的自我在它的工作中并且通过它的工作，把它的现在、过去和未来结合成一种特殊的时间维度；它通过它的工作活动实现作为一种整体性的自身；它通过工作活动与他人进行沟通；它通过工作活动把这个日常生活世界的不同空间视角组织起来。”[②]个体通过自己的工作活动与外部世界连接起来，实现自己在世界中总体的生存意义；工作世界赋予日常生活最切实的实在感，只有在工作世界的实在中，个体之间才能有效地相互作用、观察、沟通、理解、支持、感受，从而形成主体间性的“伙伴关系”。[③]许茨这种主体间性的个人工作共同体的现实生存状态或生存方式，最后又被他还原为工作意识的生存过程，还原为意识的工作意向性：“我们可以说，现象学家并不与客体本身发生什么关系，他所感兴趣的是它们的意义，因为它是由我们的心灵活动构造的。”[④]

第三，建设性后现代主义的工作生存理念。如果说许茨在主体间性的

---

① 胡塞尔：《欧洲科学的危机与超越论的现象学》，王炳文译，商务印书馆2001年版，第203页。

② 许茨：《社会实在问题》，霍桂桓译，华夏出版社2001年版，第289页。

③ 许茨：《社会实在问题》，霍桂桓译，华夏出版社2001年版，第298页。

④ 许茨：《社会实在问题》，霍桂桓译，华夏出版社2001年版，第167页。

工作共同体关系上以意识生存论的方式展现了工作生存的浓厚意蕴，那么“建设性后现代主义”则在崇尚创造力的意义上表达了工作生存思想。格里芬认为，人的本质、本性就是创造，创造性能量是每个人都具有的，人的工作活动就是创造活动，这种创造性工作又离不开人与人互相需要、互相贡献的工作关系，即接受他人贡献的“接受性需要”和为他人创造的“创造性贡献”的关系，工作并不只是为了金钱，而是追求和实现创造性本质，若忽视人们工作的创造性能量、价值和本质，就会使一些“掌握政治经济大权的人们制定出不现实的政策”，他告诫决策者们：“工人不仅仅是‘工人’，他们首先是人，因而他们需要从工作中获得某种满足感，需要创造性地行事：需要感觉到他们对某些事情作出了有价值的贡献；需要参与公司的决策程序。”[①] 福柯则认为，人们写作、生活、恋爱、乐趣等生存意义，都存在于创造性的工作过程，生活本身就是工作创造出来的活生生的艺术品，“人生劳作的主要兴趣是使自己成为不同于昨日的另外之人”。[②] 但是，与许茨现象学的工作生存思想一样，建设性后现代的创造性工作生存理念最后又复归为意识生存论，如霍兰德把格里芬的“创造性能量”归结为“精神能量”，认为精神能量的首要性是第一原则，所有社会能量都以精神性为基础和根源。[③]

2. 工作世界的本质是主体化的工作世界共同体

人的本质是工作世界，但不是所有的工作世界都能构成人的本质，异化的对抗的工作世界会使人丧失本质并失去存在的意义。只有和谐的工作世界共同体才是人的本真或真存，而工作世界共同体生成的主体就是主体化人。

工作世界的本质是共同创造、平等占有和享受工作成果的共同体活动和关系。这一点从马克思哲学可以得到确证。人的生存依靠工作，但并不

① 大卫·雷·格里芬：《后现代精神》，王成兵译，中央编译出版社 1998 年版，第 223 页。

② 大卫·雷·格里芬：《后现代精神》，王成兵译，中央编译出版社 1998 年版，第 4 页。

③ 大卫·雷·格里芬：《后现代精神》，王成兵译，中央编译出版社 1998 年版，第 73 页。

是所有的工作都有生存的意义，马克思的异化劳动理论批判了私人占有制的对抗性工作世界。“总体工人从而资本在社会生产力上的富有，是以工人在个人生产力上的贫乏为条件的”[①]；“工场手工业把工人变成畸形物，它压抑工人的多种多样的生产志趣和生产才能”[②]；“工人的生命活动对于他不过是使他能够生存的一种手段而已。他是为生活而工作的。他甚至不认为劳动是自己生活的一部分；相反地，对于他来说，劳动就是牺牲自己的生活。劳动是已由他出卖给别人的一种商品”。[③]异化劳动使工人的工作活动在工作能力、工作关系、工作过程和结果上全面失去了工作生存的意义和价值。为此，要消灭异化劳动，建立共同创造、共同占有和享受的工作共同体。“在真正的共同体的条件下，各个人在自己的联合中并通过这种联合获得自己的自由。”[④]在自由人联合体中，“能够实现自己的充分的、不再受限制的自主活动，这种自主活动就是对生产力总和的占有以及由此而来的才能总和的发挥。”[⑤]共同创造、共同占有和享受“生产力总和”或社会财富的工作共同体才具有工作生存意义，创造、主体间性的自由、审美、快乐、富有、享受、公平、正义、尊严、人性化等工作生存意义都如此而生，并与之一起构成工作生存的总体意义。

3. 主体化人的工作共同体本质的基本内涵

第一，主体化人是以工作世界的和谐生产关系为根基。作为人的本质关系的生产关系恰好是工作世界的基本关系或本质关系。离开生产关系这一基本工作关系谈人的生产关系本质是抽象人学的抽象思维形式。主体化人以共同体关系为本质，在共同体关系中，物质生产关系是根本和基础。古代自然人以自然为本体，由于生产力低下，科技落后，人与自然物质变

---

① 《马克思恩格斯全集》第 5 卷，人民出版社 2009 年版，第 418 页。

② 《马克思恩格斯全集》第 5 卷，人民出版社 2009 年版，第 417 页。

③ 《马克思恩格斯选集》第 1 卷，人民出版社 1995 年版，第 336 页。

④ 《马克思恩格斯选集》第 1 卷，人民出版社 1995 年版，第 119 页。

⑤ 《马克思恩格斯选集》第 1 卷，人民出版社 1995 年版，第 129 页。

换的能力，人驾御社会关系的能力有限，片面强调人对自然的服从，“道法自然”、“听自然的话，按自然行事”等自然哲学是他的理论形态。近现代人以经济技术为本位，重视理性、科学，片面重视人对自然的征服，培根的实验哲学及各种技术决定论是他的理论形态。现当代异化的人以自我为本体，片面重视自我意识、生命冲动，强调人与技术、社会和他人的对抗。主体化人追求的是技术关系、自然关系和社会关系的和谐共同体，其终极关怀和存在根基是物质生产关系的和谐发展。离开这一工作世界根本工作关系的和谐，其他和谐就失去了支撑。

第二，主体化人以工作世界的和谐技术关系为中介。技术关系是工作世界的支撑关系，处在工作世界的本质层面。和谐工作生产关系处在主体化人的本体层面上，它需要技术中介使自己成为关联本体。和谐技术关系位于和谐人的中介层面上，“本体”和“中介”都属于主体化人的本质层面。以和谐技术关系为中介即是说当代人与自然和社会的各种和谐关系都要通过选择与人、自然和社会和谐共存、共同发展的技术手段和技术方式去实现。马克思说：“只有在现实的世界中并使用现实的手段才能实现真正的解放；没有蒸汽机和珍妮走锭精纺机就不能消灭奴隶制；没有改良的农业就不能消灭农奴制；当人们还不能使自己的吃喝住穿在质和量方面得到充分供应的时候，人们就根本不能获得解放。”[①] 当代人都生活在一定的技术关系当中，并选择和追求着一定的技术关系。人们的吃、穿、住、行、工作、交往以及文化活动，都离不开一定的技术产品和技术工具。发明、创造、选择、使用具有和谐性的主体化技术，是当代人的本质生活和本质存在。以和谐技术关系为中介意味着没有把人的本质降低为技术动物，主体化人对技术关系的追求与对社会关系、自然关系的追求是同一工作、生活过程。

第三，主体化人以消解工作世界的现实冲突为过程。唯物史观认为，社会历史的一切冲突都根源于工作世界的生产力和生产关系的矛盾冲突。

---

① 《马克思恩格斯全集》第 42 卷，人民出版社 1979 年版，第 368 页。

主体化人的和谐主要是在消解工作世界的冲突中实现的，离开工作世界，和谐与冲突就都沦为抽象的概念。和谐技术关系、物质生产关系都是在有冲突的工作世界现实关系中生成的，工作世界的冲突是工作世界和谐的“混沌状态”。清晰的和谐生于混沌的冲突，主体化人在消解混沌的冲突中趋向和谐。离开工作世界的冲突，主体化人就失去了存在的完整状态。离开对工作世界问题的否定、批判和超越，主体化的和谐就是空谈。主体化人是工作世界和谐技术关系、自然关系和社会关系的共同体，这个工作共同体是一个不断地消解冲突的过程。

在冲突和差异中求和谐是工作世界的一种否定、批判和创造精神。“复杂性研究”认为人的生物系统比其他生物系统和自然系统更为复杂，他的平衡是在诸多的无序、差异、冲突中实现的。沃尔德罗普指出：“一切健康的经济和健康的社会都必须保持秩序与混乱之间的平衡。”①法国哲学家和社会学家埃德加·莫兰（当代提出复杂理论的第一人）指出：“一个生物系统愈是进化，愈是复杂，它愈是在本身中包含着无序、噪声、差错。我们认识的最复杂的系统——人类的大脑和社会都是伴随着很大部分的随机性、无序性和‘噪声’运转的。”②主体化人共同体的生成与发展都离不开工作世界的和谐能力。“人造机器不能承受无序的作用就是因为它不具有自我修复和自我再生的能力。相反地，生物组织不仅能够承受一定程度的无序而且产生再生的反过程，从而从内部退化和衰变的过程中得到自我更新的好处。”③和谐能力主要是工作世界的平衡、沟通、协调、交往、理解等能力的总和，是主体化人的基本素质，是工作事业成功、工作价值创造和文明进步的重要动力。

第四，主体化人以工作世界的审美创造为规律。人的本质是创造，而

---

① 沃尔德罗普：《复杂——诞生于秩序与混沌边缘的科学》，陈玲译，三联书店 1997 年版，第 413 页。

② 埃得加·莫兰：《复杂思想：自觉的科学》，陈一壮译，北京大学出版社 2001 年版，第 239—240、173 页。

③ 埃得加·莫兰：《复杂思想：自觉的科学》，陈一壮译，北京大学出版社 2001 年版，第 239—240、173 页。

创造的本质或规律是工作世界的审美创造。“从根本上说，我们是‘创造性’存在物。”[①]“实际创造一个对象世界，改造无机的自然界，这是人类作为有意识的类的存在物的自我确证”。[②]创造是按美的规律创造，“动物只是按照它所属的那个种的尺度和需要来建造，而人懂得按照任何一个种的尺度来进行生产，并且懂得处处都把内在的尺度运用于对象；因此，人也按照美的规律来构造”。[③]承认“物种的尺度”就是承认深生态学所说的物种的“内在价值”，按美的规律创造就是要体现出物种的价值和人的价值的双重统一。与自然万物、社会的和谐是人区别于其他动物的本性。按美的规律创造就是主体化的和谐创造，就是人的工作创造本性，这是主体化人的工作世界审美创造本质。

第五，主体化人是以工作世界多面人为存在形态。创造的本质是和谐工作世界的审美创造。生命就是生生不息的活动和创造。每一次创造都是生命的更新，都是对工作的超越，都本质地改变人的面孔和人的生活，使人进入一种新的生存状态。按美的规律创造的过程即是主体化人由一种工作人面孔的生存状态进入另一种工作人面孔的生存状态的过程。“人生劳作的主要兴趣是使自己成为不同于昨日的另外之人”。[④]创造和工作着的主体化人是以多面人为存在形态的人。“全面人”就是消除异化劳动的多面工作主体化人，而不是无所不包的绝对的全面。在主体化人共同体中，个人可以“随自己的兴趣今天干这事，明天干那事，上午打猎，下午捕鱼，傍晚从事畜牧，晚饭后从事批判，这样就不会使我老是一个猎人、渔夫、牧人或者批判者”。[⑤]不同的人有不同的面孔，同一个人也有不同的面孔。自由就是人从一种工作状态向另一种工作状态的跨越。

---

① 大卫·雷·格里芬：《后现代精神》，王成兵译，中央编译出版社1998年版，第223页。
② 马克思：《1844年经济学—哲学手稿》，刘丕坤译，人民出版社1979年版，第50页。
③ 《马克思恩格斯选集》第1卷，人民出版社1995年版，第47页。
④ 大卫·雷·格里芬：《后现代精神》，王成兵译，中央编译出版社1998年版，第4页。
⑤ 《马克思恩格斯选集》第1卷，人民出版社1995年版，第85页。

三、主体化能力与主体化关系：主体化人的结构

结构是存在的深层规定，是存在意义的源泉和意义生成的根本动力。主体化人的存在结构是以工作世界结构为核心的多重结构的总体。

（一）主体化人的生活世界总体结构

主体化的总体结构是由主体化能力和主体化关系构成的主体化方式结构，它是主体化存在总体的基本结构。主体化能力是主体化解世界能力的总和，是意化世界能力与造化世界能力、生活化能力与工作化能力的总体。主体化能力是主体化解自然、社会和主体为主体化存在的根本支撑和动力源泉。不同主体的主体化能力是不同的，如哲学家庄子意化自然的能力很强，而实践造化自然的能力很弱，而一个普通农民意化自然的能力可能很弱，但造化或改变自然的能力则强于庄子。主体化能力不同造成主体化存在不同，一个人主体化能力越强，其主体化存在视域越开阔、越丰富、越深厚，反之，就越狭窄、越贫乏、越浅薄。如一个缺乏交往能力的人，其主体化交往存在即交往关系就非常有限，一个不懂种植技术的人在造化自然的关系方面就远远不如一个种植专家和能手。主体化能力构造主体化关系，同时，它也是在主体化关系中形成的，受主体化关系的养成和推动。如在各种条件和背景相同的情况下，一个处在平台较高、人际关系和谐的共同体中的人，其主体化能力就相对高于处在一个落后的互相倾轧的单位的人。主体化关系就是主体对自然、社会和主体的造化关系，是自然关系和人性关系、个人关系与社会关系的总体，这一概念前面已经阐明，这里不再赘述。主体化的总体结构是主体化的自然结构和社会结构的总体，这两个结构是互为、互生、互动的关系，而社会结构居于主导地位。

主体化的总体结构实质是主体化的生活世界结构，它内涵了所有的生活能力和生活关系，是主体化存在的最广义、最普遍的结构，这一结构的意义就在于生活世界的总体意义，而不单是生产结构或意识结构、自然结

构或社会结构。它生成和构造主体化存在总体的意义，也被这个总体的意义生成和构造。而主体化总体的意义和结构意义，又都被其工作世界本质的意义生成与构造。

主体化能力与主体化关系的和谐互动关系结构是主体化的总体结构，它表现在或存在于主体化存在的多重结构中。如从主体化的主体结构看，有意识主体与实践主体、生活主体与工作主体、理性主体与非理性主体等；从主体化的对象结构看，有自然、人、社会等多重对象；从主体化的存在层次看，有社会工作世界和个人或日常工作世界；从主体化方式看，有主体化能力和主体化关系结构，有工作能力和工作关系结构，等。这里重点探讨主体化人的工作世界本质结构。

（二）主体化人的工作世界本质结构

1.主体化工作世界的基本矛盾结构

主体化工作世界的本质不是某个单个的要素、关系或本体、中心，而是结构性的本质，这种结构性本质就是工作世界的基本矛盾关系，即社会工作世界的生产力、生产关系和上层建筑的社会基本矛盾关系。根本对抗的基本矛盾结构形成异化的客体化的工作世界，和谐的基本矛盾结构生成人性化的主体化的工作世界，正是这种和谐与冲突的关系结构把工作世界总体成一个关联体系，并成为工作世界的本质结构。而结构的意义是自身要素总体的意义，并在生成工作世界总体意义的同时也被总体生成。而科技生产力与和谐生产关系处在结构本质的关键部位和中心层次。

马克思在《〈政治经济学批判〉序言》中把对工作世界结构的认识视为自己研究工作的总结果：“人们在自己生活的社会生产中发生一定的、必然的、不以他们的意志为转移的关系，即同他们的物质生产力的一定发展阶段相适合的生产关系。这些生产关系的总和构成社会的经济结构，即有法律的和政治的上层建筑竖立其上并有一定的社会意识形式与之相适应的现实基础。物质生活的生产方式制约着整个社会生活、政治生活和精神生活的过程。不是人们的意识决定人们的存在，相反，是人们的社会存在决定人们的意识。社会的物质生产力发展到一定阶段，便同它们一直在其中运动的现存生产关系或财产关系（这只是生产关系的法律用语）发生矛盾。于是这些关系便由生产力的发展形式变成生产力的桎梏。那时社会革命的时代就到来了。随着经济基础的变更，全部庞大的上层建筑也或慢或快地发生变革。”[①] 马克思所确立的社会结构即是工作世界的结构。这个结构的意义——包括过程动态意义、矛盾的动力意义、生产的物质意义、政治法律的精神意义、意识形态和精神文化意义，是结构总体或结构要素的共生过程，而非某个本体或中心的单面决定。生产力虽是最终决定者，但生产关系、经济基础、上层建筑也都是工作世界意义的生成者，既生成自身的意义，又产生他者和总体的意义。生产力、生产关系、上层建筑都在互动、互为中生成与幻灭，即工作世界是一个以基本矛盾结构为本质的动态的总体。和谐结构构成人性化或主体化的工作世界，对抗的结构造成异化的客体化的工作世界。主体化工作世界总体性是和谐总体，即人主体化工作世界的人性是和谐人性，但这种和谐人性不是抽象的，而是结构框架的和谐，即基本矛盾的和谐，离开这种和谐，主体化人性就会沦为对抗的客体化人。而矛盾的和谐又必是内涵冲突的和谐，否则，也会使人沦为抽象的客体化人。主体化工作世界的人性不是抽象的自由、平等、博爱、尊重、关心、理解之类的人性，其本质是结构化的人性，即内涵一定冲突的工作世界结构的和谐化人性。

关于主体化工作世界结构的词语表达，从社会工作世界层面看，可惯常地表达为生产力和生产关系、经济基础和上层建筑的矛盾和谐关系；从单位和个人工作世界层面看，本研究习惯表述为工作力和工作关系的矛盾和谐关系，这是主体化工作世界结构本质的日常化表达。这里，生产力与工作力是同等程度的可以互换的概念，而工作关系则是工作活动中的经济、政治、法律、道德和精神文化关系以及交往关系的总和，其中，生产关系

① 《马克思恩格斯选集》第2卷，人民出版社1995年版，第32页。

是最基本的工作关系。过去，人们往往把马克思的基本矛盾理论单向度地理解为社会基本矛盾理论，忽略了其单位和个人基本矛盾的意蕴，从而在很大程度上消解了单位和个人工作世界的结构本质，进而忽略了单位和个人工作力和工作关系的提高和改进。而主体化人学认为，个人工作世界构成单位和社会工作世界，个人工作世界的结构本质构成单位和社会工作世界的结构本质。主体化人学平等地看待个人、单位和社会工作世界的结构本质，并把它们置于一个互动、互为的关联总体。如此，建构主体化工作世界的结构本质是社会、单位和个人的共同责任和担当。

2. 主体化工作世界的工作生存结构

生产力与生产关系、经济基础与上层建筑的矛盾和谐关系，是主体化工作世界的社会工作世界结构，工作能力与工作关系、工作精神文化的和谐互动关系是日常化的工作世界结构。个人工作世界构成单位工作世界，个人和单位工作世界构成社会工作世界并与之互构，如此，个人或单位的日常工作世界就更为直接、现实、具体地呈现主体化工作世界的主体化存在本性。而这个日常工作世界的结构也就更为直接和现实地呈现主体化工作世界的结构。这里，用工作生存这个概念表述这种个人化或单位化的日常工作世界，用工作生存结构表述这个日常工作世界的结构。工作生存的本质是工作共同体，工作生存的意义是基于工作共同体的总体意义。工作生存的意义取决于、生成于工作生存结构。

（1）工作态度、工作能力、工作关系是工作生存结构的基本层次。①工作态度逻辑上是工作生存首要的问题，也是工作生存论首先面对或遭遇的问题。只有在这个逻辑的意义上，才能体现出上述后现代主义或整个意识生存论的“精神能量的首要性是第一原则”。工作态度是工作人所持的一种首要的文化，是工作人所有精神文化的一个聚焦点或凝结点，在工作世界，人们看一个人的精神文化不是看他（她）有多少哲学、文学和思想理论，而是首先看他（她）的工作态度，如此，工作态度是一个人工作文化的窗口和前沿，一个人的工作情感、意志、理念、价值观、思维方式都凝聚其中，或者说工作态度就是工作精神文化总体的凝聚、凝结，它表现为一个人对工作的热爱与厌恶、认真与敷衍、唯利是图与义利并重等精神状态。而这些精神状态只是工作态度在意识层面的直接体现，一个人的实际工作态度体现在他的工作行动、过程和结果上，如此，工作态度是体现在一个人工作现实和工作文化上的总体精神状态。②工作能力是工作者个人体力和智力与工作对象、工作资料相结合的能力，主要表现为生产、制造、创造物质文化产品的能力、建构工作关系的能力以及处理日常工作事务、解决工作问题、完成工作目标任务的能力，工作创造力是最根本的工作能力。③工作关系主要是指工作者对工作资料、工作成果的占有和分配关系以及工作活动中的交往关系，共同创造、公平占有和享受工作成果的共同体关系是最根本、最优化的工作关系。工作能力和工作关系决定工作态度。

（2）工作生存结构是一个内在关联和互构的体系。①工作能力决定工作关系和工作态度。工作素质、水平、能力越高，就越会得到他人的尊重、信任和爱戴，就越有可能建构更广泛、深厚和持久的工作交往关系，并能从总体上获得更多的工作成果和荣誉。“艺高人胆大”，有“技艺”才能有积极进取的态度、信念和激情。有技艺就有创造力，技艺是工作生存的根本方式，脱离创造性和技艺能力的抽象德性态度不会有工作生存效应。社会、单位和个人若只重视这样“好的工作态度”，那工作世界就会在缺失技艺和创造力的支撑中而慢慢地停滞和衰退。②工作关系决定工作态度并催生工作能力。好的工作态度不仅要以工作能力为根本，还要以共同体关系为生长的土壤和支撑。有了适宜的工作关系，工作者才能有责任心、热情等德性态度。工作关系是靠工作能力建设起来的，工作能力是在工作关系中养成的，公平占有、分配的和谐工作关系会调动工作的积极性，催生其创造力，有利于其才能的发挥。③工作态度作为工作精神文化的集结或凝聚，是工作能力、工作关系的精神驱动力量，并与之一同成就工作事业和工作生存意义。“激情、热情是人强烈追求自己的对象的本质力量”。[①]有责任心、热情的工作者，就会使人乐于与其交往，这就有助于构建工作者之间互通有无、互相协作和支持的主体间性关系，从而不断累积工作资源，不断学习、改进和提高自己的技艺和工作能力。

3.个人工作世界意义的总体性

由工作能力、工作关系和工作精神文化构成的工作生存结构或日常工作世界结构构成社会工作世界结构并与之互构。如此，日常化的个人工作世界亦构成单位和社会工作世界并与之互构。个人工作世界意义的总体性即每个个体的工作世界都是一个总体，个人工作世界总体构成单位和社会工作世界总体。主体化人学坚持个人工作世界生成意义的总体性，强调总体意义生成性和优越性，同时也内涵了个体意义的生成性和优越性。个体意义的总体性主要有以下三重含义。其一，工作世界是多元、多维个体意义的总和，而不只是作为某个本体、中心的决定者或唯一者的意义，而本体论或决定论的个体只是某个本体或中心，其他个体的意义都被消解于这种单面的个体。其二，每个人的工作世界都是总体存在，而不是单面的异化、物化或意化存在。在和谐共同体工作世界，人“以一种全面的方式，就是说，作为一个总体的人，占有自己的全面的本质”。其三，个人工作世界总体构成单位和社会工作世界总体。作为个体总体的共同体总体如果不再是个体的本质，个体就可联合起来批判、改造或改革它，建立新的共同体总体。“社会结构和国家总是从一定的个人的生活过程中产生的。”[②]“符合现实生活的考察方法”就是“从现实的、有生命的个人本身出发”[③]，即社会工作世界的总体意义由个人工作世界总体构成或产生，是个人工作世界总体意义的总和。而当代社会，个人工作世界构成社会工作世界主要是通过单位工作世界实现的，单位工作世界是个人工作世界与社会工作世

① 《马克思恩格斯全集》第42卷，人民出版社1979年版，第169页。

② 《马克思恩格斯选集》第1卷，人民出版社1995年版，第71页。

③ 《马克思恩格斯选集》第1卷，人民出版社1995年版，第73页。

界的结合域，人的社会工作世界本质和社会的个人工作世界本质都直接相融合实现于单位工作世界。

工作共同体世界有宏观社会工作工作体，中观的单位工作共同体，微观的个人工作共同体，都具有总体性，是不同层次的总体。单位主要是具体的企事业单位，他们都有强烈的工作世界感，一提单位就会给人们一种“那是一个工作、干活的地方”意念。各个单位共同体又是由不同的工作部门或单元构成的，如人事处、财务处、教务处、大学的各个二级学院及其下设的部门单元。

总体的宏观工作世界是由个体的中观、微观工作世界构成的，个体工作世界包括单位工作世界和个人工作世界，一个工厂、一个学校、一个个人，都是一个社会的个体。社会工作共同体首先或直接是由单位共同体构成的，单位共同体首先或直接是由个人共同体构成的，个人工作世界具有工作世界的本根意义和最高实在地位以及最终价值归属向度。个人工作世界不单是指某个人或某些人的工作世界，而是各个个人的工作世界即广大民众的工作世界。这样，个人工作世界就取得了广大民众的内涵和生产力、生产关系主体的意义，并实现了与马克思主义的历史观、群众史观（历史是个人合力）群众路线的契合，不再是也不可能是被一些哲学声讨的“自私”、“个人中心”、“唯我论”的“个人主义”价值追求或世界向度；人民群众也获得了个人工作世界的实有规定性，并被这个工作世界有机连接在一起，成为各个个人的存在，不再是也不可能是被一些视群众为草芥的哲学申斥的乌合之众或虚无存在。个人工作世界构成社会、单位工作世界，社会、单位工作世界是个人工作世界存在和关系的总和。个人、个人工作与个人工作世界是不同的，前者凸现的是个体性、个人性，后者展现的是世界性、总体性，有强烈的世界感，有自己的东西也有世界的东西。“单位共同体是个人与社会的结合域，是人的个人本质与社会本质的结合域”，“人是社会关系的总和”，个人工作世界的社会关系本质、社会工作世界本质直接实现于单位共同体工作世界，实现于和谐工作共同体，个人工作世界又是个人与社会、单位工作世界相融合而生成的个性化的个体工作世界，既不单是个人，也不单是社会总体，它既是个人，又是总体，是个人总体性或总体化的工作世界。总之，总体的工作世界与个体的工作世界，社会、单位、个人工作世界，它们互相规定、互相生成、互相碰撞与和谐，构成总体的工作世界，也构成片段的个体或个人的工作世界，而个人工作世界即人民群众的工作世界，这些在生产领域创造价值的“百工”、“百家”，这些使用着各种器械和思维方式、思想方法创造物质、精神产品或财富的“小人”，具有毋庸置疑的根本实在意义和生存价值，是整个工作世界乃至生活世界的根基和原初要素。

以人为本就是以工作世界为本，就是以建构主体化即人性化的和谐工作共同体为本，以广大人民的根本利益为本就是以主体化或人性化工作世界为本，就是以构成工作世界总和、总体的个人工作世界为本，就是以广大人民群众即各个个人或广大个人的工作世界为本，就是以广大人民群众或各个个人的主体化的工作就业关系为本！这就是根本、本根，就是根本利益所在，它不单是物质利益问题，它内涵了主体化工作世界的一切价值内涵和存在归属。以人性化工作世界为本与以群众、生产力和生产关系为本是统一的。

（三）主体化人工作世界的动态结构

主体化工作世界的本质是和谐，但还有冲突甚至对抗的倾向，其动态演化过程是冲突——和谐——冲突——和谐……。要用辩证的思维认识和谐与冲突的共生与并进关系。

要看到矛盾统一性即和谐性对事物发展的作用，同样要看到矛盾斗争性即冲突性、差异性、批判性对事物发展的作用。一切矛盾着的对立双方，不但互相联系，而且互相对立、互相排斥直至互相否定。凡有矛盾就有矛盾斗争。矛盾斗争既存在于统一体趋向破裂和转化的剧烈运动的状态，也存在于统一体相对稳定和静止的状态中，对促使事物或矛盾的发展起着重要作用。我们要摒弃只讲同一不讲斗争或只讲斗争不讲同一的二元对立的单向思维。现代社会高度发展分工，使得人们的工作和生活等方面都会产生相当的差异、冲突。工作世界没有差异、分工和冲突，就无所谓和谐。矛盾是事物发展的动力，统一性和斗争性都是事物发展的动力。“冲气生和”，和谐力量本身就是一种冲突力量。人性化工作世界的力量来自坚持、坚守、和谐，也来自改变、冲突和创新。矛盾同一性和斗争性这一抽象哲学范畴转换成日常的实有的工作世界话语就是和谐与冲突。

和谐与冲突是共生并进的动态关系。从和谐与冲突的内容上看，工作世界中二者共生与并进的动态关系至少有三种情形：利益关系维持工作中的和谐关系同时也引发冲突关系，工作世界中大量的和谐与冲突行动关系都是利益关系；职责关系维持和谐关系也引发冲突关系，职责分明、各行其职就和谐，职责不明或分工不明就会产生冲突；认知关系维持和谐关系也引发冲突关系，对工作目标、工作方式方法以及工作价值的相同认知，会使工作者之间和谐相处，而一旦产生分歧就会引发冲突。工作世界的和谐关系与冲突关系总是互相包含、共生并进，并构成一个动态的工作行动过程。

和谐与冲突的价值共生并进。和谐可以维持稳定发展的环境和格局，冲突也可以稳定发展，没有冲突的和谐是没有生命力和活力的一团和气的平庸虚假的和谐；和谐可以互相沟通、交流和学习，冲突也可以起到沟通、交流和学习的作用，而且冲突中的沟通交流作用更为强烈，可以把在和谐状态下不好说的话说出来，不愿做的事做出来，使冲突双方加强自我认知，明白自己的问题和缺陷；和谐使人心情愉悦，冲突也可以，如同事之间的一些争吵可以把积攒已久的憋在心里的话说出来，使心情轻松起来。当然，无论是和谐和冲突都要控制在适宜的范围内并以适当的方式进行，一旦过度，就都失去了价值意义。如腐败分子的一团和气，打砸抢的冲突，就失去了工作行动的价值意义。一些工作者一遇到矛盾冲突就觉得无所适从，至少不像面对和谐、和气时那样从容，这是缺少冲突思维和冲突阅历的表现，他们总是把冲突当成是悖逆存在的非存在，有人在冲突的压力下甚至走上轻生的道路。他们总想从冲突中解脱出来。其实面对冲突和面对和谐具有同样的存在感，要像面对和谐那样去面对冲突，去选择价值，取舍意义。和谐与冲突各有其价值向度。对一些人和事，要用和谐思维；对另一些人和事，要用冲突思维。平衡是最好的存在状态，总体的和谐与适宜的冲突构成平衡。

（四）主体化人的主体结构

主体化人的世界关系、生活世界和工作世界都是主体造化出来的，主体化人的主体结构主要是主体的身份结构、地位结构、自然结构、产业结构等方面，如工农商学兵、管理者、教育者、研究者、创造者、享受者、消费者等结构，以及群体身份的阶级、集团、团体、政党结构。主体结构是多重主体世界结构，每一个主体也是多重主体世界结构，如一个人既可以是作品的创作者，也可以是这个作品的读者、享受者和评论者。主体化人的主体结构是主体化人存在的主导结构，对主体化人存在与本质的理解必须理解这种主体结构，即必须把主体化人的生活世界存在和工作世界本质置于这种主体结构中才是现实的主体化人、才是可理解的主体化人，否则主体化人就是无主体的抽象的人。这里只能提出主体化人的主体结构原则，对于某一种主体化人主体结构的理解，只能结合具体的主体化存在才有可能，比如第六章就具体考察了哲学主体化结构问题。总之，主体结构是主体化人存在的一个深层的不可忽略的结构，对主体化人生活、工作、文化的理解必须进行这种主体结构的分析，而这种分析又要以主体间性的共同体为基本原则，即主体化人的每一个主体结构都是主体间性的共同体结构。如此，生活世界总体结构、工作世界本质结构、主体间性的主体主导结构就构成主体化结构的三位一体存在结构和分析结构。

四、主体化人以工作世界为核心的价值与伦理

主体化人的价值与伦理的基本原则就是生活世界总体原则和工作世界

本质原则，而这两个原则恰好是被当下各种价值观理论和伦理道德观深深遮蔽的原则。

（一）主体化人的价值向度

人的本质是主体化人而非客体化人，主体化人是主体化关系的总体，主体化关系的造化总是循着价值意义进行的，或者说主体化关系就是造化主体化的价值关系，从这个意义上讲，主体化人就是主体化的价值关系。如此，主体化人的存在、本质与结构规定了主体化人的价值取向，这就是生活世界总体价值取向或主体化关系总体价值取向以及工作世界本质结构价值取向。价值就是主体化的世界关系，就是主体与自然、社会和主体的造化关系，或者说，主体化的世界关系就是价值关系；价值的总体是生活世界总体，价值的本质是工作世界，是共创、共享物质财富和精神财富的工作世界共同体。幸福、快乐、自然，公平、正义、平等，所有的价值都根植于这种生活世界共同体特别是工作世界共同体。

1.生活世界总体价值

面对当下价值建构和价值取向中存在的把某一种价值本体化、中心化的单面价值观状况，确认生活世界总体价值原则尤为重要。生活世界总体价值是自然价值与人性价值、个人价值与社会价值、日常价值与非日常价值、物质价值与精神价值等主体化存在价值意义的总体。主体化人的存在不是单面的意识化主体存在，也不是物化、异化的客体化存在，而是生活世界总体存在。主体化人的生活世界总体存在注定了主体化人的价值意义是生活世界总体价值意义，或者说是主体与自然、社会、主体价值关系的总体。这一价值总体原则是主体化人价值存在的首要原则。这一原则要求主体化人要循着生活世界总体意义追寻、体验、理解和建构总体化的价值意义，从而戒除把价值物化、资本化、权贵化、意识化的异化取向和单面倾向，即主体化人要在化解自然、化解社会、化解主体的关系中造化自己的自然价值、社会价值和主体价值，要沉入生活世界总体性中不断开拓、开启和开创存在的价值域。这对每一个人来说，都是一个无限的价值意义域和价值资源。

“一花一世界，一叶一树木”，要善于从每一个存在的人和事物中造化和实现自己的价值，而不是让自己只成为金钱、权力、荣耀或房地产、身份、地位、名车、名表这些客体化价值的奴隶。要学会在一束自然的阳光、一颗碧绿的小草、一个普通的日常微笑和问候上摄取爱和美的价值；要善于从自己一个微小的造化，如开垦一小块土地、帮助一个朋友或陌生人、欣赏一首诗或一幅画、聆听一支歌谣，造化自己真与善、美与爱的价值。当下，宗教信仰文化如此火热，就在于它倡导一种价值无所不在的价值观即生活世界总体性价值观，如它讲上帝无所不在就是讲价值无所不在，连一根头发丝里都有上帝，所以爱上帝就是爱所有的事物，即爱所有的事物都有爱上帝的爱与美、真与善的价值。当然，这种生活世界总体价值是神化的客体化的生活世界价值。但它宣扬了价值的总体性，避免了把人物化、资本化和权力中心化的单面化的客体化价值取向。主体化人要追求主体化价值，弃绝客体化价值。价值的本质不是物，而是人的世界、人的关系，是主体化人的世界和关系，是主客体的互相造化关系，是主体与主体的主体间性的共同体关系，这种关系是人快乐、幸福和自由的源泉，是生命价值意义的策源地，而工作世界居于这种总体性策源地的核心。

2.工作世界本质、结构价值

工作世界是生活世界的基础和核心，亦是价值核心。工作的本质是工作世界，工作世界的本质是工作世界总体性，主体化人的工作价值是工作世界总体的价值，而不只是赚钱、技能、态度等某个单面的向度。工作世界总体性的本质是工作世界共同体，如此，工作或工作世界的最高价值就是主体化的工作世界共同体价值，而生产力或工作力与生产关系或工作关系的和谐互动结构，是工作世界的核心价值体系，即工作世界的价值是由这种结构价值和总体性价值构成的价值体系或框架。工作世界的总体性本质注定了其价值生成、价值取向和价值决定的结构性和总体性。

（1）工作世界的价值生成与决定意义。工作世界的价值生成包括工作世界自身的价值生成和对生活、实践、社会世界的价值决定两方面的意义。工作世界自身的价值生成即工作世界的价值是如何创造和实现的。从马克思主义经济学角度讲，工作价值是在生产领域内创造的，流通领域只是价值的实现形式，但不创造价值，而不创造价值不等于没有工作价值，即生产和流通都处在工作价值的框架内，只是价值生成的分工不同。而这种同处价值生成框架的相同和分工的不同格局，对于工作世界的价值选择和取向是非常重要的，即流通、消费价值的生成依赖于生产领域的创造价值的工作，依赖于物质资料生产和科学文化等精神的生产劳动。物质和精神生产领域的工作是第一工作力，服务性工作也创造价值，但要以“第一工作力”为基础或前提。由此，第一产业和第二产业链工作就业岗位拓展的程度制约着服务业工作就业岗位的数量和质量，同样，也制约着流通和消费领域的工作就业状况。若过度玩弄被马克思称之为“在生产之外赚钱的把戏”就会导致各种危机，而“消费不足”的根源也在于创造价值的工作力或生产力的不足。总之，无论是经济价值还是人的存在价值，其源泉都在于主体化的创造力，而不在于资本、权力和物质要素本身，更不在于股票和房地产市场的各种炒作。

在工作世界中，优质生产力、工作力是价值的创造力，这种创造力内涵了主体创造力和工作关系的创造力，即工作世界价值是由适宜的工作关系和人力资源共同创造的，即主体化工作世界的价值生成是结构性或总体性的生成，生产关系或工作关系与生产力或工作力的人性化结构，是工作价值的核心生成结构。主体与工作关系是一体化的创造力，因为主体都是作为关系存在的主体，关系都是主体存在的关系。

工作世界的价值决定是指工作世界的价值支撑人、生活、实践、社会的价值，工作世界是人和生活、实践、社会世界的本质界、本体界，是一切价值的意义源、价值核和主体域。这一点在第二章的理论考察中已经得到了阐述。由此，以人为本要以人的工作世界为本，重视人的价值要以重视人的工作世界价值为支撑，离开工作世界谈人的本质和价值，离开工作世界及其价值谈生活世界、社会世界和实践世界及其价值，都带有抽象的不切实际的色彩。如此，要把价值观建立在工作世界基础上。

（2）工作世界的价值取向。工作世界价值取向的表层意义就是为什么而工作或工作有什么用的问题，而为什么工作的问题也就是工作有什么意义的问题，由此，工作的价值在于整个工作世界的意义，或者说工作的价值就是工作世界的意义，追求工作的价值也就是追求工作世界的总体性意义，从最终价值取向上看，就是追寻工作关系与工作力共生并进的人性化的主体化工作世界，即工作世界的结构性价值是核心价值取向。这是主体化人学也是工作哲学的工作价值观。而一些非工作哲学或人学的工作观或工作价值观往往都忽略、消解或遮蔽了这种工作世界总体性的价值取向，把工作价值单面化为片面的自我需要或人与人的相互需要价值，甚至片面化为工资、赚钱、盈利或商品交换价值等经济要素的价值形态。

确立工作世界总体性价值取向，尤其要反对和戒除经济本位主义的价值取向。亚当·斯密认为，人的行为动机根源于经济诱因，人都要争取最大的经济利益，工作就是为了取得经济报酬；在自由经济制度中，经济活动的主题是体现人类利己主义本性的个人。这就是所谓的“经济人假设”。这种假设把人经济化了，最后把人的工作活动归结为以报酬为最高或唯一价值动力的赚钱活动。现实中一些工作人的工作就是为了赚钱或以赚钱为中心，无论做什么事都要考虑有没有利润、经济效益或能不能赚钱，把自己的工作方式、工作对象都当作赚钱手段。这样就很少考虑工作质量、工作技术的人性化问题，一切以钱为标准和最高价值取向。这种经济本位主义的价值取向是没有发展前途的，至多能实现一时的效益或暴富。因为出色的工作，大的能力和才华的累积有时是不被人知的，更谈不到赚钱了，特别是科学研究工作更是如此，大量的科学研究和技术创新活动都是默默无闻的。经济本位的价值取向，对于社会和单位来讲，必然造成忽视科技的自主创新发展，只顾眼前利益和一时效益，丧失恒久力和持续性；对于个人来讲，必然造成忽视技能的日积月累，只顾经济利益和金钱收入，最后丧失工作力和工作价值。

科学发展观强调以人为本，可一些地方、部门，一些学者、政府人士总是不知不觉地奉行经济本位主义。如GDP经济本位主义，现在有人一讲提高农民收入就是为了让农民消费或进城拉动经济，难道农民就是拉动经济、消费或城市化的手段吗？难道农民辛辛苦苦赚的钱就是要买被一些恶性资本和权力炒到天价的房地产吗？难道农民的存在就是为了让房地产商发财或者为一些政界人士出政绩吗？难道就不能把农民本身的工作环境和生活质量以及存在价值作为农民的最高目的吗？农民的价值在于农民的工作世界，提高农民收入就是为了农民工作和生活得更有价值。还有，常听一些政府人士对学界的人讲，你们研究的东西要为地方经济服务，要能带来经济效益，要让政府能用来决策等。难道学界研究的东西能激发人的精神、能提升人的灵魂就不行吗？难道学界研究的东西能改变人们的思维方式或价值取向就不重要吗？难道学界特别是哲学界研究的东西能向人们展现人与社会的本质和状态、能提升文化的层次就不可以用吗？学界要关怀经济，但不等于政府的经济职责和职能部门，学界不仅关怀经济，还要关怀工作世界，关怀工作世界的总体性价值。以学术研究的经济化代替总体化是学术研究的经济本位主义。

确立工作世界总体性价值取向，还要特别反对和戒除权力中心和资本至上的价值取向。在现实工作中，一些工作者把对权力的追求作为工作的最高价值取向，这种权力中心主义的价值取向严重抑制工作世界的主体化进程。对个人、单位和社会工作世界来讲，权力欲太强，就会利欲熏心，不择手段，根本不会去营造和构筑技能价值和关系价值，最终会导致工作世界因缺乏创造力而停滞、衰退和陈旧落后。而对于一些个人来讲，他们一旦得到权力，就会把工作世界总体当成是个人权益的手段，以权谋私甚至贪污腐化，成为工作世界总体性意义的最大破坏者。而唯利是图的利润价值取向则主要存在于非人性化的企业主、老板和私营企业的工作世界，如马克思批判的资本家的工作世界，他们恨不得把工人盘剥得只剩下最后一根筋、一根骨头。这种利润价值观和权力价值观的勾连，在当下的主要表现就是一些资本的权力化和权力的资本化倾向，它严重腐化工作世界的结构意义，使一些工作关系成为工作力的严重束缚，进而导致人性化工作世界的冲突倾向。一些大商资本正在慢慢控制一些权力，慢慢左右一些政策、法律、法条和媒体，权力资本化和资本权力化的危险正在现实中上演和生成。这种状况必须改变，否则，工作世界就会沦为以资本和权力为中心的工作世界，主体化工作世界的总体性价值就会荡然无存。

当今世界，工作世界价值观的丧失与失落是价值观危机的一个重要原因，这也是主体化人的存在危机。2011 年奥巴马的“危急论”就是工作价值观的危机论。他说：“美国到了十分危急的时刻，这是因为美国人的价值观出了问题，就是那些勤恳劳动、工作的人，那些负责任的人得不到奖赏，而那些不负责任的人却不劳而获，拥有大量财富”。奥巴马认为美国危急的根源是工作价值观出了问题，即都想不劳而获，都想靠资本和房地产炒作获得财富。如此，他呼吁美国人回归祖先开拓美洲新大陆的精神——工作创造精神和共享工作成果的自由平等精神。可以说，把人资本化、房地产化这种客体化价值取向，在当今世界具有一定的普遍性。确立生活世界总体价值原则和工作世界核心价值观，对于戒除这种疯狂的资本化、房地产化的客体化价值观具有重要意义。

（二）主体化人的伦理原则

人就是人对世界的关系，就是人与人、自然和社会的互相造化的关系，就是主体化的造化关系；有关系的地方就有人，有人的地方就有关系。如此，有关系的地方就有伦理，就有道德，伦理就是人与世界的道德关系，就是伦理道德关系或道德伦理关系。主体对世界的造化总是循着伦理道德进行的，人的主体化关系，无论是自然关系还是社会关系，无论是物质关系还是精神文化关系，都是循着一定的伦理道德关系造化出来的。从这个意义上讲，人的主体化关系都是道德伦理关系，但道德伦理关系不是唯一的关系，也不是总体和根本的关系，它依附于或衍生于主体化关系的总体特别是主体化关系的本质、结构即工作共同体关系。如此，主体化人的存在、本质与结构规定了主体化人的伦理道德原则，这就是生活世界总体原则或主体化关系总体原则以及工作世界或工作共同体本质结构原则。离开生活世界总体道德和工作世界本质伦理，就没有生活世界总体存在和工作共同体本质结构，自由、平等、博爱、公平、正义，这些伦理道德原则就沦为空洞、抽象和乌托邦呐喊和梦想。

现实世界及其结构就是现实人的存在关系及结构，哲学世界观就是这种关系观或结构观，而人的关系必趋向道德伦理关系，世界观必导致伦理观，伦理观必缘于世界观、人本观、价值观。道德本体论的道德哲学或道德人学，抓住了哲学世界观的道德趋向，但缺乏世界观的生活世界总体观意蕴和工作世界结构本质向度。而当下学界的伦理学、道德观或道德哲学研究，则存在着过度强调个人对整体、集体的道德关系和道德义务，而忽略整体、集体对个人的道德关系和道德义务的倾向，如此，不仅要关注个体道德，还要重视集体、整体道德伦理建设和研究。主体化人伦理道德的基本准则如下。

1.生活世界总体道德伦理原则

生活世界总体道德伦理原则即是说道德伦理不只是资本、物质、权力、神灵等客体化、单面化、物化或神化的道德关系，而是生活世界总体或主体与自然、社会、主体的关系总体的道德关系，人们对伦理道德关系的追求、造化，是对这种总体伦理道德的追求，否则，就是片面的残缺的道德伦理关系，就失落了主体化存在的总体性和价值意义，就会陷入被某一种或某几种道德伦理本体化、客体化的客体化人存在境地。即主体化人要把对生活世界总体性的造化和追求当成一种道德造化和追求，要牢固地持有生活世界总体性道德伦理原则。

2.工作世界本质结构道德伦理原则

工作世界本质结构道德伦理原则就是工作共同体原则，有了共创、共享的工作共同体，才有公平、正义、平等、自由的道德伦理，才有诚信、集体主义、主体间性的道德伦理原则。在一个“黑砖窑”或“黑煤窑”的工作世界框架下，不可能有任何公平、正义、平等、诚信等道德伦理的存在。而主体化能力特别是工作能力、主体化关系特别是工作关系是道德伦理造化的根本动力和力量源泉。如此，人与人、自然和社会的道德伦理关系，都不是纯粹的善的关系，它的造化、建构甚至自觉，都需要主体化的生活世界特别是工作世界的造化、化解的力量，这种力量是潜伏的精神世界力量和显在的物质世界力量的总体。谁不造化生活世界特别是工作世界共同体的结构本质，谁就不能造化自己的道德伦理世界。

3. 整体或集体对个体的道德原则

这里所说的整体或集体道德原则包括两方面的内涵，一是伦理学或道德观的惯常原则，即集体主义或整体主义的道德伦理原则，一是整体或集体对个体的个体主义的道德伦理原则。前者是一个公识性的原则，主要强调个体对集体的道德服从、道德贡献和道德义务，这里在共同体集体或整体的意义上依然持有这个原则。后者是一个研究者和存在者都应该继续开拓的伦理道德存在域，它强调整体或集体对个体的道德关系、道德义务，是被道德哲学或伦理学忽略的一个方面。个人生活或工作世界构成单位和社会的生活世界和工作世界并与之互构，整体或集体是由个体构造的，是个体的整体或集体，所以在个体服从集体的道德关系和原则下，整体或集体也要为个体尽相应的道德义务，也要确立起整体或集体自己的道德伦理原则，这就是造化个体的生活世界总体存在、工作世界共同体的本质和结构，即整体或集体对个体的道德伦理关系有两个根本原则，一个是造化个体（含每个个体）的生活世界总体存在，一个是造化个体（含每个个体）的工作世界共同体本质和结构。这是整体或集体的根本伦理道德准则、价值取向和存在的意义。背离了这两个原则，整体或集体就是一个虚假的共同体，就是一个沦为某个或某些中心个体或本体个体的整体或集体，就是一个对抗的、异化的、分裂的客体化人的整体或集体，就是一个需要改变和重新造化的集体和整体。

4. 主体间性伦理

以集体主义为中心的本体论伦理，主要反映和针对的是个人对集体的伦理关系或道德奉献与义务，它只用一个个人服从集体的集体主义伦理代替了处在不同层次、不同平面和不同生存境遇中的存在者的多重主体存在伦理，特别是忽略或遗忘了主体与主体之间的伦理道德关系。马克思主义的主体化人学是以本体论伦理相对峙的总体论伦理，它依旧持有集体主义原则，但还自信集体或整体对个体的伦理关怀和道德奉献，即集体或整体必须造化个体的生活世界总体存在和工作世界结构本质，它还特别诉诸个体与个体之间的主体间性伦理道德关系，并把它奉为个人之间的第一伦理道德关系。儒家的“己欲立而立人，己欲达而达人”、《圣经》的“你想让别人怎样爱你，你就要怎样爱别人”、马克思的“每个人的自由都是其他人自由的条件”等伦理指向，都是在奉行这种主体间性的伦理道德准则。如此，西方主体间性理论能成为一种文化时尚和潮流就可以理解了，因为它弥补了集体主义本体论伦理不顾和漠视个人之间的平等互动的道德伦理关系的缺憾。当然，集体主义本体论伦理也讲他人利益第一的个人之间的伦理原则，而这实际上是在套用个人绝对服从集体的集体主义原则，是把个人对集体、整体的伦理关系和原则当成了个人对个人的伦理关系和原则，而个人对集体和个人对个人的伦理关系是两个不同的伦理道德存在平面和层次。把这两个伦理存在域等同，实际上还是只用一个集体主义中心伦理代替和遮蔽了总体的伦理的多样性、丰富性特别是主体与主体之间的平等性。当然——附带说明一下，奉行集体主义伦理原则并不都是集体主义本体论伦理，如马克思主义及其主体化人学也奉行集体主义伦理，但它却是总体论伦理，它在持有生活世界总体伦理和工作世界本质伦理的意义上坚持集体主义中心伦理，但不是集体主义中心论或本体论，如前所述，中心论或本体论就是用一个中心或本体代替和遮蔽总体共同造化意义及各个个体的存在与造化意义。主体化人学奉行的主体间性伦理以主体化生活世界为总体伦理，以主体化工作世界为价值核心伦理，这也不同于无生活世界总体伦理意蕴和工作世界本质伦理核心的其他较为抽象的各种主体间性伦理。

五、方法与智慧：主体化人的生存律

律即规律，规律有世界观意义的规律和方法论意义的规律，前者是世界普遍规律，后者是生存论意义的规律，并由前者引申而成。生存律不同于具体方法或智慧，是存在格局与总体意蕴及本质结构向度的人生大智慧，是方法论意义上的智慧，且又具有可操作的实用性。主体化人的生存律由主体化人的总体性、本质、结构和价值伦理引申而来，其基本结构是生活世界总体律、创新过程持续律、工作世界本质结构律三位一体的关系结构。

（一）生活世界总体律

主体化人学的生活世界总体观或主体化关系总体观既是存在观、世界观也是方法论，是主体化人首要的生存方法论，持有这种总体化的方法论，才能避免人的物化、资本化、权力中心化、自然化、道德化等单面化和异化。生活世界总体律，就是主体化人要把对生活世界总体意义的追求看作是人生的大智慧，充分利用总体的资源、对象、境遇造化主体化的存在、本质、结构和价值伦理意义，这样就可以摆脱单面存在的狭隘性、客体化与物化的异化性和对抗性。这是主体化人生存的首要定律。背离了这一定律，一个人无论怎样聪明和智慧，无论有多少技能、技艺和方法，都会因为痴迷于某一个片段或沉沦于某一个本体、中心而使自己的人生被单面化、物化，从而沦为一个客体化的人或残缺的人。世界观、人本观和方法论是一体化的关系，这种总体方法在前面的存在论、本质结构论和价值伦理观的阐述中已有所涉猎，可以说，主体化人每一个存在的意义、本质结构的意义和价值伦理的意义，都含有生存方法论意义，都是一个生存律，这里主要针对日常生活中总体意义的失落问题，确定日常化的生活世界总体方法。这一方法可归结为三化：化山化水化自然为主体化存在；化人化鬼化神仙为主体化存在；化心灵化精神化文化为主体化存在。这里的“化”就是造化、化解，是主体为主导的主体与客体的共同造化过程。其具体意蕴如下。

1.把自然客体和精神客体造化为主体化的自然和主体化精神存在

人化自然包括天然自然和人工自然，后者实际上又是社会物质，化人工自然也是化社会，而当代人面对的自然大多都是人工自然。怎样化自然客体和神灵客体的问题，本研究有诸多论述，特别是在第一章关于水人文化、火人文化、神性文化的阐述中以及在后面诗文化的解析中，都具体而多视觉地结合具体生存境遇和文化背景，进行了考察、解析和论述。这里仅就庄子的“蝴蝶之化”是主体化还是客体化作一个简要分析。因为这是人化自然客体也是人化精神客体的一个普遍问题。“蝴蝶之化”是自然化人，但不是把人客体化，因为是主体把自己化作客体的，是主体自由自觉的客体化。这个过程只是借助了一个自然物象，而如前所述的自然客体化人是自然把人化作自然，是客体或逻各斯规律主导的化境，没有主体的参与，没有主体的自由、快乐、幸福等人性化的存在，更没有社会化的融入。所以人化自然可分为主体化自然和客体化自然，蝴蝶之化是前者，其特点是，前者是自由主动、能动、快乐的意识化或实践造化；后者是自然主宰的无主体能动自由的不自觉的过程。

同样，人化精神客体也可分为主体化和客体化两种状态。把神鬼赋予主体的意义特别是现实生活和工作世界的意义，就是主体把精神客体造化为主体存在，它不求神的本真，不辨神的外相，只求内心的神，用灵魂建构灵魂，内心的神与善是主体主导的主体神化的过程；求仙学道或信仰上帝就是精神客体把主体化为精神客体，主体就被遮蔽在纯粹的神性存在中，就是被神灵主宰的客体化过程。主体化精神客体是一种主体化的宗教信仰，它不信客体化的神灵的存在，而是信仰他们作为文化符号所蕴含的现实世界意义和存在精神特别是生活世界和工作世界的意义。如此，要追求宗教信仰的主体化存在和境界，即用主体的生活世界和工作世界去化解、造化宗教信仰和神灵世界，这是主体化存在在信仰存在视域的拓展，是主体化的生活世界总体方法在宗教信仰视野的生存论呈现。它强调神灵与宗教的现实世界意义，而现实世界的意义就是人的存在的意义，它是用人的存在化解神灵、神性，而不是用神灵或神性消解主体人的意义。这也与主观唯心主义有神论不同，克尔凯郭尔内心体验的神、中国禅宗的心佛，都是纯粹内心的意义，没有生活世界总体意义。

宗教的本质是生活世界总体和工作世界本质的文化虚幻形式，宗教信仰的本质是对生活世界总体和工作世界本质信仰的虚幻形式，神灵的意义不只在于自身，更在于它作为文化符号所代表的生活世界总体意义和工作世界本质结构。我们不信仪式化、神灵客体化的宗教，但信奉它所蕴含、预示、启示的生活世界总体意义和工作世界本质价值，我们不信实体的神灵存在，但信奉他作为文化符号所隐含和彰显的生活世界意义和工作世界价值核心。宗教一开始都是劳苦大众的话语方式，都遗有生活世界意义诉求和工作世界价值核心的深痕明迹，如“诺亚方舟”一开始就是载着种子、牲畜和工具航行于灭世的洪水，是生产工作救世，是工作创造救世，而不是载着资本、货币、金银，不是资本救世。过去绝对反对宗教，认为是鸦片，这就把宗教单面化了，宗教确实有鸦片的意义，如它主张打你左脸还要伸出右脸，宣扬一味地顺从等奴化意识，但宗教还有更丰富的内涵，特别像基督教、佛教这类的世界文化，是人类存在的文化史，是人类存在的历史，它用虚幻的想象的意识形式蕴含人类生活世界和工作世界意义，它是一个神性客体化世界，也是一个主体造化神性的历史，是神文化也是人文化，失乐园即是失去神化的乐园而得到人性的乐园。如此，对宗教要探寻其主体化存在意义，并用主体化意义消解客体化宗教意义和神性意义。如此，要大力开展宗教文化或信仰文化的思想政治教育，使宗教信仰文化成为一个主体化的精神世界。

2. 化痛苦为快乐、化不幸为有幸的主体化方法造化快乐、幸福的过程是造化自然也是造化人和社会的过程。快乐、幸福本质上是人与人、自然和社会的关系，是以精神体验的方式呈现的主体化关系的总体或生活世界的总体。如此，造化生活世界总体性和工作世界共同体结构本质，是造化幸福快乐的源泉和根本。这一点已有诸多论述，下面再谈几个较为具体的方法。

（1）悬置法。主体化存在是一个总体的存在，不只是某个存在场景或某个存在境遇。如此，当面对一种不幸或痛苦的时候，就将这种痛苦和不幸的事件、遭遇、境遇悬置起来，再沉入另一种遭遇或境遇中。如一个小女孩为自己一只死去的小狗伤心，趴在南窗台上看仆人在园子里埋葬这条小狗，越看越伤心，并痛哭不止，奶奶把她叫到北窗口，看到的是翠绿的花草树木，听到的是翠鸟的鸣叫，就开心地笑了。这就是悬置一种存在场景进入另一种存在场景而导致的主体化存在的不同。这是一个意识化与行为化并行的过程。日常生活中通常有这样的场景转换，如在家里因家庭琐事烦恼痛苦，只要出去走一走或会一会朋友回来就好了，这也是通过悬置法实现的主体化场景转换带来的效果。

（2）视觉转移法。当一个人因为某种愿望没有得到满足或失去了已有的某种存在时，就会因为这种失落或损失而痛苦、伤心、烦恼。依据主体化存在的总体性意义，这种失却并不是存在总体的失却，而且它还会激励你重新奋起追寻新的理想、实现新的愿望。这时的主体化人将自己对存在的注视从失却的存在转向剩余的存在或潜在的正在追寻的存在，就可化解这种痛苦和烦恼。这就是通常所说的还剩下半瓶酒时不要只看空的那部分，而要看到实有的那部分，还要看到这实有的半瓶还会激励、激发你重新收获许多瓶新的美酒。

（3）角色互易法。依据主体化的主体间性关系，当一个人在处理家庭关系或同事关系产生烦恼痛苦时，如果能经常站在对方的角度想问题、做事情，就会减少许多因过于自我而导致的烦恼、焦躁、痛苦甚至失望和绝望。

3. 意化方法

主体化存在是一个总体，不只是实践主体化，不只是工作主体化，不只是物质主体化，在意识中体验、理解、建构自然、神性、人性世界，也是主体化存在的重要向度。追求这种意识主体化存在，是主体化人生的更高层次的追求，这种意化方法就是主体化人生存的一种重要方法。意识与对象、客体一起造化了这个世界的价值和意义，意化具有物化所不具有的精神能量，也具有不同于实践的存在力量，意识是不能改变世界的，但可以改变世界的意义，可以在精神意识的层面上改变世界的意义，并可以通过工作实践的造化使其意识的意义融入生活世界总体的意义。这种意化方法往往是一种创造性地想象、建构、理解和体验方法，主要有哲学意化方法和诗文化意化方法，前者如庄子的“蝴蝶之化”、“鱼之化”、“鲲鹏之化”等意识化方法，后者如诗歌、绘画等艺术的想象、创造意义。无论是作为哲学研究者还是哲学教育者、学习应用者，无论是作为艺术品的作者还是读者、欣赏者，都可以从不同生活视角拥有、使用、建构这些方法。这个方法所指向的存在域，比物质更加广阔、深厚、公正、公平，人人都占有、拥有、面对这种资源，都有主体化的权力和资格，只要能有意识意义和意化方法的高度自觉和主体化生活世界意义的造化。也就是说，意化方法要有生活世界总体性和工作世界本质结构的造化和根基。否则，就会沦为庄子式的单面的自然意化人或精神意化人。

（二）创新过程持续律

总体方法离不开过程方法。主体化人的存在是一个过程总体，主体化生活世界和工作世界都是一个不断生成和涌现主体化造化过程，都是一个持续和累积的过程总体，这个过程具有强烈的生成性和创新性，是主体化的创生过程，离开创新和创生，这个过程就不能持续。如此，主体化过程创新方法也是生活世界和工作世界总体方法的应有之义，或者说它是生活世界和工作世界总体方法与本质方法的动态过程方法。可以说，《老子》

文化内涵丰富的主体化过程创新的方法论和智慧。《老子》文化有消极、落后、保守的内容，也有积极、先进、创新的内涵。其过程创新思想从方法论的维度解决了怎样创新特别是怎样使创新成为一个持续过程的问题，这对于主体化人的主体化存在过程具有重要的非常适用的生存方法论意义。这里，把《老子》过程创新文化与马克思和熊彼特的创新文化相链接，这就使过程创新文化成为具有现代内蕴的创新文化总体意蕴。

1. 过程创新的辩证规律

过程创新即持续创新。《老子》的过程创新规律是辩证法基本规律的具体化和深化，主要包括以下内容：其一，“为而不争”：和谐创新是天地万物、人文自然的运行规律和过程。《老子》的过程创新文化源于《易传》。西周末年是社会开始转型时期，创新发展即“变”的问题凸显出来并成为思想文化的主题，《周易》一书就是关于创新发展的“易”理。《易传》说：“日新之谓盛德，生生之谓易。”即不断地创新是最高的道德，不断地创新才能使天地万物、人文自然的变化发展。创新意味着盛德，同时，盛德意味着创新：“天行健，君子以自强不息”，“地势坤，君子以厚德载物”。“自强不息”就是“创造不息”[①]，就是“人克服天人之矛盾以得和谐”[②]的过程。“载物”即是以德育物、生物、养物、造物、用物。物的创新一方面离不开遵循自然之道，另一方面还要合乎道德和谐之法。把德行创新化，把创新德行化，这是对德的最深刻的体悟，也是对创新最深刻的体悟，这两个体悟归结为一个体悟就道德和谐与创新的统一，即和谐创新。《老子》承传和发展了西周和谐创新规律和过程的思想：“天之道，利而不害，圣人之道，为而不争。”这是对自然与社会和谐创新过程和规律更为清晰的表达。“利而不害，为而不争”即是和谐创造、创新；“道”即是规律。过程创新是持续创新，和谐创新是其核心范式，体现在《老子》创新思想文化的各个方面。其二，“冲气以为和”：创新是在矛

① 郭有通：《创造心理学》，台湾正中书局 1983 年版，第 1 页。

② 《张岱年全集》第 1 卷，河北人民出版社 1996 年版，第 394 页。

盾冲突中寻求同一性的过程。《老子》认为，人要循天道，而天道的本性之一就是生成与创造："道生一，一生二，二生三，三生万物。万物负阴而抱阳，冲气以为和。"在矛盾冲突中寻求和谐即是创新的过程，"和"就是创新的结果。这几乎相当于当代的创新理念：当代技术创新理论认为，技术创新产生于"技术问题"，即旧的技术体系的冲突，创新就是解决技术冲突的过程。其三，"为大于其细"：创新是要素累积的和合过程。"合抱之木，生于毫末；九层之台，起于累土；千里之行，始于足下"。"图难于其易，为大于其细。天下难事，必作于易；天下大事，必作于细。是以圣人终不为大，故能成其大"。要素的累积过程就是和合过程，和合过程就是"新成"、"为大"、"图难"的创新过程，要素不断累计才能成为和合的树木、和合的高台、和合的难事和大事。当代技术创新论认为，技术创新是技术要素的累积创新过程，这与《老子》的"过程创新论"强调创新是要素累积的和合过程十分契合。

中国处在后发境遇中，生产要素相对落后，既要重视生产要素组织关系和谐化创新，也要重视技术、资金、人才、资源环境等生产要素的累积创新。要改变现实中不注重创新要素累积、盲目引进、模仿创新的状况，控制过度消耗资源和过度竞争的创新局面。过程创新靠量的累积和对冲突要素的和谐组合实现持续创新，过度引进、模仿创新虽然省时、省力，但由于不具有过程的持续性，只能达到一时的创新效果。离开持续创新就没有持续发展，只把可持续发展归结为和谐发展是片面的。只讲和谐不讲创新就不能和谐，和谐蕴涵创新，创新是和谐的应有之意。要把可持续发展、和谐发展与创新发展统一起来，确立和谐创新、过程创新的持续创新发展理念。这种国家和谐创新发展的方式也适用每个人的生存和发展。

2.过程创新的动态模式

《老子》不仅揭示了过程创新的辩证规律，而且展现了从"为"到"新成（不盈）"再到"不持"的过程创新的动态模式。其一，"蔽而新成"：过程创新是在创新中保新，在保新中创新的过程。"为天下溪，常德不离，复归于婴儿”。《老子》对婴儿状态的顶礼膜拜实际上是对新生、创新的顶礼膜拜和弘扬。《老子》不仅崇尚创新，而且特别关注如何“保新”的问题，“孰能浊以静之徐清？孰能安以久动之徐生？保此道者不欲盈，夫唯不盈，故能蔽而新成”。即有节制、有保留、不过度，才能使生命、生活成为一个可持续的创新过程。其二，“为而不持”：过程创新是不同创新阶段的链接过程。从当代技术创新理论的意义上讲，真正的创新不是完成于技术设计和发明阶段，而是产业化过程中的成长期结束阶段，这个阶段正是老子的“为”、“不盈持有”、“新成”阶段。而技术成熟期是技术向外扩散阶段，这个阶段正是老子的不持、不有阶段，因为“物壮则老，是谓不道，不道早已”。“生而不有，为而不恃，功成而弗居。夫唯弗居，是以不去”。成功、新成之后，不可居功固守，要把它转让、转移出去，再开始新的创新。每个创新、保新的具体过程都是相对的，不可能永不衰竭。但一个创新过去了，还会进入另一个创新过程。这样，创新就能“是以不去”，永远处在婴儿的新生状态；这样，就达到了“是以圣人终不为大，故能成其大”的境界。可惜的是，这一智慧被当代西方人所运用，他们“持有”、“遮蔽”自己先进的核心技术和关键技术，把落后的或淘汰的技术输往发展中国家，使自己总是处在“不盈”、“不持”的领先、创新地位。当代的技术创新扩散理论认为，技术到了成熟期就从创新中心向边缘扩散，这样，中心总是处在成长期，总是处在技术创新地位。这与《老子》的过程创新思想有惊人的吻合。

《老子》这一思想警示我们，要防止发达国家通过“创新—扩散”把自己中心化、把我们边缘化的情况继续发生，同时也启示我们，构建和谐社会、建设创新型国家，要把提高企业持续创新能力与抑制“产能过剩”结合起来。中国告别了经济短缺时代，但目前在纺织品、移动电话等消费品领域以及钢铁、煤炭、电力、石化、汽车、建筑材料等国民经济重化工业领域又出现产能过剩的现象。这种产能过剩的实质是生产力与需求、市场以及自然、社会和人的不和谐关系，根源是缺乏和谐持续的创新能力。解决这个问题，除了提高政府宏观调控的科学性、有效性以及广大民众的收入外，更重要的就是提高企业的持续创新能力，以增强产品的竞争力、市场占有力以及自然效益和社会效益。

3. 过程创新的主体化自主本性

老子没有十分明确地提出自主创新思想，但过程创新蕴涵着十分强烈的主体化自主意识。首先，在冲突中求和谐，是和谐创新，同时也需要主体消解矛盾、化解冲突的自主勇气、力量、能力和德行；“合抱之木，生于毫末”，“为大于细”，和合的大树是由一系列作为“毫末”的量累积生成的，这种创新过程是“树木”的主体化自主和合过程。其次，“蔽而新成”更是表明了创新过程的主体自我遮蔽性和自主性，“孰能浊以静之徐清？孰能安以久动之徐生？”自主性、遮蔽性是在浑浊之中的“静之徐清”，是在动荡、动乱之中的“久动之徐生”，是处在冲突境遇中的创新者的主体自我和合过程。再次，“为而不持、功成而弗居”，更是表明了主体自主创新与创新成果和谐扩散、转移并形成新的创新过程的和谐统一。总之，主体化自主创新与过程创新是统一的，过程创新必然是主体化的自主创新，主体化自主创新必然是过程创新。“故道大，天大，地大，人亦大。域中有四大，而人居其一焉。人法地，地法天，天法道，道法自然”。“道生之，德畜之，物形之，势成之。是以万物莫不尊道而贵德”。[3] 老子把创新看作是自然之道、人之德以及物质条件的系统和谐活动，而人处在循道而行的主体自主地位。这既避免了人类中心主义，又摆脱了把人归于自然的自然中心主义以及神创论的神本主义。

《老子》还内涵了主体化过程自主创新的基本方法和途径。第一，自主创新，“为之于未有”。“为之于未有，治之于未乱。合抱之木，生于毫末；九层之台，起于累土；千里之行，始于足下”。自主创新是从无到有的自我累积的“和合”过程。自主创新本质上是“为之于未有”，无论是原始创新、集成创新还是引进吸收消化再创新，都需要一种“生之于毫末”的累积创新精神。那种不屑于累积“毫末 ”或不屑于“为大于其细”的做法是不可能实现自主创新、持续创新的。第二，自主创新，“为之于已有”。《老子》不仅是“为之于未有”的智慧，也是为之于已有的智慧。“天长地久，天地所以能长且久者，以其不自生，故能长生。是以圣人后其身而身先，外其身而身存”。这里，“不自生”不是不要自主，而是不完全自己生成。自我的力量是有限的，必须善于利用外物，借助已有的环境和条件，抓住各种机会和先机，“中和”各种要素进行创新，这样就能获得“长生”的持续创新效果。怎样为之于已有呢？《老子》指出了一条行之有效的途径，即在有中发现无。“故有之以为利，无之以为用”。有和无是辩证统一的，有中有无，无中生有。新出现的创新成果往往存在着严重的缺憾和不足，在关键领域或核心层次发现问题并进行自主创新，是行之有效的具有跨越式意蕴的自主创新途径。当代创新实践证明，重大的创新活动，必须具备雄厚的创新资源和优良的条件，不是任何时候、不是谁都能为天下“先”。必须承认，中国作为后发国家，自主创造“先机”的能力相对较弱，不可能走发达国家先发式的自主创新道路。利用别人创造的先机，发现并解决别人研究开发中存在的关键问题，乘势而上，就可以把握先机，就能实现“后其身而身先”的创新效应。离开这种“为之于已有”的自主创新，所谓抓住机遇、乘势而上只能是为他人做嫁衣裳。

主体化自主创新必然是过程创新，过程创新必然是主体化自主创新。对自主创新能力相对较弱的后发国家来说，不可能走发达国家先发式的自主创新道路。要把自主创新与过程创新结合起来，学会“为之于未有”和“为之于已有”的智慧。况且当今时代，没有纯粹的原生技术，也没有纯粹的技术。每个技术特别是产业技术产品都不是一个技术，而是由多个技术构成的技术体系；每个技术和技术体系，其本质不只在于技术自身，更在于技术与人、自然和社会的关系。中国的自主创新，是中和国际国内各种资源，主要通过核心技术或关键技术的创新，实现对技术要素和经济要素的和谐组合的过程。离开自主创新，就没有和谐持续的过程创新，反之亦然。自主创新与和谐创新统一于以广大人民群众为主体的自主和谐创新实践。提高、培育人民群众的和谐创新素质、精神，调动其积极性、主动性和创造性，构建人民群众和谐创新的环境机制，是这个统一的关键所在。

以主体化自主创新为本性的过程创新是一个艰难的过程，但却是主体化人的必经之途。自主创新，是一种大智若愚的智慧。面对一些浮躁的创新行为和心态，我们确实需要回归老子这种踏踏实实的创新智慧、这种“生之于毫末”的精神、这种“为之于未有”和“为之于已有”的气魄、这种“持”与“不持”的果断。否者，那些和合的树木、和合的高台、和合的大事与难事，那些“和合”与“和谐”从何而来？！

综上所述，从冲突到和谐，从量到质、从质到量，从创新到保新，从新成到不持，从为之于未有到为之于已有，从一个创新过程过渡到另一个创新过程，《老子》是一部主体化过程创新方法论。马克思和恩格斯指出：“资产阶级除非对生产工具，从而对生产关系，从而对全部社会关系不断地进行革命，否则就不能生存下去。”[①]《老子》的主体化过程创新文化与马克思这一不断创新的过程创新思想相契合，也与当代先进的创新文化相链接，当代创新文化的奠基者美国经济学家熊比特认为，创新就是对旧的生产要素进行重新组合，而这种组合即是“不断地破坏旧结构、不断地创造新结构”的“创造性破坏的过程”，只有不断创新才能克服经济社会发展的“一系列根本困难”。[②]《老子》的主体化过程创新文化虽然没有涉及具体的技术、经济、制度的创新过程问题，但它具有内涵丰富的过程创新方法论的普遍意蕴，是先进创新文化的必然组成部分。长期以来，中国传统文化被归结为无创新意蕴的和合文化，而《老子》的思想甚至被片面曲解为保守落后、自我封闭的文化，这是对中国传统文化的一个的误读。为构建主体化生活世界和工作世界寻求民族文化的精神支持，必须还原《老子》主体化过程创新文化的应有内涵。当然，《老子》文化也有许多不合时宜甚至与构建和谐社会相冲突的消极成分，而其主体化过程创新方法论这一积极思想也只有同当代先进创新文化和马克思主义的创新文化相链接，才能产生应有的效用。

---

① 《马克思恩格斯选集》第1卷，人民出版社1995年，第275页。

② 熊彼特：《经济发展理论》，何畏译，商务印书馆2000年版，第68页。

（三）工作世界本质与结构律——工作生存十律

深度的生存智慧和方法要深入存在的本质与结构，造化存在的本质与结构，而不是表层的或平面化的具体方法和智慧的叠加。工作世界本质与结构律即是说主体化人要立足工作世界总体性，建造工作世界共同体，提升主体化能力特别是工作化能力，优化主体化关系特别是工作关系，把造化工作世界特别是工作共同体世界作为生存的根本方法，更要把造化工作能力、工作关系和工作精神文化及其互构关系作为生存的最根本方法。这是主体化人生存的根本智慧。主体化人化自然、化社会、化主体，其所有的造化关系都以工作世界为依托，都以工作共同体世界为根据、根基，没有工作世界或工作世界共同体，没有工作就业，没有人性化的共同体工作就业关系，主体化人就失去了生存的根基，就什么都不能造化。工作生存或工作世界的本质与结构注定了主体化人生存的根本方式、方法是以累积和提高工作能力特别是工作创造力为根本，以构建和优化工作共同体关系为基础和支撑，以积蓄优秀的工作态度等精神文化为驱动力。其基本方法论可归结为以下十律。

1. 工作创世律。每个社会、国家和个人都要靠工作创造世界。“诺亚方舟”并不是一条资本救世的船，而是一条工作创世的船。不要以救世主自居，而要做创世的主人。要趁早摒弃资本救世的思维，要从资本救世的思维转向工作创世的思维。以现在救现在就只有现在。那么未来呢？那些洪水般的欲望、暴虐、贪婪与堕落必将毁于洪水或已经毁于洪水。未来不在资本的手里，而在每一位工作者的创造行动中。资本没有未来。

一个缺乏创造力或创造力处于停滞的民族是危险的民族。中国长期以来的劳动力低成本红利、廉价资源红利、技术引进的后发优势红利在一定程度上抑制了创造力的发挥和提升，如对一些人来说，卖房子卖地卖资源就可以了，其他都可以不想不做。在这些红利的效应即将发挥殆尽的今天，转型、调结构、保民生除了依靠民众的创造力，再无别的生存依靠。

2. 技艺生存律。工作技艺或工作能力决定工作关系和工作态度。工作素质、水平、能力越高，就越会得到他人的尊重、信任和爱戴，就越有可能建构更广泛、深厚和持久的工作交往关系，并能从总体上获得更多的工作成果和荣誉。“艺高人胆大”，有“技艺”才能有积极进取的态度、信念和激情。有技艺就有创造力，技艺是工作生存的根本方式，脱离创造性和技艺能力的抽象德性态度不会有工作生存效应。社会、单位和个人若只重视这样“好的工作态度”，那工作世界就会在缺失技艺和创造力的支撑中而慢慢地停滞和衰退。

加快转变经济发展方式要以提升工作创造力为支撑。转变经济发展方式就是要由片面重视 GDP 总量和片面依靠耗费资源的客体性发展方式转向依靠大众工作者创造力的主体性发展方式。工作创造力是工作生存的根本支撑，社会、单位、个人除了重视工作共同体关系以及工作态度和工作精神文化的建构，更要重视工作技艺、工作创造力的提升，要改变因为重视社会生产力发展而忽视工作者主体能力建设的倾向，以避免出现“社会生产力发展而个人生产力贫乏”的状况。

3. 共同体优先律。技艺是第一工作力，是工作世界的根本支撑，决定工作关系、工作精神状态。工作共同体关系是工作世界的基础。工作创世、立世或工作生存要做好两个根本的事情，一个是提高和展现自己的技艺，二是造化和融入共同体关系。共同创造、共同占有和享受“生产力总和”或社会财富的工作共同体才具有工作生存意义，创造、主体间性的自由、审美、快乐、富有、享受、公平、正义、尊严、人性化等工作生存意义都如此而生，并与之一起构成工作生存的总体意义。人依靠工作生存，工作生存的本质是工作共同体。社会、单位和个人都要重视工作关系特别是占有、分配和交往关系的改进，要改变因为重视社会生产关系变革而忽视工作者主体工作关系优化的倾向。“以人为本”要以人的工作生存为本，以构建工作共同体为本，工作生存或工作共同体是人的存在之基、利益之本、价值意义之源。

实施“就业优先战略”要以工作生存意义优先为应有之义。可以说，从“以人为本”到把就业视为发展首要原则的“就业优先”战略，这是科学发展观人本思想的合乎逻辑的递进过程。但是实施就业优先战略必须抓住就业优先的根本所在。工作生存的意义不只是就业、绩效、成果，更是自由、审美、尊严、快乐等工作生存总体性意义。在一个充斥着各种压力、冲突、危机、贫富不均以及失业与待业的工作世界，在一个存在着资本利润化、权力中心化和技术控制化倾向的工作世界，追寻、建构工作生存的总体意义就显得尤为必要。如此，实施就业优先战略，不只是就业岗位、数量的优先，更是工作生存意义的优先，要把工作生存意义优先作为就业优先战略的应有之义。工作就业是最根本的民生，是社会之基，是人的存在之本。如此，社会、政府、单位和个人，都要把构建共创、共享、共有的工作共同体世界作为首要原则和核心价值取向。

4. 改变律。“改变”已经成为一个流行世界的文化词语。面对一个问题世界，面对工作长期没有起色的状况，面对无法再用已有技能和经验解决问题的困境，唯一的选择就是改变。谁改变得快，谁率先改变，谁就会提前进入未来！个人或许改变不了世界，但至少可以改变自己，而一旦每个自己都改变了，世界也就改变了。

5. 做事律。人的素质、能力、水平是怎么来的？是做事做出来的，多做一件事就多一块水平，少做一件事就少一块水平。一些人不愿意做事，遇事的第一反应就是如何逃避或推给别人，这样的人很难有出息。在工作中为人，是做人的水平；在为人中工作，是做事的水平。要讲究这两个水平，这是最高境界的“讲究”。要把做事当成是展示自己才能、亲和他人、向他人学习的机会，而不是当成负担，有了这种思维就一定会有所成就。做事是永恒的机遇，做难事、做别人不愿做的事是大机遇。

6. 问题承担与机会律。要把承担问题、解决问题当成自我发展和提升的机会。一有问题了，就把自己摆出去，把别人摆进来；一有利益和好处了，就把自己摆进来，再把别人摆出去。这种自以为聪明的思维不适用于工作世界，结果只能是聪明反被聪明误。这样摆来摆去，就什么都摆不平。把问题特别是“根本”问题都摆给别人，自己就会因为丧失改变自己的机会和改变的力量而丧失自己。一些个人工作者总是抱怨没有机会，其实机会到处都有，真的到处都有。最常见的机会就是工作中的各种问题，谁善于思考、发现和解决问题，谁就把握了机会，就展现了自己。而只要留心观察、善于思考、勤奋做事，就总是能找到和把握问题和机会的。特别是当下的工作世界现状，更是普遍存在着问题机会。

7. 潜能涌现律。设定工作目标不要追求 100% 的清晰度和正确率，通常情况下目标有 60% 清晰度和正确率就可以做了。目标是在做的过程中不断修正、完善和趋向真理的。在做的过程中，自我的潜能、环境的潜能会不断涌现，一开始看上去不具备的条件、不清晰的物象和意识都会慢慢涌现出来。这是工作哲学的“潜能涌现原理”。如果等什么都想得十分清楚明白了再做，那可能将一事无成，至少会错过很多机会。

8. 累积创新律。在一个似乎显得有些浮躁的时代和社会里，这种思维和行动方式被许多急功近利的人所遗弃，也正是如此，愈发显出其价值意义。一个民族、一个社会乃至个人，要真正有所成就，必须有这种思维和行动。“合抱之木，生于毫末”，累积创新思维和行动的精髓就在于累积“毫末”的精神。这似乎很愚蠢、很笨，却是人生和社会发展的大智慧，有了这种精神就一定会有所成就。而急功近利和浮躁有时可以取得一时的功效，但没有持续性。比如一些地方政府靠房地产拉动经济的思维和行动，又省力又快捷，不用费力累积技术、人才等要素，可房子和地都卖完了怎么办？！资源都耗尽了怎么办？！再如一些企业只愿意引进技术或买设备，不重视人才累积和技术创新。可是买的技术总是人家淘汰的或落后的技术，只有一时的效用，这就导致长期的产能落后和技术的低级化。可以说，现在的工作世界，最需要的就是踏踏实实的累积创新精神和行动。

9. 和谐与冲突并进律。要学会和谐也要学会冲突，单向的和谐思维或冲突思维都不适用工作世界。可以说，这一思维对于改变当下和谐文化有余冲突思维不足的单向度思维文化倾向有重要意义。面对冲突和面对和谐具有同样的存在感，要像面对和谐那样去面对冲突，去选择价值，取舍意义。和谐与冲突各有其价值向度。对一些人和事，要用和谐思维；对一些人和事，要用冲突思维。平衡是最好的存在状态，总体的和谐与适宜的冲突构成平衡。

10. 精神文化能量与驱动律。工作精神文化是一个看不见的世界，这个世界最日常、最普通、人人拥有，是我们每个人自己的存在与财富，是最能归我们每个人自己占有、支配和使用的资源，它具有深广而恒久的疆域，但却因为自己的无形而被一些喜欢有形的人们淡忘了，这种无形的力量可以摧毁有形的力量，这种潜能的力量可以替换现存的实力，而现存的实力却会因为丧失这种力量而慢慢地衰退、没落和消亡。

意识哲学的意识生存论越来越融入工作世界成为活灵活现的工作文化，它在很大程度上遮蔽和消解了大众工作者的工作生存意义。如某台资企业发生员工连续跳楼自杀事件后，把员工自杀问题归结为心理脆弱、意志消沉以及厌恶工作的态度问题，只靠请心理咨询师进行心理干预，甚至靠请法师做法驱除妖魅来解决员工自杀问题，而不从提高工作能力、改善工作环境特别是工作关系等方面解决危机和冲突，这是意识生存论只从精神意识层面解决工人工作生存问题的范例。再如，职场上流传的“态度决定一切”的态度文化或“欲望决定一切”的欲望文化认为，只要有了好的态度和强烈的欲望，就会有好的工作结果，就会实现工作目标和人生价值。这些都是意识生存论与工作世界相融而生的工作精神文化，都会导致忽视大众工作者的工作能力特别是工作创造力的提升和工作关系特别是工作共同体关系的改善与建构。如此，要注重建设马克思主义的工作生存论和工作精神文化，并以此矫正意识生存论及其工作文化。马克思主义哲学不仅要贴近生活世界，更要走向和融入工作世界发挥其大众化效应。要在思想政治教育和大学生就业教育中融入工作生存论的文化教育，进行工作就业和工作立业总体性教育，即对学生进行工作世界观、工作价值观和工作生存方法论的教育。

第五章：主体化人的超越性

主体化人学是对客体化人学的变革，主体化人是对客体化人的超越。经济化或物化的异化人、自然客体化人、道德客体化人以及生态客体化人是客体化人的主要形态或存在范式，亦是主体化人超越客体化人的主要指向。主体化人的超越性不仅体现在对形形色色客体化人的超越，还体现在对意识主体化人以及抽象的社会关系人、实践人和全面人的扬弃、深化与升华。主体化人是当代人特别是构建和谐社会、和谐世界关系中人的生存境界、价值理想和生命追求，造化共同创造、共同享受的生活、工作共同体世界，追求和谐共同体人生，已经成为当代先进的人学文化、人生追求和社会发展的核心价值取向。主体化人对客体化人和各种单面人的革命意义与经济社会的革命意义相比，更具有人性、人本的终极意义，更具有文化与文明的升华与前进意义，这是一场主体化的革命，是现实生活世界、工作世界的深层结构和本质的改变。

一、对“异化人”、“物化人”的否定与变革

主体化人是有生活世界总体存在的人，是有工作世界本质的人，他以“共同占有生产力总和”的和谐物质生产关系为社会基础，以主体化能力和主体化关系的互构关系特别是工作能力与工作关系的互构关系为生存结构和根本方式，是对现当代资本主义异化人的革命和变革，也是对物化人、经济化人、权力中心化人等普遍的客体化人现象的否定和超越。

（一）主体化人对现代资本主义异化人的否定

马克思在他的《1844年经济学哲学手稿》中，站在劳动、生产实践这个历史和现实的基点上，对现代资本主义的异化劳动或异化人进行了深入的解析。在马克思看来，劳动本来是人的本质，是人类特有的创造活动，但是在资本主义私有制条件下，劳动成为压迫工人，使工人成为非人的外在的统治力量。劳动本身的异化又使得人的本质、人与人之间的关系也发生了异化，工人和他们生产的产品之间的关系发生了异化，工人创造的价值越大，他们自身的价值就越小，物的世界的增值和人的世界的贬值相伴而生。“工人生产的财富越多，他的产品的力量和数量越大，他就越贫穷。工人创造的商品越多，他就越变成廉价的商品。物的世界的增值同人的世界的贬值成正比。”[①] 劳动产品成了不依赖于生产者的异己力量，劳动的实现以“工人失去现实性”为代价。“劳动对工人说来是外在的东西，也就是说，不属于他的本质的东西；因此，他在自己的劳动中不是肯定自己，而是否定自己……他的劳动不是自愿的劳动，而是被迫的强制劳动……外在的劳动，人在其中使自己外化的劳动，是一种自我牺牲、自我折磨的劳动……动物的东西成为人的东西，而人的东西成为动物的东西。”[②] 本来，劳动是人的“自由的生命表现”，是“生活的乐趣”[③]，是人的本性的表现，但在资本主义私有制条件下，劳动却成了损害劳动者的身体和心灵的强制性的差使，成了对人的折磨，劳动把人降低成为动物。异化劳动“从人那里夺去了他的类生活”，同时“把自我活动、自由活动贬低为手段，也就把人的类生活变成维持人的肉体生存的手段”，这样造成的后果就是“人的类本质……变成对人来说是异己的本质，变成了维持他的个人生存的手段。”[④] “人的本质

① 《马克思恩格斯全集》第42卷，人民出版社1979年版，第90页。

② 《马克思恩格斯全集》第42卷，人民出版社1979年版，第93—94页。

③ 《马克思恩格斯全集》第42卷，人民出版社1979年版，第38页。

④ 《马克思恩格斯全集》第1卷，人民出版社2009年版，第163页。

是人的真正的社会联系，所以人在积极实现自己本质的过程中创造、生产人的社会联系、社会本质。”① 但是资本主义异化劳动导致人同人关系的异化，“人同自己的劳动产品、自己的生命活动、自己的类本质相异化这一事实所造成的直接结果就是人同人相异化。当人同自身相对立的时候，他也同他人相对立。”② 人同人异化的关系，根本上是劳动者和雇主即工人和资本家的对立关系，是阶级对抗关系，其根源是资本家占有生产资料的占有制关系。如此，要建立共创、共享生产力总和与社会财富的新的社会制度和共同体关系，实现“总体的人”即主体化人对异化的客体化人的变革。但是，在马克思的时代，这种主体化人还主要是一种理论和奋斗的目标，而构建和谐社会和可持续发展时代，主体化人具有现实生活世界与工作世界的实有意蕴，同时也具有与当今新的生存环境和境遇中的物化人等客体化人相对峙、对抗的超越性内涵。

（二）主体化人是对当代资本主义异化人的变革

“西方马克思主义”分析和解蔽了当代资本主义异化人的新特点、新状态，并解析了其根源，提出一些有一定现实意义的乌托邦解决方案。

1. 当代资本主义异化人的新特点

（1）当代异化是人的物质和精神的双重异化或客体化，而精神异化和精神痛苦尤为凸显。马尔库塞认为，当代西方社会的确是一个“富裕社会”，不仅资本家过着奢侈的生活，而且社会各阶层的物质需求也能够得到基本满足，但是，这种状况并没有给西方人带来真正的幸福，相反，这种丰裕的物质生活与巨大的精神痛苦联在一起，“多余的压抑”表现在社会生活的各个方面，人与物的关系被完全颠倒，人甚至已沦为物（商品）的奴隶。他认为，在当代，由于人们把社会所强加的“虚假需求”当作自

① 《马克思恩格斯全集》第42卷，人民出版社1979年版，第24页。

② 《马克思恩格斯全集》第42卷，人民出版社，1979年版，第97—98页。

己的真正需求，拼命把追求外在的物质享受、占有更多的消费品当作自己生活的全部，这样，人成为商品的奴隶，因而感到精神更加痛苦。由于人被物化以及当代资本主义的“一体化”进程，人丧失了自己的个性，失去了自己真正的自我，成了一具只有躯壳、没有灵魂的行尸走肉，这也必然导致人的巨大的精神痛苦。这种精神痛苦，比物质匮乏、异化劳动所导致的肉体痛苦更深重和强烈。这种精神痛苦已“病入膏肓”，无法医治，这是当代资本主义社会与人的异化的一个本质特征。

（2）异化成了更加有效的控制手段。西方马克思主义认为，当代资本主义社会，传统的强制统治形式已退为次要，异化成为统治者主要的更加有效的控制手段。统治者利用、制造各种异化的形式特别是借助科学技术，对人的心理系统进行操纵和控制。这种控制通过两个途径进行：一是通过社会生产的自动化，使每个人都屈服于技术分工，社会中的每个个体都像零件一样被结合到社会这部大机器中，任何人都无法摆脱这种“零件”的命运。二是制造“虚假的需求”，并借助各种广告媒体、社会催眠术等手段，强迫人们去接受，把“社会的需求和政治的需要必须变为个人的本能的需要”[①]，而一旦人们接受了这种“虚假的需要”，人们也就“不自觉地和自觉地接受和屈从于制度的控制和操纵”。[②]

（3）当代异化是所有主体和主体总体存在的异化或客体化。西方马克思主义认为，在当代，异化已超出劳动生产领域，扩展到社会生活的方方面面，异化的受害者，不仅仅是无产阶级，还包括资本家、官僚、经理、职员以至普通居民。弗洛姆在《健全的社会》中认为当代资本主义社会的各阶层都饱受异化之苦。例如，工人仍然是受异化之苦最深重的阶层，他的人性被严重扭曲，创造性被完全窒息，在科学管理的幌子下，工人甚至被剥夺了自由思想和活动的权利，工人在现代社会的地位不过是一个被动的零件，一个“机器原子”；作为工人之对立面的资本家则成为金钱的化

① 马尔库塞等：《工业社会与新左派》，商务印书馆 1982 年版，第 5 页。

② 马尔库塞等：《工业社会与新左派》，商务印书馆 1982 年版，第 4 页。

身，“资本家作为人，他是除了金钱以外别的什么都没有的人”；“经理的作用也是一种异化”[1]，他们是“既无爱也无恨完全无人格”[2]的机器零件，“是这一非人格机器的组成部分，而不是同雇员进行个人接触的人”[3]。至于行政部门，从行政官吏到普通职员，“在今天的异化程度，甚至超过熟练的手工劳动者的异化程度”。

2. 当代资本主义异化的原因

“西方马克思主义”认为科学技术是异化之源。第一，科学技术的发达，提高了生产劳动中的机械化、自动化程度，从而也增强了工人劳动的“破碎化”，使工人服从于片面的劳动分工，这是劳动异化的重要原因。另一方面，科学技术的发展在提高劳动生产率的同时，也使工人更依附于生产过程，从而更失去自己的独立性、自主性。第二，科学技术创造了一个富裕的社会，人们的物质匮乏消失了，人的需要得到满足了，但与此同时人也失去了反抗的权利，失去了说“不”的理由，成了现存社会制度的驯服工具，导致“没有反对派”的异化政治。第三，科学技术被利用，并已成为制造“虚假需求”的重要工具。异化作为一种新的控制手段，是通过制造“虚假需求”而实现其对人的本能和需要的操纵的。而在此过程中，科技扮演了重要的角色。正是它提供了几乎是“无限”的生产能力，以满足人们的几乎是难填的“欲壑”。也正是借助各种新奇的技术手段（电视、声色广告等），才能使人在无意识中将虚假需要变为自己的需要。第四，科学技术又使得人的异化、人的不自由成为“合理”，即将异化“合理化”。哈贝马斯就说过：“在这个世界上，技术也使人的不自由变得非常合理，并证明技术使人不可能成为自主的，不可能决定自己的生活。”[4]萨特认为，人类生存所需要的物质资料缺乏，无法满足人们的需求，这种匮乏是产

---

① 弗洛姆：《健全的社会》，中国文联出版公司1988年版，第125页。

② 弗洛姆：《健全的社会》，中国文联出版公司1988年版，第126页。

③ 弗洛姆：《健全的社会》，中国文联出版公司1988年版，第111页。

④ J.Habermas,*Toward A Rational Society*.Boston:Beacon Press,1970,p80.

生各种异化的基础。“正是在人同人的、通过物的中介的，以及在人同物的、通过人的中介的具体而综合的关系中，我们能发现一切可能的异化的基础。”[①]“物质匮乏是过去和现在人们之间对抗的根源。”[②]萨特从人与物、人与人的关系两个方面，分析了物质匮乏是产生异化的根源。从人与物（自然界）的关系来看，人为了克服匮乏必须劳动或实践，这样，一方面，人通过劳动实践赋予物质存在以意义，使之适应人的需要，这是“外在性的内在化”。另一方面，物质存在也要求人完全适应它所指示和需要的处理方法，这是“内在性的外在化”。在这个双向过程中，人必然被染上物的惰性而失去自由的自发性，人类劳动也就成为惰性的，萨特称之为“实践—惰性”。从人与人的关系来看，也正是因为匮乏，一个人的存在本身就是对其他所有人的威胁，人的存在这一事实，对其他所有人来说便是一种“经常危险”，人对其他所有人来说都是“非人的人”即“他人即地狱”。萨特把物质匮乏作为异化原因，必然把人与人的关系主客体化，即每个人都只把自己当主体，把他人当成客体的工具或物，都为了争夺和消费这些匮乏的物质而成为物化的异化人。但是，萨特对人的存在与本质的理解，在意识主观性意义上，凸显了主体化人的存在意义，但却是一种自我中心或唯我论的“主体化”存在与本质，这种主体化必然导致人与人的冲突对抗，必然使得主体化失去主体间性关系本质，从而不能实现这种纯粹主观性。弗洛姆认为“生存两歧”的矛盾是异化的根源。在他看来，19世纪初人们倾向于把缺乏政治自由看作异化之源；19世纪中叶的社会主义者尤其是马克思主义者则强调经济因素特别是社会生产关系是异化的根源；一些人文主义者则把人们精神贫乏、道德低下视为异化之因；20世纪的弗洛伊德独辟蹊径，把异化的原因归结为社会对人的本能冲动甚至性冲动所进行的“多余的压制或压抑”。弗洛姆认为这些观点和研究都有一定的适用性和合理性，但又都存在偏颇之处，“这种只分析一方面而又

---

① 萨特：《辩证理性批判》，转引自徐崇温主编：《存在主义哲学》，中国社会科学出版社1986年版，第517页。

② 萨特：《生活、境遇——萨特言谈随笔集》，上海三联书店1990年版，第36页。

排除其他方面的解释是不可靠的，也是不足取的。”[①]弗洛姆认为异化的根源是人的“生存两歧”，“生存两歧”指的是人的生存所面临的深刻矛盾，其中生与死的矛盾是最基本的矛盾（即两歧），它引发了其他“两歧”，如无限发展潜能与有限的实现能力的两歧，一系列“两歧”使人总是“处在永恒的、不可避免的矛盾状况中”。[②]“两歧”根植于人的生存，无法消除，这就出现了异化。弗洛姆认为，异化最初是一种为反抗“生存两歧”的心理体验：“异化是一种体验，在这种体验中，个人感到自己是陌生的人，或者说，个人在这个体验中变得使自己疏远起来。他感觉不到自己就是他个人世界的中心，就是自己行动的创造者——他只觉得自己的行动及其结果成了他的主人，他只能服从甚至崇拜它们。”[③]弗洛姆的“生存两歧”实质就是人的生存中所遭遇的矛盾的两端，他把这两端即矛盾的两个方面都看作是异化的根源，而矛盾是众多的，这样，每个矛盾的两端或两个方面都是异化的根源，这样，他就用多重异化根源分析代替了、也是在一定程度上超越了一些其他探究者把异化根源归结为科学技术、物质匮乏、经济根源等单面原因的认知。即在他看来，人只能持有生存两歧的一端或矛盾的一端，如有物质就必然失落精神，有精神就必然缺乏物质，是这种不可克服的矛盾导致异化。这种分析的局限在于只看到矛盾双方的对立、对抗，没有看到矛盾统一性，特别是回避了异化的社会关系根源，是用一般的矛盾分析代替社会矛盾分析。

3. 主体化人对当代资本主义异化人的超越

“西方马克思主义”具有揭露、批判当代资本主义异化现象的合理性，但其脱离资本主义的经济结构，把异化原因归纳为科学技术进步、物质资料匮乏、一般的生存矛盾，这种舍本求末的做法导致他们没有为人们指出一条正确的消除异化的途径。他们试图改变异化现状的那些“大拒绝”的

① 弗洛姆：《健全的社会》，中国文联出版公司 1988 年版，第 274 页。

② 弗洛姆：《健全的社会》，中国文联出版公司 1988 年版，第 24 页。

③ 弗洛姆：《健全的社会》，中国文联出版公司 1988 年版，第 120 页。

行动以及“心理革命”的呐喊，都带有浓厚的不切实际的乌托邦色彩。

“西方马克思主义”在论述当代异化人现象时，往往把它与商品经济、工业社会甚至把它与科学技术、人的理性联系在一起，如此，一些人提出“社会主义异化论”，这显然混淆了社会主义同资本主义制度的本质区别。主体化人论所展现的主体化人是当代人特别是构建和谐社会关系中人的本质状态，异化人是人的非本质状态，是异化的资本主义社会的人的总体存在状态，是现象的人，而非本质的人。追求和谐、崇尚主体化是人的本质追求，只有对资本主义根本制度进行改造、批判和否定，才能实现主体化人的本质状态。这是人的自我否定和超越的现实的过程，即主体化人否定、超越异化人的过程，而最根本的是变革资本主义对抗的社会制度。主体化人以和谐社会关系特别是和谐物质生产关系为基础，超越了根本对抗的资本主义社会关系；主体化人以和谐技术关系为中介，扬弃了异化人的异化技术关系；主体化人以人与人共同发展、互为主体的“主体间性”为原则，超越了异化人的分裂和彼此客体化的对抗状态。

（三）主体化人是对当代普遍的物化人现象的超越

从总体上讲，异化根源于以私有制为基础的对抗性社会制度，是对抗性社会制度的特有现象。但是，任何对抗性社会的异化都不是绝对的或全覆盖的，如资本主义也有和谐的家庭共同体、企业生产共同体、人与人的交往共同体。同样，任何非对抗的社会的和谐共同体也不是绝对地全覆盖的，如社会主义社会也有“黑砖窑”、“黑煤窑”里的异化人现象，也有房奴、权奴等被物化或客体化的异化人现象。这里，为了避免误解或误读，把这种普遍存在的异化人和异化人现象称为“物化人”和“物化人现象”。在当今中国，这种物化人主要表现为经济化或GDP化的经济物化人、资本化的资本物化人、房地产化的房奴物化人、工具化或利润化的工具物化人以及权力中心化的权力物化人等形态。主体化人是总体的人，以生活世界为总体存在，以工作共同体为价值核心，是对这些形形色色物化人的否定、变革和超越。

主体化人是现实存在的人，特别是非对抗的社会制度和构建和谐社会关系背景中的现实存在的人，同时，也是一定物化、异化等客体化人存在境遇中理想的人。主体化人与客体化人二者有根本的区别，但又有相互的关联和通约。以客体化人为主体的对抗的社会制度下有主体化人存在的现象，以主体化人为主体的非对抗的社会制度下也有异化人现象和大量的客体化人存在的事实。每一个主体化人都或多或少地存在客体化人的因素，每一个客体化人也存在主体化人的因素。如此，主体化人对物化人等客体化人的超越，既指向他者也指向自我。

另外，主体化人又都有客体化的存在内涵或因素，要把主体化的客体化存在同客体化人的客体化区别开。“工业是一本打开了的人的本质力量的书”、“人通过自己创造的对象世界直观自身”。主体化人造化自己的生活世界和工作世界，经常要把自己对象化为客体的财富、成果、技术、人化自然或人化社会等存在，否则就失去了主体化世界的现实存在。但这种客体化是主体化人主动、能动、自由的造化，是归主体化人占有和享用的世界，这恰好是主体化人主体性或主体力量的展现。而客体化人的客体化，是客体主导和统治下的客体化，是丧失、消解甚至泯灭了主体性或人性的客体化。如此，主体化人对物化等客体化人的否定与超越，还具有保留这种积极的属于主体化人自己的“物化”、“经济化”等客体化意义的内涵或方式，而不是绝对地弃绝物质、经济、资本和权力等客体因素，但这些客体因素也只是主体化人存在总体中的必不可少的一些因素、因子而已，它们没有一个因素能成为或代表主体化人存在的总体框架和本质结构。

二、对“社会关系人”、“实践人”和“全面人”的升华

主体化人是对“社会关系人”的现实化升华。“人是社会关系的总和”只是一个适用于一切人的一般规定或抽象概念，不体现时代境遇。异化人

与自由人、资本家与工人、企业家与下岗职工、英雄与懦夫、天使与撒旦，都是社会关系的人，都是生理、心理与实践的人……而现实的人所追问的是人应当追求什么样的社会关系，做什么样的社会关系人。长期以来，人们对马克思关于人的本质的规定的认识，一直滞留在“社会关系总和”这一抽象的人的一般本质层面，而当代人就要认识当代人的本质，作为构建和谐社会关系中的人就要认识和谐社会中人的本质，即这种抽象本质只是为我们提供进一步认识每个时代境遇中人的本质的“钥匙”，而不提供房间，这种一般的规定如果不与当代的现实的社会关系相结合就毫无意义。而我们作为人，作为现实的人，最需要的就是进入人的房间。马克思不仅认识了人的一般本质，而且分析、解构了他那个时代的现实的社会关系，批判了异化人的非本质状态，展现了超越异化人的自由人、共同体人等主体化人的人生境界和理想，并把这一人生境界同对异化社会关系的批判和改造结合在一起，同建立新的社会关系、社会制度结合在一起。主体化人不是一般社会关系的总和，而是主体化社会关系的总和，是以工作共同体关系为基础和核心的当代人的社会关系和存在关系，这种主体化关系是当代人的生活世界总体关系和工作世界本质结构。如此，它实现了对抽象的或一般的没有具体时代和境遇规定性的一般社会关系人的现实化的升华。

主体化人又是对社会关系人的总体化升华。“人的本质不是单个人所固有的抽象物，在其现实性上，它是一切社会关系的总和”，可见，“社会关系人论”是马克思关于人的本质的理论，而非人的总体性规定。如此，“社会关系人”是本质的人，而非总体的人，他不能涵盖人的总体性，如人与自然的关系和一些日常的个人关系和存在，这就在很大程度上遗漏了人的存在总体性意义。主体化人是主体化的总体意义结构，他既是总体的人，涵盖了人的所有存在域，又是本质的人，其工作世界本质是实践本质的实体化、现实化和主体化。主体化人既拥有生活世界总体性存在的丰富意义和内涵，又抵达了工作世界的深度本质和结构。

主体化人是对“抽象实践人”的现实化升华。社会关系是实践的社会关系，实践是社会关系的实践。社会关系人与实践人是互相内涵、互相规定的。社会关系人同时就是实践人，实践人同时就是社会关系人，即社会关系人和实践人不是两个人而是一个人。主体化人是对“抽象社会关系人”的超越，同时也是对“抽象实践人”的超越。人不只是一般的社会实践人，更是现实的社会实践人；不只是一般的社会关系实践人，更是具体的社会关系实践人，在异化社会关系中是异化社会关系实践人，在和谐社会关系中是和谐社会关系实践人。共同体实践即主体化实践是实践的本质规定。只讲实践人，不讲共同体实践人，人就成为抽象的人，实践就成为抽象的实践。当下学界的实践人学从强调实践的物质性到强调实践的主体性，始终没有进到共同体实践即主体化实践这一实践的本质层面，始终滞留于实践的一般的抽象规定性上。而马克思的实践人学不只是一般的实践人学，更是探究具体时代和社会生存境遇中的现实实践人学，他的异化实践人和共同体实践人理论就最好地表明了这一点。以马克思实践人学为主导的主体化人学，其主体化人或共同体实践人范式是对“抽象实践人”的现实化的升华与超越。“抽象实践人论”，即抽象地谈论实践的社会本质、主客体统一本质以及生理、心理、自然本质这些实践的一般规定性。主体化人的实践是当代人特别是和谐社会关系中人的实践，是总体人的总体实践，是抽象实践的具体化、时代化，是一般的社会实践人的现实化升华，不仅是对“抽象实践人”的超越，也是对异化实践人、自然化实践人、生态化实践人等各种单面实践人的超越。

主体化人又是对实践人的总体化升华。“全部社会生活在本质上是实践的”，可见，“实践人论”是马克思关于人的本质的理论，而非人的总体性规定。如此，“实践人”是本质的人，而非总体的人，他不能涵盖人的总体性，如人的一些精神活动、梦和想象的世界、理论静观的世界等，这就在很大程度上遗漏了人的存在总体性意义。主体化人学是主体化人总体意义和本质结构的理论体系，主体化人既是总体的人，涵盖了人的所有存在域，又是本质的人，其工作世界本质是实践本质的实体化、现实化和主体化。主体化人既拥有生活世界总体性存在的丰富意义和内涵，又抵达了工作世界的深度本质和结构。

主体化人是对“全面人”的深化和升华。马克思把人的全面自由发展看作是共同体人的本真状态和最高生存境界，但这里的全面人并不是绝对的“全人”，而是一定时代境遇中的总体的人，即马克思的全面人论是总体人论，全面人是总体的人，而这种总体的人离开一定的时代关系和社会体系就毫无意义。全面发展的实质是主体化关系的全面发展。马克思、恩格斯认为，在资本主义社会，有产阶级和无产阶级同是人的自我异化，两个阶级的异化在形式上截然不同，有产阶级在异化中被满足、被巩固，变得空前强大起来，无产阶级在异化中则被毁灭、被推向非人的境地。这就必然导致无产阶级对资产阶级的阶级反抗，导致社会主义、共产主义革命，而社会主义、共产主义社会的实质是“共同体人”的社会，异化人的解放与异化社会的改造是同一过程，共同体人的生成与和谐社会的生成是同一过程。“共产主义是私有财产即人的自我异化的积极的扬弃，因而是通过人并且为了人而对人的本质的真正占有；因此，它是人向自身、向社会的(即人的)人的复归，这种复归是完全的、自觉的而且保存了以往发展的全部财富的。”[①] 马克思所讲的人的复归是指人从私有制条件下人的异化状态中摆脱出来，消除异化劳动带来的种种影响，使人获得全面自由的发展和彻底的解放，而这种全面自由和解放的实质就是消除异化和对抗，实现人的主体化关系的总体性。“任何一种解放都是把人的世界和人的关系还给人自己。”[②]“共产主义，作为完成了的自然主义，等于人道主义，而作为完成了的人道主义，等于自然主义。”[③] 全面发展就是人与自然、人与社会、人与人的主体化关系的全面发展。但是，马克思只是提出了人的全面发展的现实原则，他不可能也不愿意对我们这个时代人的全面发展做出现实化的规定。主体化人是当今时代的全面人，是现实生存境遇中的现实的全面人，是内涵了主体化总体性关系、生活世界意蕴和工作世界本质结构的全面人，如此，他是马克思全面人理想的现实化、时代化、实体化和

---

① 《马克思恩格斯全集》第 42 卷，人民出版社 1979 年版，第 120 页。

② 《马克思恩格斯全集》第 1 卷，人民出版社 1956 年版，第 443 页。

③ 《马克思恩格斯全集》第 42 卷，人民出版社 1979 年版，第 120 页。

主体化的深化和升华。

三、对“自然人”和“道德人”的扬弃

主体化人不同于自然人和道德人，它内涵了自然人的人化自然本质和道德人的人化道德本质，是人化自然关系、人化社会和道德关系的总体。自然人和道德人都是客体化人，前者是自然客体化人，后者是精神客体化人，第一章里主要对这两种人从西方人学文化的视角进行了考察，这里主要针对自然人和道德人在中国传统哲学文化中的理论形态，阐释主体化人对自然人和道德人这两种客体化人的超越性，这种超越同时也是对包括西方社会的整个古代客体化人文化的超越。这种超越是保留了自然人与道德人的积极因素的超越，所以，称之为扬弃。从某种意义上讲，中国的传统哲学文化是一种以伦理、政治为本位的道德人本主义。长期的封建小农经济结构根深蒂固地影响着中国传统哲学文化的思维模式和观念，始终未形成鲜明的对自然进行积极改造的主体化意识和对政治与社会进行积极批判与反思的主体化思维。

（一）主体化人是对“自然人”的扬弃

主体化人是对老庄哲学自然人范式的扬弃。老庄哲学人与自然的关系是无主体的天人合一关系。这种关系把人合于自然、归于自然，是自然的单向度发展。《庄子》的“混沌说”形象地表达了这一思想：“南海之帝为倏，北海之帝为忽，中央之帝为浑沌。倏与忽时相与遇于浑沌之地，浑沌待之甚善。倏与忽谋报浑沌之德，曰：‘人皆有七窍，以视听食息，此独无有，尝试凿之。’日凿一窍，七日而浑沌死。”(《应帝王》)人与自然是混沌不可分的，只可显摆自然，不可展现人的存在。《老子》的“人法地，地法天，天法道，道法自然”，《庄子》的“万物与我为一”都是这种“合一”的反映。这种关系用自然物质消解了主体和人性，是无我化

的关系。

老庄哲学“崇尚自然”，强调自然规律和人的自然属性，有片面的生态价值意义。它消解人的主体性、创造性、理性，把人降低到自然物种的层面，这样，人就不能理解自然，就不能与自然和谐相融，就会丧失自然属性，规律就失去了它的价值意义。“天人合一”理论是整个老庄哲学的基石，由于缺乏现实性，这种合一的实质是无我化和非理性化的神秘体验。正如德国社会学家马克斯·韦伯所说：“老子也认为，最高的得救是一种心灵状态，一种神秘的合一……从外部看，这种状态同一切神秘主义一样，并不是理性的，而仅仅以心理为前提：普遍的无宇宙论的仁爱心情，是这种神秘主义者处在无动于衷的忘我状态中的无对象的快意的典型的伴生现象。”①

老庄哲学的“天人合一”把人归于自然，强调人的自然本质，在人与社会的关系上，必然否定人的社会本质。它主张统治者无为，抑制人们的正常需求和欲望，让民众“绝圣弃智”，甚至主张取消法律制度和道德伦理，以此化解人与社会的矛盾。其一，人与社会政治、教育的关系。《老子》说：“不尚贤，使民不争；不贵难得之货，使民不为盗；不见可欲，使民心不乱。是以圣人之治：虚其心，实其腹，弱其志，强其骨，常使民无知无欲，使夫知者不敢为也。为无为，则无不治。”这些都远远地背离了当代社会尊重知识、重视教育、重视科技生产力、重视人民群众的创造性和物质文化需求以及不断提高党执政能力、一心一意为人民谋发展的思想，也不适应全球化时代和市场经济背景。这样做不但不能达到人与社会的和谐，而且会越来越落后，进而引起人与社会的对抗和冲突，甚至会造成动乱。其二，人与社会法制、道德的关系。《老子》说：“人多伎巧，奇物滋起。法令滋章，盗贼多有。故圣人云：我无为而民自化，我好静而民自正，我无事而民自富，我无欲而民自朴。”《庄子》则明确地把“仁义”和“是非”等看成是加在人的自然本性之上的一种枷锁和酷刑。这与和谐社会重

① 马克斯·韦伯：《儒教与道教》，商务印书馆1995年版，第232页。

视法制和道德建设是格格不入的。韦伯把这种思想斥之为不切实际的“冥想”，“在道教里根本找不到一点‘市民伦理’，这当然是不言而喻的。”[①]随着社会的发展，约束人的行为的制度、规范也会越来越繁多和严密。而这恰好是人的社会本质的体现和拓展。当然老庄指出社会法制、道德规范中有压制人性的方面，对于改进和建立更为合理的社会制度和规范有一定的进步意义。其三，人与人的关系。把人的本质归于自然，否定人的社会性，必然导致否定人与人的互动关系。老庄哲学试图通过遏制人与人的交往、利益、竞争关系来避免动乱，达到一种没有创新发展的和谐状态。主体化人学重视人与人之间和谐关系特别是和谐物质关系的构建。“人的本质是社会关系的总和”，构建和谐社会关系的过程就是构建人与人的和谐物质关系、竞争关系、交往关系和精神文化关系的过程。人们的物质生产、物质利益关系的和谐是和谐社会人与人之间最基本的关系，它决定竞争、交往关系并与其互动发展。

老庄哲学鄙视人的物质利益关系，反对交往、竞争和创新，认为只有这样才能避免动乱，达到和谐安定，这就远远地背离了和谐社会对人的全面发展的终极关怀。其一，反对交往。《老子》说：“小邦寡民，使十百人之器毋用；使民重死而远徙，有车舟无所乘之，有甲兵无所陈之；使民复结绳而用之，甘其食，美其服，乐其俗，安其居，邻邦相望，鸡犬之声相闻，民至老死，不相往来。”其二，反对竞争和创新。《老子》说：“夫唯不争，故天下莫能与之争。”他把“不敢为天下先”奉为自己人生的一条根本准则，并把无欲和知足当作是最大的满足：“罪莫大于可欲，祸莫大于不知足，咎莫大于欲得，故知足常足矣。”《庄子》则把“争”斥之为“蜗角之争”，提出了“心斋”、“坐忘”的体道方法。“心斋”就是将心志凝聚为一，达到虚空的状态；“坐忘”就忘掉肢体的存在，摈弃才智物欲，与自然融为一体。主体化人生活在全球化的背景和境遇中，人的全面、和谐发展离不开消解矛盾，化解冲突的实力和能力。主体化人的产

① 马克斯·韦伯：《儒教与道教》，商务印书馆 1995 年版，第 483 页。

生、过程、结果都在竞争、交往与创新之中。人越是不争，就越落后，就越与先进的人生和社会相对抗，就越不能抵达和谐的境界。那种认为凭借老庄哲学的“不争”、“寡欲”就能缓解人与人的矛盾甚至社会矛盾进而抵达和谐境界的认识和言说，是很不现实的。“不争”、“知足”、“不敢为天下先”都是暂时的、相对的、有条件的。“唯不争”把不争绝对化了，不可能达到“天下莫能与之争”的境界。不争是争过程中的一种艺术，寡欲是多欲过程中的一种机巧，无为是有为过程中的一种智慧。老庄哲学的自然人范式不是当代人的总体的价值取向和人生境界，而是主体化人生的一种艺术、机巧和智慧，并具有片面的生态价值、个人修养价值。而这种人生技巧和价值只有同马克思主义的主体化人学文化融合一起，并同构建和谐社会的实践相链接才能发挥出来。

综上，主体化人与老庄哲学的自然客体化人都具有人与自然统一性关系的意蕴，但前者是人把自然化为主体存在，后者是自然把人化为客体存在；前者是以人为本的人与自然和谐发展的关系，后者是无主体的“天人合一”关系；前者显摆人的和谐社会关系本质，凸现人与社会的和谐互动、共同发展，是在化社会中化自然，在化自然中化社会，后者否定人的社会关系本质，反对社会的政治、法律、道德和文化关系建设，是与社会关系分裂的人与自然的关系；前者立足于竞争、交往的共同体关系，在消解冲突、化解矛盾中实现人与自然、人与人和社会的和谐、全面发展，后者抹杀人与人的交往、利益、竞争关系，试图达到一种没有创新发展的和谐状态。在传承传统文化并将其应用于人化世界的实践过程中，对老庄哲学的认识还存在误区，如认为老庄哲学的“天人合一”就是人与自然的和谐发展关系，老庄哲学的“无争”、“弃智”思想可以缓解社会矛盾，取消生存压力，实现人和社会的“和谐”。在和谐社会的构建过程中，还存在着回避矛盾冲突，以老庄哲学为精神依托和人生境界的实践倾向。老庄哲学在古代不是主流的国家哲学，但在处于自然经济关系的民众中根深蒂固；在构建和谐社会过程中不是社会主义的意识形态哲学，但在处于传统文化思维定势的民众中根深蒂固。用老庄哲学的“天人合一”诠释和谐社会人与自然的和谐关系，已成为一种普遍的意识现象，这是一个重大的误区。老庄哲学人与自然的关系是消解主体的“天人合一”关系。它与主体化人学的人与自然和谐发展关系有着根本的冲突：前者无主体、消解主体，后者以人为本，显摆主体及其创造性；前者的天人合一是把人归于自然，是一中无二，是自然化的单向度和谐，后者是“天人合一，一中有二”，是人与自然的双向度共同发展。对老庄哲学的认识误区和实践倾向在一定程度上遏制着和谐社会构建与主体化人的发展的进程。时下的“老庄热”又使老庄哲学似乎成了一种无所不能的哲学。构建和谐社会，追求主体化人生境界必须从这种过度的“老庄情结”中解脱出来。主体化人学认为，人与自然的关系是以人为本的和谐发展关系，人是这一关系的主体、建构者，人是化自然的化者，是创造人工自然的造物主，这种在实践中对自然的适应、创造与改变，即这种造化以自然的价值尺度和人的价值尺度为双重价值尺度，即按“美的规律建造”，是价值主体、价值客体都参与的互为、互动的和谐创造。主体化人是对单向度的自然客体化人的扬弃与超越。

（二）主体化人是对“道德人”的扬弃

主体化人是道德社会本质、自然本质和技术本质的统一，而在道德社会本质中，主体化的物质关系或工作世界是主体化人生存和发展的根基。儒家的道德人范式从总体上看是作为客观精神的道德本体，是道德客体化人。孟子虽然主张给百姓提供一块田地，但不是把这种主体化的物质关系当作目的，而是作为“制民之产”统治、奴役和压迫人民，即不是以主体化的物质关系为根本，而是把物质关系当成把人客体化的手段，是以政治统治和权力中心为根本。儒家的道德人范式把道德仁义、诚信作为人的根本，这与主体化人学以物质生产关系为根基、与以主体化的工作世界为核心价值有本质的区别。这里针对儒家道德人范式在当今中国的理论形式，阐明主体化人是对道德人的扬弃和超越。正像把老庄哲学的自然人当作当代和谐人一样，有学者把儒家的道德人当作是当代人的最高生存境界和价值取向，甚至认为“诚信是和谐社会之基”，认为有了诚信，就有了“社会主义市场经济”，就有了和“社会主义的经济、政治、文化和活力”，就有了“创造和成果”，就有了“安定有序”的社会和谐和“人与自然的和谐”，一切的一切都有了。这是典型的儒家道德本体论，与马克思的实践总体论背道而驰。

道德之基诚信与作为社会之基的物质关系和经济公平，虽然都有个“基”，但这两个“基”大不相同，可以说诚信是道德之基，但不是社会之基，前一个“基”以后一个“基”为“基”。

人的根本利益是公平的经济关系、和谐的物质关系以及由此而产生的公平和谐的政治、文化、道德关系。一些学者对经济基础这个观念十分淡漠，空洞地抽象地谈论道德诚信、公平正义，并自诩为这是对人的终极关怀。这有悖于马克思主义的基本常识，更有悖于人的实际生存状况。马克思主义认为经济基础是社会的根基，公平、公正的占有关系和分配关系是社会主义和谐社会的根基。宣扬和持有“诚信是社会之基”、“诚信是人的存在之基”的观点，如果不是缺乏马克思主义基本常识，误把儒家的观点当作构建和谐社会指导思想的话，就是公然宣传非马克思主义与马克思主义相对抗，就是置人的物质利益关系和工作就业本质于不顾。“人的本质是社会关系的总和”，其中物质关系是人的根本。主体化人的本质以和谐物质关系为根本，以共创、共享物质和精神财富的工作共同体为根本。那种离开现实物质关系和工作就业关系的“道德和谐人”或“公平正义人”只能是空中楼阁。诚信是人的道德追求，是一定社会物质关系的反映。人应该讲诚信、重诚信，否则就丧失了道德价值并因为丧失道德价值而丧失物质价值。但是，道德诚信的和谐根源于物质关系的和谐，不能以“诚信之本”代替和谐物质关系之本。主体化人学诉诸和谐物质关系和工作共同体根基的建构，主体化人是对儒家道德客体化人的扬弃和超越。

四、对“生态人”、“主体间性人”的承接与矫正

当代西方人学文化呈现出从异化人向和谐人、从人与世界的对立关系向人与世界的和谐关系转向的态势。“生态人”和“主体间性人”是当代西方人学文化的两个重要范式。其生态和谐理念和个人主体间性的共同体精神需要主体化人积极地承接和汲取，但其个人与个人之间主体化的狭隘性以及主体化的意识性需要予以矫正和升华。

（一）主体化人对生态人的承接与矫正

人与人的关系和人与自然的关系是互为中介的，良好的自然环境是人和谐发展的根基。主体化人一方面是对生态人生态精神和主体化存在的汲取和承接，另一方面是对生态人的客体化倾向的深度矫正与升华。

1.生态人思想的产生和发展

生态人论是生态中心主义所蕴涵的人学思想。19世纪中叶到20世纪30年代是生态人思想的萌发阶段。1962年著名海洋生物学家蕾切尔·卡逊出版了著作《寂静的春天》，她以历经四年的调查结果为依据，讲述了DDT和其他杀虫剂对生物、人、环境的危害。他认为控制自然这个词是一个妄自尊大的想象产物，是当生物学和哲学还处于低级幼稚阶段时的产物。1864年美国学者马什出版《人与自然》，开始反思技术、工业、人类活动对地理环境和自然的负面影响，尽管他的立场仍是人类中心和功利主义的，可是值得注意的是他认为人对地球管理不单纯是经济活动，还需要有伦理的态度。梭罗进一步批判西方传统反自然的偏见和资本主义的人生价值观，在他看来，自然是有机整体，是善、美、天堂和健康、价值的来源，其代表作是《瓦尔登湖》。继梭罗之后，有被称为美国“国家公园之父”的缪尔，1864年3月他进入加拿大荒野之中，在这一时期，缪尔被自然的神奇和优美感召，开始抨击人类自以为是的自我中心主义和践踏

破坏自然的无知，最终成了一个自然主义者，代表作有《夏日走过山间》和《我们的国家公园》。梭罗和缪尔思想的特点是带有尊崇原始自然和返璞归真的倾向，开启了自然伦理感情和意识的研究视域。德国思想家施韦泽提出了“敬畏生命”的伦理学，到50年代成为一套成熟的体系。他认为生命意志是普遍平等的，真正的哲学要从这个意识出发，我是生命意志之流中的生命；“道德就是对一切生物的无限广大的责任”；过去一切伦理学的根本缺陷在于认为伦理只处理人和人的关系；人类需要有道德意义的世界观和文明观。福格特和李奥帕德等提出了大地伦理和环境道德观、价值观。福格特1948年出版了《生存之路》，提出了一套人类生存哲学，含人口伦理思想。他指出：“我们——全体男女老幼必须重新调整我们与环境的关系”，“应该重写我们的哲学，使它脱离论争和观念的领域，而在大地上牢牢生根”[①]李奥帕德被称为“现代环境伦理学之父”、“先知”，其《沙郡年记》被称为“现代环境主义运动的一本新圣经”。李奥帕德首次提出了“大地伦理”，“大地伦理”实际上就是一种建立在生态科学基础之上的典型的整体论环境伦理。他首次在历史上明确界定了一种共同体界限，他说：“土地的伦理规范只是扩展了群集（Community，共同体）的界限，使其纳入土壤、水、植物和动物，我们可以将这些东西称为土地”[②]；“我们尚未有处理人和土地的关系，以及处理人和土地上动植物的关系的伦理规范”[③]；“我们也应该从伦理和美学的角度，来考虑每个问题”。[④]这些思想标志着人与自然环境进入了伦理学的视野。20世纪六、七十年代，生态人思想文化随着生态中心主义发展而在西方发展起来，80年代在世界获得公识，90年代初随着可持续发展理念进入我国。

① J．福格特：《生存之路》，商务印书馆1981年版，269页。

② A．李奥帕德：《沙郡年记》，三联书店1999年版，第262页。

③ A．李奥帕德：《沙郡年记》，三联书店1999年版，第261页。

④ A．李奥帕德：《沙郡年记》，三联书店1999年版，第285页。

2. 生态理论的生态人思想

（1）生态人就是可持续发展的人。1987年世界环境与发展委员会的报告《我们共同的未来》称："可持续发展是既满足当代人的需要，又不对后代人满足其需要的能力构成危害的发展"①，"从广义来说，可持续发展战略旨在促进人类之间以及人类与自然之间的和谐"。②报告说"我们已试图说明人类的生存和福利，是如何地有赖于把可持续发展提高到全球性伦理道德方面的成功"。③报告建议全世界教育应广泛传授"社会科学、自然科学和人文科学"知识，同时要求各国加强环境教育："环境教育应包括并贯穿于各级学校正式课程表中的其他科目的教学之中，以便加强学生对环境状况的责任感，并传授给他们有关控制、保护和改善环境的方法"。④1992年联合国环境与发展大会通过了《里约环境与发展宣言》、《21世纪议程》两个纲领性文件，确立了可持续发展的总方向，也标志全球环境问题决定下的全球伦理秩序的定向。这种全球伦理有三个公平性原则，即：世界范围内当代人之间的公平性、代际公平性、人类与自然界之间的公平性。1997年5月世界权威的科学杂志《自然》上发表了康斯坦热(R.Costanza)等的《世界生态服务的价值与自然资本》论文，产生广泛而重大的影响，作者们强调了公平性的环境伦理观。人与自然公平关系的原则已深入人心，成为一般经济伦理理论的基础之一，如德国彼得·科斯洛夫斯基说："与自然界交流中的公平也不是一个特殊的公平问题，而是一个一般的本体论上的公平概念的问题。依据柏拉图的观点，如果公正是与现实相结合，并贯穿于现实的，自然界也属于与现实相结合，并且是'正义'的公正范围，在人与自然界的关系中也要确定公平"。⑤

（2）人与自然有同等的内在价值。现代西方环境伦理思想，大致可

① 世界环境与发展委员会：《我们共同的未来》，吉林人民出版1997年版，第52页。

② 世界环境与发展委员会：《我们共同的未来》，吉林人民出版1997年版，第80页。

③ 世界环境与发展委员会：《我们共同的未来》，吉林人民出版1997年版，第404页。

④ 世界环境与发展委员会：《我们共同的未来》，吉林人民出版1997年版，第142页。

⑤ P. 科斯洛夫斯基：《伦理经济原理》，中国社会科学出版社1997年版，第253页。

分为肯定人类的价值高于自然的价值、部分承认自然的内在价值的现代“人类中心论”和充分肯定自然具有“内在价值”、强调人与自然价值平等的“非人类中心论”。后者包括“生物中心论”和“生态中心论”。法国哲学家阿尔伯特·施韦兹 (Albert Schweitzer) 是“生物中心论”伦理学的创始人，他认为，自然界每一个有生命的或者具有潜在生命的物体具有某种神圣的或内在价值，并且应当受到尊重。如同生物中心论的伦理学理论一样，生态中心论的伦理学也肯定自然的内在价值。但是，生物中心论的伦理学着眼于“个体主义”(individualistic)，生态中心论的伦理学是“整体主义”。它认为，整个生物圈是一个整体，包括物种、人类、大地和生态系统。现代西方“生态中心论”伦理学创始人莱昂波特认为，我们不应该把自然环境仅仅看作是供人类享用的资源，而应当把它看作是价值的中心。生物共同体具有最根本的价值，它应当指导我们的道德情感。我们必须把社会良知，从人扩大到生态系统和大地。美国人罗尔斯顿是对环境伦理进行纯粹哲学研究的代表人物之一，他把价值分析作为环境伦理学的突破点，否认事实与价值的绝对界限，创立了自然的内在价值理论。罗尔斯顿重视自然生态整体性和内部客观价值关系，主张原野有自存价值，批判人类中心论。

深生态学的创始人纳斯 1973 年在《浅层与深层，一个长序的生态运动》中，对“浅生态运动”和“深生态运动”作了区分：浅生态学运动反对污染和资源枯竭，中心目的是为了发达国家人民的健康和物质上的富裕；而深生态学运动的特点在于以互相关联的全方位思想，反对人在环境中的随意想象。深生态学认为：人物任何有机体都是生物圈网络中的一个点，没有万物之间的联系，有机体不能生存；在生物圈中，任何生命形式，生存与发展的权利平等；要鼓励生活、经济和文化的多样性，坚持多样性和共生原则，“生活并让他人生活”(Live and let live) 是比“要么你活，要么我活”(Either you or me) 更重要的强有力的生态学原则；反对等级的态度，以上原则适用于所有的物种、群落和包括发展中国家和发达国家在内的所有民族；反对污染和资源枯竭，浅生态运动没有考虑采取措施的社会意义，而深生态运动要担负起伦理责任；生态系统中的生物之间、生物与环境之间进行着复杂而有序的物质、信息和能量的交换，复杂而不混乱，构成动态平衡的有机统一体；要坚持区域自治和分散化原则，重视生态环境保护中的“区域自我管理”以及“物质和精神上的自我满足。深生态学肯定所有自然物、生物物种具有内在的、固有的价值，超越了人们以往把自然物、非人类的生命体仅仅看作是人类的“工具”或“资源”的狭隘认识。深生态学把人的自我利益与大自然中的所有物种、生命共同体、生态系统的利益紧紧联系在一起，把人类道德共同体的范围扩大到整个“生物圈”或“生态系统”，这是人类价值观、道德观上的一种变革和重要进步。

3. 主体化人是对生态人的承接与矫正

生态理论的生态人范式，有浓厚的主体化人意蕴。其一，从主体化人的总体性上看，生态人避免了以往只注重人与人、主体与主体的道德伦理关系，把以和谐关系为内蕴的人与人的道德伦理关系拓展到人与自然关系的领域，这就至少在伦理道德关系上进一步开拓了主体化的自然主体化关系视域，从而进一步拓展了主体化人的道德伦理关系的总体性意义。其二，生态人对生活和工作世界自然生态环境的关注、尊崇和追寻，也使其进一步注入了主体化人的生活世界总体性和工作世界意蕴，是对只顾人的物化、经济化而不顾人的生态主体化的破坏生态环境的技术人、经济人、物化人等存在范式的否定和超越。其三，生态人对自身内在价值的自觉和自信，也在肯定主体自身价值的意义上进一步拥有了主体化人的存在意蕴，这也是对完全把主体价值自然客体化的客体化人的超越。但是，生态人同时又具有客体化人的意蕴。其一，生态人肯定和尊崇自然的内在价值，并把它置于与人的内在价值完全平等的地位，这就把自然人化了，过度地以对待人的态度对待自然，从而在很大程度上否定、反对人对自然的开发利用和改造，这就在很大程度上消解和否定了人的主体性和主体化存在，从而陷入自然客体化人的消极被动适应自然的存在境地，这就至少在自然的利用和改造关系上丧失了主体性和主体化存在空间。其二，生态人的人类中心主义倾向虽然也强调人与自然和谐发展，重视生态环境建设，但是，把自然生态看作为人类经济发展和发财致富的手段，这必然造成人的物化、经济化和异化的结果，这是把人物化的客体化人存在倾向。其三，生态人注重生活环境和工作环境的优化和改善，但忽略了人的生活世界和工作世界结构的优化和改善，甚至对社会物质生产关系熟视无睹，这就使生态人存在、人的内在价值与自然的内在价值实现成为一个充满乌托邦色彩的梦想和构想。和谐的自然关系的实现以和谐的社会关系特别是物质生产关系为基础。

马克思指出："人靠自然界生活。这就是说，自然界是人为了不致死亡而必须与之不断交往的人的身体。所谓人的肉体生活和精神生活同自然界相联系，也就等于说自然界同自身相联系，因为人是自然界的一部分。"[①]"人直接地是自然存在物"。[②]人类这部分的生存与自然界其他部分发生的是"物质变换"，但它不同于纯粹自然物质转化过程而是通过劳动自觉发生的。[③]人与自然冲突与和谐从根本上说取决于社会，科学、技术等社会的产物，环境有什么样的破坏根本上决定于社会。解决人与环境的矛盾，既要正确运用科学技术，更要改造社会。生态人论把人看成是生态人，认为人和自然界具有同等的"内在价值"，这就贬低了人，把人降低到与动植物平行的层次，实质上是一种新的自然人理论，它比古代老庄哲学的进步性在于没有把人完全还原为自然物种，没有完全消解人性，而是给人一定的"内在价值"。这种脱离人的社会性，脱离对社会制度的革命和变革，脱离人的主体地位的非以人为本的生态人，是不可能与自然和谐发展的，因为人与自然的和谐是人不断地消解人与自然的冲突的过程，要靠一定的制度和体制去实现，要靠人的创造性、能动性去实现，否则，人与自然的生态和谐都是幻想。深生态学虽触及生态的社会体制问题，但没有触及西方根本的社会制度。主体化人是以共同占有生产力总和的和谐社会物质关系为基础，是技术关系、自然关系、社会关系的和谐共同体，它既内涵了

① 《马克思恩格斯全集》第42卷，人民出版社1979年版，第95页。

② 《马克思恩格斯全集》第42卷，人民出版社1979年版，第167页。

③ 《马克思恩格斯全集》第42卷，人民出版社1979年版，第56—57页。

自然生态人的意义，又是对单向度的自然生态人的超越与扬弃。

生态人学的生态人范式既不是纯的客体化人，也不是单纯的主体化人，他是这两种人的机械地叠加，他一半是客体化人，一半是主体化人。主体化人对生态人的矫正和升华主要是三个方面。其一，主体化人是人的自然关系和社会关系的总体，是在自然关系中实现社会关系，在社会关系中建构自然关系，避免了生态人不顾社会关系改造就想优化人的自然关系的过于单面的存在倾向，即主体化人是全面的总体的主体化关系的总和，且这些关系是一个有机整体。其二，主体化人抵达了人的生活世界总体性和工作世界结构本质，是以工作共同体为核心价值取向和伦理道德原则，优于生态人的无工作世界本质和结构的抽象的生态共同体存在。其三，主体化人按美的规律建造，既遵循了自然和人两个尺度，又利用、改造自然，如此实现人与自然的和谐发展，这就超越了生态人只顾人与自然平等不顾人的主体创造性和改造自然的消解主体化的不足倾向。人是“自然存在物”和“社会存在物”的统一，正如马克思在《巴黎手稿》中所说的那样：“人不仅是自然存在物，而且是人的自然存在物。”“只有在社会中，人的自然存在对他来说才是它的人的存在，而自然界对他来说才成为人。”作为自然存在物的人依赖于自然选择的生物性进化而生存在自然共同体中，同时也依赖于社会选择的文化进化而生存在社会共同体中。人除了作为自然共同体的一员外，更重要的是依靠文化的进化和理性的不断完善，作为社会共同体的一员而存在。主体化共同体不仅是个人与社会的结合域，也是自然共同体与社会共同体的结合域。其四，主体化人是对人类中心主义的生态人的否定和弃绝。人类中心主义的生态人，虽然强调人与自然的和谐，但视自然为人的目的手段，必然导致对自然过度开发和破坏，从而使自己沉沦为物化的客体化人。主体化人强调化自然和世界为主体存在，这种化解和造化的过程是一个人和自然双赢的过程，是人与自然和谐发展的过程。因为自然并不都是完美完善的，只有通过人的主体化的造化，即按美的规律创造，才能成为一个有内在价值的世界，才能获得人的主体化的美善的价值。

（二）主体化人对“主体间性人”的承接与升华

生态人追求人的自然生态本性，消解人的人性和社会性，这一局限被主体间性人所弥补。主体间性人彰显人的主体性和共同体和谐性，消解自然客体的意义，与生态人形成了一个逻辑上的互动体系。现象学的“主体间性人论”对当代哲学和人文化产生了广泛的影响，如第三章所论，许茨的工作世界现象学在意识哲学的意义上蕴含了主体化人的生活世界总体性、工作世界本质和主体间性结构以及意识的意向性意义。主体间性人论一方面是主体化人学的一个佐证和思想来源，一方面需要用主体化人学予以矫正和升华，而主体化人是对主体间性人的承接、矫正与升华。

1.许茨的主体间性人学思想

许茨的主体间性理论是其生活世界哲学的基础、核心和精髓，主体间性人是其人学思想的核心范式，它的基本精神就是强调人与人的和谐关系和共同发展原则，这就表明了主体化关系的本质是主体间性关系。“主体间性”的基本内涵是指在交往过程中所实现的人与人之间的统一性的关系，它是正常的生活世界、日常世界的正常运作、不断进行再生产的前提和基础。许茨对主体间性本性的分析，包含以下主体间性人学思想。（1）主体间性人的总体性存在即是生活世界，或者说生活世界是主体共享的实际存在，其基本结构是主体间性的伙伴关系。（2）工作世界是生活世界的基础和核心，是主体间性关系发生的策源地和实现的意义域。（3）主体间性关系是工作世界和生活世界意义的源泉，而主体间性的意识意向性是主体间性关系意义的源泉，生活世界、工作世界的意义最终是工作意识意向性的设计过程。这些主体间性人思想在工作世界意识化的层面上探究了主体化人的主体间性化关系。

2.主体化人是对主体间性人的承接、矫正与升华

首先，主体间性人主体间性关系主要是个体之间的日常交往、理解、沟通和互动的伙伴关系，而且是理想化的、成熟状态的认知主体之间的关

系，缺乏宏观社会的存在根基，因而带有一定的抽象性和形式化的色彩。主体化人的主体化关系立足于现实的物质生产关系或工作能力与工作关系相统一的工作世界的物质结构。离开社会关系以及对异化社会的批判和改造，主体间的和谐关系，人与社会、自然的和谐关系就不能从根本上实现，和谐人的生存境界就不可能成为现实。其次，主体间性人作为社会个体的主体将自己置于具体社会文化脉络之下，如此，主体间性的交往关系主要体现为主观意义的沟通和理解，具有明显的主观化倾向，他试图单纯凭借主观方面解决和实现主体间性的伙伴关系是不可能成功的。主体化人的主体化关系并不是纯粹主观的，而是人与人之间的关系与人与物的关系以及精神文化关系的总体。最后，主体间性人实质是主体间的意识、精神关系，它不关心客体的意义，认为客体本身没有意义，客体的意义是主体给予的。这就否定了人与客体特别是自然客体世界的主体化关系。主体化人是客体尺度与主体尺度的相互作用，是客体意义与主体意义的共为过程，是以人为本的人与自然的和谐共融、共生、共存。总之，主体化人承接了主体间性人的日常生活和工作世界的主体间性关系，并在持有客体意义的基础上承接主体间性人的意识意向性的构造意义，同时又对其上述局限性和缺失予以矫正和升华。

第六章　哲学、教育、历史文化、诗文化主体化问题

本章是主体化人学在哲学、教育、历史文化、诗文化主体化问题上的应用研究，同时也是主体化人学在哲学、教育、历史文化、诗文化主体化意义上的进一步探究和拓展。一将主体化人学应用于这些领域的主体化问题研究，就会发生和得到许多新的思维、观念和个性化的认知和理解，主体化人的丰富性、生动性、现实性也更加绵延、细致、具体地呈现出来。

哲学是世界观的理论体系，而世界是主体化的世界，是主体对自然、社会和主体的造化关系的总和，是生活世界总体存在。当下学界对哲学观的认知和研究过多强调哲学的世界对象意义，而忽略了其主体化意义。哲学是研究者、教育者、学习应用者等多重主体对现实生活世界总体和工作世界本质的共同自觉、认知、理解、建构和践行。如此，不仅要看到哲学对其对象世界的意义，更要关注哲学对研究者、教育学习和应用者等多重主体的意义，即哲学的主体化意义。哲学世界观是世界对象化意义和世界主体化意义的总体。哲学就是主体化世界关系或主体化生活世界总体意义的理论体系。哲学主体化或主体化哲学概念的提出是针对只有客观哲学理论知识和客观世界而无研究者主体和研究对象主体的客体化哲学研究方式和状态提出的，哲学主体化或主体化哲学的结构和进路是研究者、教育者、学习者、应用者主体化的四位一体化过程。研究者主体化有研究对象、内容的主体化和研究者自身的主体化，前者指要以主体为价值轴心，研究主体的存在与本质、主体的生活、工作世界；后者指要有研究者主体化的话语、概念、思想、素质和存在方式。即要有研究对象的主体我在和研究者自身的主体我在。这里的探究以马克思主义哲学中国化的主体化问题为例，

是研究者、教育者和学习应用者多重意义上的哲学主体化探究。

教育是主体化世界教育，是主体化生活世界总体意义的教育，其本质是工作世界总体性教育，是教育者为主导的教育者和受教育者主体对生活世界知识内容体系的共同认知、体验、感悟、叙说和建构，是教育者与受教育者共同的教育生活和教育工作。教育主体化或主体化教育概念的提出是针对以客观知识体系教育为价值轴心的无学生主体化存在和教师主体化存在的客体化教育方式和状态，以及无工作世界基础和核心价值取向的教育学研究倾向。教育主体化或主体化教育是教育者主体化和教育对象、教育内容主体化的总体，教育者主体化就是要有教育者的独特话语、思想、经验和存在；教育内容主体化就是要有生活世界特别是工作世界总体性教育；教育对象主体化就是要有学生的主体性或主体化行为、思维、理解和建构。教育主体化或主体化教育的目的是培养学生生活世界主体化能力，根本目的是培养学生工作世界主体化能力，从而戒除把学生工具化、经济化和物化以及单面化的专业化教育和职业化教育思想和教育倾向。主体化人是生活世界总体的人和工作世界本质的人，教育要有总体的文化教育和本质的文化教育。思想政治理论教育恰好是总体性教育，是总体人的教育，是全识教育，而不只是教育的一个专业和分支，它是教育主体化的总体教育方式，最能体现主体化人的生活世界总体意义和工作世界本质。思想政治教育是主体化世界教育，是生活世界总体意义的教育，其本质是工作世界总体性教育，是教育者为主导的教育者和受教育者主体对生活世界知识内容体系的共同认知、体验、感悟、叙说和建构，是教育者与受教育者共同的教育生活和教育工作。思想政治理论课本质是主体化教育，是教育者和受教育者、教育内容和教育对象多重意义上的主体化教育，它以思想政治基本理论教育为前提和基础，以生活世界总体性教育为实体内容，而主体化的工作世界文化教育是其核心价值。与其他课程相比，思想政治理论课是真正的全识教育、全人教育，是对总体的人的总体教育。思想政治教育和思想政治理论课的这种重要的教育地位、教育内容、核心价值取向和教育方式，恰好被思想政治教育研究者或思想政治理论课研究者忽略了。

人们往往把文化教育分为传统文化教育、西方文化教育和处于主导地位的马克思主义文化教育，这些都是思想理论文化教育，这就遗漏了现实世界总体文化和本质文化教育，这就失落了现实人文化的教育，而主体化教育是现实人的教育。工作世界文化教育是现实人文化教育，是主体化的现实文化总体和本质教育。这里，以笔者从事多年的思想政治理论课教育教学为例，探究教育主体化的工作世界总体性教育向度。

文化就是人化、文化世界就是人化世界，就是主体化世界，就是生活世界的总体，其本质是工作世界。文化世界的意义是文化创作者、表演者、教育者、学习者、欣赏者等多重主体的共同自觉、体验、理解、造化和建构。历史文化不只是对象化、客体化的历史文化，更是研究者、教育者、学习应用者以及欣赏者等多重主体的主体化历史文化，是主体化生活世界的意义，其本质是主体化工作世界的意义。如此，任何历史文化都不只是也不可能是纯粹的历史叙事，都更是现实主体的现实自觉和建构文化。历史文化主体化或主体化历史文化概念的提出，是针对历史文化研究和传播中只顾对文化进行历史叙事和原典解读以及经济搭台文化唱戏式的把历史文化客体化或经济物质化的状态。历史文化主体化或主体化历史文化是研究者、研究内容和文化应用者主体化的总和。研究者主体化就是要有研究者主体化的语言、思想、概念和存在诉求以及价值取向；研究内容主体化就是要揭示历史文化的主体存在意义、生活世界和工作世界意义及其精神结构；应用者主体化就是要展现和建构历史文化的经济与社会、自然与人、物质与精神的总体意义。这里以笔者所在地闽南区域历史文化中的开漳圣王文化研究为例，是研究者、研究内容和历史文化结构意义上的区域历史文化主体化探究。

针对缺失生活世界总体性特别是工作世界价值核心意蕴的文化诗学、存在诗学、主体诗学和当今学界的实践诗学等诗学范式，本研究提出主体化诗学或工作诗学的概念。主体化诗学是研究诗文化主体化或主体化诗文化的生活世界总体意义结构的理论体系，内涵诗文化世界观、价值观、生存论和建构方法论。主体化诗学是以工作世界为基础和核心的关于诗文化总体意义结构的理论体系，是走进工作世界的诗文化哲学，即工作世界诗文化哲学，简称工作诗学。本研究对主体化诗学或工作诗学的研究还属初级，对这个问题的系统化、总体化研究，还需要考察诗文化演进的历史逻辑，解析诗文化理论的经典形态特别是诗文化哲学形态，还需解析诗文化世界的意义结构，这还是一个笔者未来才能细化、系统化研究的课题。这里依据主体化人学揭示主体化诗学或工作诗学的概念意义，并以诗人处女座诗歌为范例，从诗歌视觉探究诗文化主体化的意义结构，进而以此为导向，解构诗歌主体化的一些更为具体、现实的生态，以具体化、现实化、实体化地佐证和预示主体化诗学研究的价值取向和意义指涉。这也是诗歌作者以诗歌读者、探究者的身份理解自己诗歌的意义，如此，这种诗歌的意义就是作者的创意、读者的读意、研究者的研意的意义共同体，就是同一个人或同一个作品的多重存在世界的意义共同体。

一、哲学主体化：马克思主义哲学中国化的主体化向度

马克思主义哲学主体化概念，特指马克思主义哲学研究者、教育者、学习者和应用者等主体的话语、思想、视觉、素质和存在方式在马克思主义哲学研究、教育、学习、应用中的反映。其理论基础是马克思哲学的主体性思想，思想借鉴是当代西方主体性哲学，研究契机是一些马克思主义哲学及其中国化研究在“主体化”理论上的缺场。马克思主义哲学主体化的结构或进路是由研究者、教育者、学习者和应用者主体化构成的总体化过程。探讨马克思主义哲学中国化语境中的主体化意义结构，探讨马克思主义哲学中国化语境中的主体化意义结构，对于推进和升华马克思主义哲学中国化，实现马克思主义哲学主体向“主体我在”的复归，以及激活马克思主义哲学主体性方法论，具有现实的针对性和理论与实践价值。

（一）马克思主义哲学主体化概念的生成理路

马克思主义哲学主体化是一个新概念，特指马克思主义哲学研究者、

教育者、学习者和应用者等主体的话语、思想、视觉、素质和存在方式在马克思主义哲学研究、教育、学习、应用中的反映。它不同于马克思主义哲学的“主体原则”。“主体原则”一是指研究对象维度的主体性，即马克思主义哲学要研究人、人的实践，要以人为本或以实践为本；二是指主客体关系的主体性，即主体对客体的反映、改造和价值关系。“主体原则”已有诸多论说，为了把它同“马克思主义哲学主体化”区别开，这里按以往的话语习惯称之为马克思主义哲学的主体原则。

1.马克思主义哲学主体化概念的理论基础

马克思主义哲学主体化概念的提出，源于和立足于马克思哲学的主体性思想。马克思在1845年《关于费尔巴哈的提纲》中指出：“从前的一切唯物主义（包括费尔巴哈的唯物主义）的主要缺点是：对对象、现实、感性，只是从客体的或者直观的形式去理解，而不是把它们当作感性的人的活动，当作实践去理解，不是从主体方面去理解。”[①]这句话一直被学界释义为研究对象维度的马克思哲学的主体原则，即马克思主义哲学要研究主体、重视主体，主体具有实践性、能动性等本质特征。其实不然，其内涵远不只这些。这《提纲》的第一句话表明，马克思不仅指出了哲学研究对象维度的主体性，而且强调了哲学研究者、思想者维度的主体性。“对现实、事物、感性的理解”即是研究者对研究对象的理解，其中也包括了“感性人”、“实践人”这一主体对象。在马克思看来，旧唯物主义者只是从客体的维度去“直观”对象世界，而实践唯物主义者在承认研究对象主体性、客观性的前提下，还重视从研究者主体、研究者实践的维度去“理解”对象世界，即赋予对象“主体化”意义。“哲学家们只是用不同的方式解释世界，问题在于改变世界。”[②]即哲学理论研究者或“实践唯物主义者”，要赋予哲学以研究者主体改变世界的意义，否则，只解释世界，哲学就是无主体性的“直观”或“自我意识”哲学。这《提纲》的最后一句与第一

① 《马克思恩格斯选集》第1卷，人民出版社1995年版，第54页。

② 《马克思恩格斯选集》第1卷，人民出版社1995年版，第57页。

句遥相呼应，再一次强调了作为研究者主体意义上的主体化。马克思还认为，人如果不在对象化中设定、表现自己就成为异化的人，就不是主体，“当现实的、有形体的、站在稳固的地球上呼吸着一切自然力的人通过自己的外化把自己现实的、对象性的本质力量设定为异己的对象时，这种设定并不是主体：它是对象性的本质力量的主体性，因而这些本质力量的活动也必须是对象性的活动。”[①]同理，研究者如果不在研究对象中设定、表现、融入自己的话语、存在和思想，就会成为“异化的研究者”，就不是研究者主体，就失去了主体性。总之，在马克思看来，哲学、理论研究要对象化（包括作为对象的人或主体、实践），要指向研究对象，同时也要主体化，指向研究者主体。而马克思在《提纲》之后的《德意志意识形态》中，则重点阐述了作为研究对象主体维度的“主体原则”，即“我们的出发点是从事实际活动的人”[②]，这就十分明确地指出了哲学、人文科学研究对象的主体性或主体原则。

总之，马克思通过借鉴和矫正唯心主义的主体原则，借鉴和矫正唯物主义的客体原则，表达了自己的主体性思想，它不仅是主体原则与客体原则统一，更是“主体原则”与“主体化”、“客体原则”与“客体化”的统一，或者说，它是研究者、应用者维度的主体化与研究对象、应用对象维度的主体原则以及研究、应用对象维度的客体原则的统一。简言之，它是主体化、主体原则、客体原则三者的统一。长期以来，学界只是笼统地谈论马克思主义的主体性原则，没有把研究者等哲学主体维度的主体性与哲学对象维度的主体性做一个区别，没有注意二者不同的价值意义。有些学者把马克思的“主体性”释义为马克思哲学以研究对象维度的人或实践为本，如国内学界的一些观点；还有些学者把马克思的主体性理解、曲解为马克思哲学以“主观性”或“主客体统一性”为本体或根本原则，如一些西方马克思主义者。可以说，国内外学者对马克思主义主体性的认识，

① 《马克思恩格斯全集》第42卷，人民出版社第1979年版，第167页。

② 《马克思恩格斯选集》第1卷，人民出版社1995年版，第73页。

都没有揭示和特别关照研究者等哲学主体维度的“主体化”意义。

2. 马克思主义哲学主体化概念的思想借鉴

卢卡奇等西方马克思主义者试图发扬马克思的主体性思想，但只是片面地承袭了马克思的研究对象维度的主体性思想。他们强调主体的本体地位，主客体相互作用的主观辩证法，反对自然辩证法和反映论。尽管他们对马克思主义哲学的释义和研究刻画着他们这些研究者维度的主体化图景，遗有研究者主体化的深痕。他们同样在理论上忽略了这种主体化的价值意义，没有提出“主体化”意义上的主体性概念和方法。他们只想用“主体性原则”消解“客体性原则”，只想用“研究者”之外的主体去消解客体、改变客体。马尔库塞的话表达了这个愿望，他认为艺术、思想观念、精神文化是“不能改变世界的，但它能用于改变大众的意识，而他们能够改变世界。”[①] 他似乎不太满意马克思“哲学改变世界”的哲学主体化思想，似乎是想把研究者维度的“哲学主体化”即哲学家用哲学思想“改变世界”，转换成研究对象维度的“哲学主体原则”即广大民众用哲学思想“改变世界”。他同其他西方马克思主义者一样，都没有注意到，主体对客体的消解与改变，首先是从作为思想者、研究者的主体开始的，即哲学、精神文化是不能改变世界的，但它可以改变世界的意义！研究者、思想者不能改变世界，但可以改变世界的意义！马克思所说的哲学或哲学家改变世界，也是指“改变世界的意义”。马尔库塞等西方马克思主义者忽略了这种改变、这种意义和意义的建构，忽略了哲学和马克思主义的这种主体化，忽略了包括他们自身在内的研究者、思想者的主体化意义的价值。而作为研究对象或理论对象的主体就能改变世界吗？在他们的那个时代和社会，他们似乎感觉到一种不可能性，于是最后诉诸“心理革命”或“理论批判”，他们自觉或不自觉地把研究者、思想者的“意义革命”经验提供给被研究者、被思想者。总之，西方马克思主义者只是强调了研究对象主体维度的

① 马尔库塞：《审美之维》，三联书店 1989 年版，第 32 页。

马克思主义哲学主体原则，没有提出研究者主体维度的马克思主义哲学主体化理论，但却为研究对象的主体以及后来的研究者主体提供了马克思主义哲学主体化的经验，并用自己的哲学生涯实际证明了思想者、研究者的价值，特别是其研究和建构世界意义，又把这种意义以哲学或“西方马克思主义”的形式给予那些作为他们研究对象主体的价值意义。

海德格尔把思想者、研究者称为“此在”，认为“对存在的领悟本身就是此在的存在的规定”，“此在在存在者层次上的与众不同之处在于：它在存在论层次上存在”。[①]即对存在对象的研究、理解就是研究者主体对存在的规定，亦即研究活动是研究者的主体化过程，研究中要有研究主体的“此在”或“我在”。“它在存在论层次上存在”即在哲学中存在，或者说哲学中有研究者的“主体我在”。“哲学所探讨的东西是与我们本身相关涉的，触动着我们的，而且是在我们的本质深处触动我们的”。[②]“哲学就是响应于存在者的存在”[③]这些思想都在强调，哲学要有研究者主体的存在，或者说哲学要反映哲学家研究者的存在方式。海德格尔看到了哲学主体化的缺席问题，看到了由此导致的哲学“无根”的问题，探讨了“在者”即研究者、思想者与“在（存在、对象世界）”的不同意义，即探讨了研究者主体与研究对象、“主体化”与“对象化”、“主体化”与“主体原则”的不同意义。但他只是在存在主义的意义上即把主体理解为“主观性”的意义上，明确了研究者主体和研究对象主体的不同，确立了研究者维度的哲学主体化的意义。

总之，西方马克思主义、存在主义等西方哲学强调哲学、思想、观念和理论的主体性，特别是海德格尔哲学还特别强调了研究者、思想者即“此在”维度的主体性，并把它与研究对象即“存在”做了重要区别，这些都是马克思主义哲学主体化概念的思想来源。但是，西方主体性哲学，或者是笼统地谈论主体性或主体的价值意义，围绕主客体的关系强调主体性，

① 海德格尔：《存在与时间》，三联书店 1999 年版，第 14 页。

② 孙周兴编：《海德格尔选集》上卷，三联书店 1996 年版，第 589 页。

③ 孙周兴编：《海德格尔选集》上卷，三联书店 1996 年版，第 601 页。

没有指出研究者维度的主体性与研究对象维度的主体性的不同意义，并且否定了客体的客观性或意义；或者是不仅把客体的意义看作完全是主体给予的，而且把理论思想看作完全是研究者、思想者的自我意识或共同意识，这些都需要予以马克思主义哲学的矫正。

3. 马克思主义哲学主体化概念的生成契机

当今中国学界关于马克思主义哲学主体原则的争论还在延续，这是围绕20世纪西方主体性文化运动中产生的概念和问题进行的本世纪的争论，它的本质特征一是实践原则，即强调马克思主义哲学来源于、服务于社会实践，即研究对象维度的主体性；二是强调主体对客体的能动作用，即主客体关系维度的主体性。而研究者维度的马克思主义哲学主体化问题一直不在“主体原则”问题争论的视域之内，也不在其他马克思主义理论问题的研究、争论的视域之内，这或许是因为西方马克思主义一开始就没把马克思主义主体化问题纳入马克思主义哲学主体原则问题的研究与争论范围；或许是马克思主义哲学中国化问题遮蔽了“主体化”问题，遮蔽了研究者主体注视研究者主体自身的视线。而这种状况恰好为提出、确立马克思主义哲学主体化概念提供了研究契机。

综上所述，马克思主义哲学主体化，以马克思哲学的主体性思想为基础，借鉴、矫正“西方马克思主义”的主体性哲学和当今盛行的“主体性”文化，是对“主体性”文化的一次新的建构。这种建构又是通过借鉴和矫正的双重运行来实现的，它主要表现为三个方面：第一，借鉴西方主体性哲学的主体原则，矫正其消解客体原则的缺陷，马克思主义哲学主体化是这两个原则的互动和统一；第二，借鉴西方主体性哲学诉诸哲学、理论主体化的思想，矫正其把主体主观化、意识化的缺陷，马克思主义哲学主体化是意识化与存在化、主观化与实践化的统一；第三，借鉴西方主体文化强调哲学家、理论家等思想者、研究者的主体化思想，矫正其割裂研究者（思想者）与教育者、学习者和实践应用者的一体化缺陷，马克思主义哲学主体化是这四个主体维度的主体化的统一。

（二）马克思主义哲学中国化研究的主体化理论缺席与出场

这里，把研究什么是马克思主义哲学中国化、马克思主义哲学为什么要中国化以及怎样中国化的理论称为马克思主义哲学中国化研究；把马克思主义哲学中国化的实际成果，如毛泽东哲学思想、邓小平哲学思想、“三个代表”重要思想以及科学发展观被称为马克思主义哲学中国化理论成果。马克思主义哲学主体化概念的理论基础、思想渊源和研究契机，为“主体化”理论的出场提供了必要和可能，而马克思主义哲学中国化研究中主体化及其理论的缺席，进一步强化了这种必要和可能，更为强烈地需要马克思主义哲学主体化理论的出场。

马克思主义哲学中国化研究中存在的主体化理论缺席现象集中表现为以下两个方面：一是只有“中国化”概念和理论形态，没有“主体化”概念和理论形态，而马克思主义哲学研究对“主体原则”的审视或确立，或者只是局限在研究对象维度的主体原则，或者只是笼统地谈论主体原则，没有把研究者主体和研究对象主体做重要的区分，没有把它同马克思主义哲学中国化中的主体化问题链接在一起。二是把马克思主义哲学中国化的内涵即马克思主义哲学与中国实际的结合，归结为与中国改革开放和经济体制转轨等一系列重大问题、经济体制转轨时期所面临的社会成员的价值观念转变和文化变迁问题相结合，归结为处理好马克思主义哲学与中国传统文化的关系、马克思主义哲学的中华民族化、中国本土化问题。[①] 这与20世纪末有学者关于马克思主义哲学中国化的观点基本是一致的，即马克思主义哲学要与中国实践、中国哲学和中国文化以及大众人生观和价值观相结合。[②] 这也与1938年毛泽东在中共六届六中全会所作的政治报告中阐述的马克思主义中国化思想基本契合，即中国共产党人要“学会把马克思列宁主义的理论应用于中国的具体的环境”，“按照中国的特点去应用

① 吴瑞敏：《当代语境中的马克思主义哲学中国化》，《光明日报》2006年8月17日。

② 崔新建：《马克思主义哲学的中国化与新世纪》，《理论前沿》1999年第17期。

它”，“使马克思主义在中国具体化”。[①]有一点不同就是毛泽东在强调“中国化”、“实际化”的同时还突出了“主体化”，强调主体的“创造性研究”、“创造性应用”，并主张对研究实际问题的写出创新文章的研究者，要多给稿费，认为能联系实际进行创新教育的教员，才算好教员。[②]当今学界的“结合论”能结合的都结合了，唯一缺失的就是研究者等主体维度的主体化的结合。民族化、社会实践化、本土化、改革化等，这些维度的结合都是哲学对象化的结合，而非哲学研究者、教育者、学习者、应用者等哲学主体的相融。可以说，“结合论”只讲“中国化”，不讲“主体化”，在一定程度上导致了马克思主义哲学研究的“过度中国化”倾向和主体化的缺场。

似乎可以没有马克思主义哲学主体化的概念和研究理论，但马克思主义哲学及其中国化不与主体相融、不主体化万万不可以！“主体化”在马克思主义哲学及其中国化过程中“缺席”万万不可以！“主体化”的缺席主要是马克思主义哲学中国化研究语境中的缺席，实际上它一直在场。我们在科研活动特别是科研项目申报、立项和研究过程中，也强调科研团队的重要性、研究主体的职称、学历、学位、研究能力、素质和水平的重要性，强调课题论证要论证到只有论证者自己能做别人不能做或不适合做的程度，——马克思主义哲学研究项目的申报和立项也是这种情况。这些都是科学理论研究、马克思主义哲学研究的主体化现象。一些马克思主义哲学中国化研究只重视时代化、民族化、本土化，忽略主体化，或许为了突出国家、民族、时代和社会，不想更多地提及研究者、教育者等主体化意义上的主体，或许是这些“中国化”研究者本身就缺乏“主体化”的“我思”和“我在”。而如果是后者，关于马克思主义哲学主体化的话题就确实没有什么可说的了。然而，马克思主义哲学中国化的研究者主体，更是马克思主义哲学中国化理论成果的创立者。尽管毛泽东、邓小平等人没有提出“马克思主义哲学主体化”概念，没有专门研究“主体化”的理论，

① 参见《毛泽东选集》第2卷，人民出版社1991年版，第534页。

② 参见《毛泽东文集》第2卷，人民出版社1993年版，第374。

但他们的中国化的马克思主义哲学，除了反映民族精神和时代精神，还体现出研究者主体独特的思想、话语、素质、才华以及革命家、改革家、思想家的自我存在方式，体现出强烈的“我思”、“我语”、“我用”和“我在”的主体化，张扬了研究者主体的“此在”、“我在”。“哲学要有我在”，“马克思主义要有我在”，“马克思主义中国化要有我在”，这种“我在”即是“主体化”意义上的“主体我在”。

马克思主义哲学中国化与主体化是统一的。依据马克思哲学的主体性方法，主体在“中国化”的同时，必然要赋予主体的意义即“主体化”，否则，就是“只从客体的方面去理解”，就只是“对象化”，就失去了主体性，就不能“中国化”，从这个意义上讲，“主体化”是“中国化”的应有之义。而“主体化”又是在对象化或客体化中进行的，不同于唯心主义纯粹的主观性，否则，就不能“主体化”，从这个意义上讲，“中国化”是“主体化”的必经之路。“中国化”和“主体化”互相规定、内涵，互为动力、进路，在马克思主义创新发展中并行出场。

（三）马克思主义哲学主体化的结构或进路

马克思主义哲学主体化概念的生成理路与理论的缺席状态和出场需求，展现了什么是马克思主义哲学主体化和主体化理论为什么要出场。这些都属于“是什么”和“为什么是”的问题，都是马克思主义哲学主体化的意义问题。那么，马克思主义哲学主体化是怎样构成的？又是循着什么样的路径出场？马克思主义哲学主体化是由研究者、教育者、学习者和应用者四维主体的主体化构成的总体，它的构成不是静态的，而是各个构成要素相互依托、相互推进、相互链接的动态的总体化运行过程，其出场路径亦是这四维主体主体化的展开。从这个意义上看，马克思主义哲学主体化的结构问题即是其运行路径问题，其路径问题即是其动态的结构问题，而无论是“结构”还是“进路”都是其意义的进一步伸延。马克思主义哲学主体化是在马克思主义哲学中国化过程和语境中行进的，是“中国化”

的主体化，因此，它又必然与“中国化”相链接。这个结构的核心范式或这条路径的主线，就是强调马克思主义哲学中国化要体现研究者、教育者、学习者和应用者等主体维度的主体“我思”、“我语”、“我用”和“我在”，这里称之为“主体我在”结构或进路。

第一，研究者主体化，即研究者要在马克思主义哲学及其中国化理论研究中体现出“主体我在”。其一，要有研究者主体“话语我在”。话语是解读、理解、创新马克思主义哲学的思维形式和交流形式。马克思主义哲学经典作家和杰出代表都通过理论中独特的词语、概念、语句、语气、修辞等话语展现出研究者主体强烈的“话语我在”。马克思主义哲学中国化理论成果的研究者、思想者虽然使用的都是汉语这一民族语言，但都有自己独特的概念、范畴等“话语我在”。如毛泽东哲学思想与邓小平哲学思想都有各自独特的概念、范畴等话语体系。这说明，马克思主义哲学中国化仅仅同民族语言结合是远远不够的，还要有研究者主体化的话语，特别是要有主体化的新概念、新范畴，而这种话语主体化恰恰是长期以来学界在马克思主义哲学及其中国化研究中严重缺失的，而这种话语我在的缺失又导致研究中创新思想的缺失。其二，要有研究者主体“思想我在”。话语主体化必然为思想主体化提供语言思维条件。新的概念、范畴必然引起新的判断推理、归纳演绎和分析综合，进而衍生主体的新观点、新材料、新方法。研究者主体独特的新思想，是从提出、论证和创造新概念、新范式开始的。笛卡尔的“我思故我在”命题把哲学研究者主体的我思、我在奉为“哲学的第一条原理”[①]其三，要有研究者主体“素质我在”。毛泽东的独特视觉和素质产生了毛泽东哲学思想，邓小平独特的视觉和素质产生了建设中国特色社会主义的哲学思想。有学者指出“共产党主体”素质对马克思主义中国化的重要价值意义。[②]有学者注意到一些哲学工作者素质较低、能力不足，只注重用哲学来注解、论证给定的对象，导致主体“我

① 笛卡尔：《谈谈方法》，商务印书馆2000年版，第27页。

② 参见王悦生：《在“结合”视野下的马克思主义中国化》，《哲学研究》2006年第2期。

思”和先进思维方式的缺乏，使哲学成为“无我”的哲学而被边缘化的现象。[1]其四，要有研究者主体“存在方式我在”。海德格尔认为“哲学就是响应于存在者的存在”，这实际上是承袭了马克思的思想。马克思指出：“人们是自己的观念、思想等的生产者，……意识在任何时候都只能是被意识到了的存在，而人们的存在就是他们的现实生活过程”；“表现在某一民族的政治、法律、道德、宗教、形而上学等的语言中的精神生产也是这样”。[2]马克思主义哲学的“生产”也是这样。马克思主义哲学思想体系，是研究对象维度的人民群众主体实践和存在方式的反映，同时也融进了研究者、思想者主体的存在方式。马克思主义哲学是时代精神、民族精神、本土精神，同时也是研究者主体的存在和生命精神。研究者的主体化即主体我在，是马克思主义哲学及其中国化理论成果的重要标志，也是判断一个哲学理论成果是不是创新成果的基本标准。

第二，教育者主体化。研究者主体化成果要通过教育者主体化才能大众化和社会化，只讲中国化不讲主体化，就忽略了教育者主体在马克思主义哲学中国化中的承传价值和创新意义，中国化的成果就不能对象化和持续化。马克思主义哲学及其中国化成果必须通过教育者的教育才能转化为人们的发展理念和精神动力，教育者的教育又必须体现出教育者的“主体我在”才能取得良好的教化效果。教育者的“主体我在”主要表现为教育者独特、独创的教育教学话语、方法、艺术和思想以及教育者的感染力，其中，用理论透析实际问题是“主体我思”的重要内容。一些哲学理论课的教育和教学之所以不受被教育者欢迎，重要原因之一就是缺乏教育者的主体“我思”、“我在”。必须改变教育中的照本宣科、话语陈旧、硬性灌输的教育主体缺场状态，改变的关键是教育内容的创新，教育者要把马克思主义哲学及其中国化理论的教育同现实问题特别是被教育者的实际相融合，同汲取和矫正西方文化思潮相链接，同承传和升华传统文化相契合，

① 参见韩庆祥：《当代中国马克思主义哲学研究的进展》，《哲学研究》2006 年第 5 期。

② 《马克思恩格斯选集》第 1 卷，人民出版社 1995 年版，第 72 页。

这就需要教育者有广博的哲学社会科学知识，不断进行思想观念上的探索、更新和创新，并不断改进和提高教育教学方法和艺术，这些方面也是教育者主体化的根本内涵。

第三，学习者主体化。逻辑地看，研究者主体化的成果指向教育者，教育者主体化的成果指向学习者，学习者主体化的成果指向自身。从这个意义上看，学习者主体化是前两个主体化的价值归宿。而研究者、教育者一开始也是学习者，也要经历学习者主体化。一些马克思主义哲学中国化研究，由于主体化理论的缺席，把学习者这一重要主体摆置在“中国化”理论研究的范围之外，在一定程度上导致了学习者主体化缺失。只讲中国化，不注重学习者主体化，就会使学习者主体感到马克思主义哲学只是世界、民族、国家、时代的大道理，没有主体自我的在场和关怀；只是一种固化、程式化的死记硬背的知识，无需主体的自我理解和创新。这样，学习者主体就不能把马克思主义哲学内化为主体自我的发展理念和存在精神。

学习者主体化强调赋予学习者主体合法的马克思主义哲学主体化的话语权、理解权、思想权和创新权，激励其将我思、我语、我在融入马克思主义哲学学习过程，将马克思主义哲学及其中国化理论的学习与主体的精神和存在相融。这种相融的方式主要有两种，一是改变死记硬背的应试型学习方式，重视对学习内容的体会、感悟、理解，即理解方式。释义学家加达默尔指出：“谁理解一个文本（或者甚至一条法律），谁就不仅使自己取得对某种意义的理解，而且——由于理解的努力——所完成的理解表现为一种新的精神自由的状态。”[①]“理解”既是学习者主体化的一种学习方法，更是其主体化的思维方式和存在方式。二是研究型学习方式。它比“理解”更全面、系统、完整，是理解的系统化。如果说理解方式更具有大众性、更适合普通学习者，那么，研究型学习则是专业研究者、教育者、领导型应用者的主要学习方式。

① 加达默尔：《真理与方法》上卷，上海译文出版社1992年版，第335页。

第四，应用者主体化，即应用者将“主体我在”融入马克思主义哲学的应用过程。这是研究者、教育者和学习者主体化的最后价值归宿。“哲学把无产阶级当作自己的物质武器，同样，无产阶级也把哲学当作自己的精神武器。”[①]马克思主义哲学不仅强调哲学应用，而且强调应用者主体化。毛泽东指出：“中国共产党人只有在他们善于应用马克思列宁主义的立场、观点和方法，善于应用列宁、斯大林关于中国革命的学说，进一步地从中国的历史实际和革命实际的认真研究中，在各方面作出合乎中国需要的理论性创造，才叫做理论和实际相联系。”[②]这里，既强调了“中国化”、“实际化”、“对象化”，又强调了“理论性创造”、“创造性运用”这一应用者主体维度的“主体化”。

应用者主体化可归结为两个方面。其一，理论应用者主体化，即理论应用者用马克思主义哲学基本观点和方法研究现实问题并取得哲学理论上的创新成果。其二，实践应用者主体化，即实践者用马克思主义及其中国化理论成果，指导主体实践和社会实践的过程。它可以归结为四个层面的主体化：一是国家、政党主体，要把马克思主义哲学具体化为国家、政党的指导思想、路线、方针、政策、发展战略；二是区域主体，要把马克思主义哲学内化为区域的发展战略、策略、规划、目标；三是个人主体，要把马克思主义哲学内化为个人存在发展的设计、思维方式、价值取向和精神理想；四是企事业等共同体主体，要把马克思主义哲学内化为共同体的发展计划、目标和文化。其中，共同体应用者主体化越来越重要，“共同体是个人与社会的结合域，个人的社会本质和社会的个人本质都直接展现在共同体中”。从这个意义上看，共同体应用者主体化是国家、政党等社会应用者主体化与个人应用者主体化的结合域，共同体主体是实践应用马克思主义的最为直接、最为普遍的主体域。总之，马克思主义哲学与时代、民族、中国实际相结合的同时，必须与应用者主体相结合，内化为应用者

① 《马克思恩格斯选集》第1卷，人民出版社1995年版，第15页。

② 《毛泽东选集》第3卷，人民出版社，1991年版，第820页。

的精神理念、存在和发展方式，否则，马克思主义哲学就会成为千篇一律的模式化教条，就不能指导中国实际、社会实践和个人发展，就不能实现“中国化”。

二、工作文化教育：高校思想政治理论课的文化教育向度

高校思想政治理论课越来越呈现出从理论教学模式向人本性教育模式转换的趋向，这种人本性的一个根本体现就是工作文化教育。高校思想政治理论课工作文化教育，是以马克思主义教育理论为基础，是对传统教育文化的承传和对现代西方教育理论的借鉴和扬弃，是文化教育的一个根本向度。其实施方式是设计基本理论教学和工作文化教育双重教学内容和水平，夯实基本理论教学基础，建构工作文化教育内容体系和经验知识。

德国哲学家雅斯贝尔斯认为：大学理想（念）要靠每一位学生和教师来实践，至于大学组织的各种形式则是次要的；如果这种为实现大学理想的活动被消解，那么单凭组织形式是不能挽救大学的生命的，而大学的生命全在于教师传授给学生新颖的符合自身境遇的思想来唤起他们的自我意识①。提升文化创造力、增强文化实力以及文化自觉和自信，都离不开思想文化教育。高校思想政治理论课文化教育的一个重要职责就是把思想政治基本理论或社会主义核心价值体系转换成大学生的就业、创业、立业等工作文化，对大学生进行工作文化教育。而当下学界对人本化教育的理解，尚游离于工作文化教育这一根本之外；一些对思想政治教育或思想政治理论课文化教育向度的研究，则局限于某些具体文化形式或文化问题的视域，尚缺少对工作文化教育这一根本性或总体性的研究视野；一些基于人本主义、建构主义、后现代视域的教学和课程改革观，则由于缺少与当今中国文化境遇的视域交融而有些不切实际。为此，就要从理论上扬弃那种无主

① 雅斯贝尔斯：《什么是教育》，邹进译，三联书店 1991 年版，第 139 页。

体、无根本的理论教学模式，选择和确立有现实文化境遇和文化本蕴的工作文化教育模式，从而以理论进一步支持和推进思想政治理论课教学改革的工作文化教育实践，并从理论的普遍性意义上，激发一些总体的教育改革观念与行动。

（一）高校思想政治理论课工作文化教育概念的提出

思想政治理论课工作文化教育，是一个教学改革实践和理论建构的双向探索过程，是一个艰难的选择过程，这艰难性应如哈佛大学前校长德里克·博克所说："改变一个课程体系比搬迁一座坟墓还要难"。如此，这"改变"、"改革"的依据问题就尤为重要。

1.高校思想政治理论课工作文化教育的实践趋向

2009年教育部颁发了《关于加强普通高等学校学生就业思想政治教育的通知》，从教育总体视觉确立了大学生"就业思想政治教育"的原则、任务和方式，使就业教育在就业思想政治教育的意义上，从单纯的职业生涯辅导课程教育拓展到专业教育、实践教育、创业活动教育等大学教育的各个方面。高校就业、创业思想政治教育越来越目标化、总体化、体系化。高校思想政治理论课教学改革也越来越呈现出从"理论教学模式"向人本性教育模式转换的实践趋向，这种人本性的根本体现就是就业、创业、立业等工作立业文化教育。这种教学改革或教育转向之所以能成为一种趋势或趋向，是由理论教学模式的失效性和工作文化教育模式的有效性决定的。

理论教学模式以传授、学习和掌握固定的理论为价值轴心，而不是以学生的生存发展特别是工作立业为根本。这就严重抑制了师生双方的独立思考和创造性，并由于远离现实特别是工作就业的实际而缺乏亲和力和对灵魂的穿透力。其教学改革往往不顾教学内容的创新，只是沉迷于教学方法的标新立异。教学效果最终取决于传授给学生的教学内容，一定的教学方法只有在一定的教学内容体系中才有意义，把一种教学内容体例下的教学方法生搬硬套到另一种教学内容体系下，就会造出方法与内容的"夹生饭”。如建构主义的情景式教学方法，本是立足于不确定的教学内容，设置动态的实际工作情景，这样才能求得新颖的体验并建构起新的经验和知识；而理论教学模式下的实践式或体验式教学，其实践、体验的目的主要是为了验证、图解固定的既成理论，且往往为了验证一个早已被验证过的通俗易懂的理论，跑到很远的固定景点去“实践”和“体验”，这就既不会获得新体验，也不会有新知识的建构。与理论教学模式不同，工作文化教育模式是以理论教学为基础和指导，建构起新颖的可操作的工作立业理念、思维和方法，对学生进行工作立业文化教育，并视工作文化教育为必备教学内容和最后价值归宿。这种模式与学生的工作立业生存紧密联系，使师生都有亲近感、主体感、在场感，能引发师生双方的教学兴趣和创造性思维能力，从而印象深刻，穿透灵魂，震撼生命，终生受益。工作文化教育模式不是否定理论教学，恰恰相反，是让理论教学通过工作文化教育更为有效地发挥作用，理论教学不仅是工作文化教育的基础，而且还要融入工作文化教育生成新的工作生存思想，通过工作文化教育重新获得灵魂教育的价值。

2.高校思想政治理论课工作文化教育的文化传统

中国传统教育特别是民间教育文化一直重视思想政治教育同工作立业文化教育的融合。从家庭教育看，最典型的是岳母刺字，“精忠报国”就是岳母对岳飞武功立业进行的爱国主义思想政治教育。从行会、行业师徒教育看，讲究行业规制和道德秩序等工作立业文化教育，如艺德、武德、医德、师德教育。孔子的私塾教育是儒家思想政治理论教育与“六艺”（礼、乐、射、御、书、数）立业教育的融合，这种融合构成工作技艺与工作精神文化的总体。“古之学者必有师，师者，所以传道授业解惑也。”传统教育理论强调把自然运行之道与社会、人生发展之道融入工作立业教育，而如此则必须解决实际问题即“解惑”。“人无信不立”、“己欲立而立人，己欲达尔达人”，“立”即立世、立业，即工作立世、立业，孔子的这一工作立业道德观、价值观和生存方法论的教育，堪称是儒家思想政治理论工作立业教育的范例。但是，古代工作立业文化教育总体上重视的是德性立业、德性工作文化教育，轻视以物质生产实践为基础的工作立业、工作实践文化教育，这从苏格拉底“美德即知识”和孔子“君子不器”教育可见一斑。

3. 高校思想政治理论课工作文化教育的理论基础

“教育会生产劳动能力”。[①]教育同生产劳动相结合是马克思主义教育理论的核心思想，这当然也适用于思想政治理论教育。生产劳动就是工作就业或立业活动，生产劳动教育就是工作文化教育。思想政治理论课的工作文化教育是工作思想政治和精神文化的教育，是灵魂教育。“思想政治工作说到底是做人的工作，必须坚持以人为本”[②]，科学发展观认为“就业是民生之本”，如此要实施“就业优先”战略。这就明确表达了思想政治教育特别是思想政治理论教育以人为本就是要以工作就业或工作立业教育为本。“学马列要精，要管用的”。[③]理论应用于实际是思想政治理论课教学的根本原则。根据以人为本的原则，理论联系实际就要以大学生的实际为本，而大学生实际是以工作立业为本，特别是在自主择业教育背景和就业难的窘境下，工作立业实际更具有大学生的人本意蕴。马克思主义哲学把生产劳动、实践看作人的本质，就是把工作立业看作人的本质。工作立业是生产劳动或实践的主体化，离开工作立业活动，人的生产劳动本质、实践本质、社会关系本质就无所依托，人的诚信、道德、价值、人性、个性、人格、尊严、奉献活动就都失去了实现的场所和根基。“理论只要说服人，就能掌握群众；而理论只要彻底，就能说服人。所谓彻底，就是抓住事物的根本。但是，人的根本就是人本身。”[④]思想政治理论教育要“抓住事物的根本”，这个根本就

---

① 《马克思恩格斯全集》第26卷，人民出版社1972年版，第210页。

② 胡锦涛：《全国宣传工作会议上的重要讲话》，《人民日报》2003年12月8日。

③ 《邓小平文选》第3卷，人民出版社1993年版，第382页。

④ 《马克思恩格斯选集》第1卷，人民出版社1995年版，第9页。

是大学生的工作立业实际，包括大学阶段的工作立业认知活动和未来的工作立业实践活动，这样，思想政治理论教育教学才“彻底”，才有“说服力”，才能“掌握群众”。

4. 高校思想政治理论课工作文化教育的思想借鉴

维果斯基等人的现代建构主义教育理论认为：知识不是被动接受的，无论对教师还是学生，教学的知识内容都应该是主动建构的；在教学活动中，教师要设置“情景”，让学生在与情景的交互作用中建构知识；“真实”的学习任务就是建构这些情景知识，而“真实”的情境就是工作情景。如此，真实的知识就是师生共同建构起来的关于工作立业的技能、思想观念或精神文化。马斯洛、罗杰斯等人的现代人本主义教育理论认为，教育的核心是发展人的个性、潜能、创造性，培养人的自我实现本质和意识，“大学的生命全在于教师传授给学生新颖的符合自身境遇的思想来唤起他们的自我意识。”如此，教学活动就是师生不断建构新颖适用的知识内容的过程。多尔等人的后现代教育理论认为，课程知识内容应该是开放的、动态的；课程既不是精确的，也不是预先设定的，课程应该采取一种“一般的、宽松的、多少带有不确定性的方式”。[①] 这种不确定的知识即是生存“境遇”知识。有效教学理论认为，教学效益不在于是否完成教学任务和教授多少知识内容，其最高效益在于是否促进学生的生存发展。上述教育理论的共同点是：在教育本质和目标上都强调以学生的生存发展教育为本；在教育内容上都主张以创造性、建构性、不确定性、动态性、境遇性的知识内容为核心；在教育教学方法上都诉诸对话、情景体验、小型叙事等互动方式。这些教育思想为思想政治理论课工作文化教育关于工作文化教育目标、教育内容创新和方式的确立，提供了借鉴和佐证。但其否定知识客观性、确定性、体系性、意识形态性以及生存教育的抽象性、平面化、娱乐化倾向，则必须予以弃绝。

① 多尔：《后现代课程观》，教育科学出版社 2000 年版，第 242 页。

（二）高校思想政治理论课工作文化教育的内涵

这里，立足于高校思想政治理论课教学改革趋向，以传统教育文化为渊源，以马克思主义教育理论为基础，借鉴现代西方教育思想，探讨高校思想政治理论课工作文化教育的概念、内涵和特性。

1. 高校思想政治理论课工作文化教育概念界定

工作是人们就业、创业、执业等立业活动的总体，包括工作认知活动和工作实践活动。或者说，立业就是工作立业，离开工作就业，立业就无从谈起。如此，这里，工作、就业、创业、立业在同等程度概念的意义上使用，它们互相规定和解释，并由于语言习惯的不同可以互相替换。工作文化教育是工作技能、工作关系和工作精神文化的全面教育，包括专业课教育、职业生涯辅导课的就业创业课程教育和在专业课与其他教育教学活动中的就业思想政治教育。“大学教学和科研的目标不仅仅是传播事实和技能，而且要造就全人。”[①]“全人”就是既有工作技能又有工作世界总体性本质、素质和价值的总体的人或全面发展的人，其培养要靠“整体性知识”教育。高校思想政治理论课就是这种“整体性知识”教育，就是培养总体的人即具有工作世界总体性本质的人。高校思想政治理论课工作文化教育就是教师在思想政治理论课教学过程中，以思想政治基本理论教学为基础，将基本理论教学与工作立业教育相融，对大学生进行工作世界观、价值观、生存方法论的工作世界总体性教育。它是基于教学内容的带有根本性和总体性的教学方式模式，教学方式是教学内容与教学方法的统一，是教育目标、教育本质、教育价值的集中体现，而教学内容统领教学方法、教学方式和整个教学过程并构成一种教育模式的根本内涵。如此，这里主要围绕教学内容展开对高校思想政治理论课工作文化教育内涵的探讨。

---

① Karl Jaspers. *The Idea of the University.London:* Peter Owen Ltd.1965. p21.

2. 高校思想政治理论课工作文化教育的基本内涵和特性

（1）高校思想政治理论课工作文化教育是一种教学方式模式。①它是教学内容体系模式，即是以基本理论教学为基础、以工作世界总体性教育为必备内容和价值归宿的双重教学内容体系。而在以理论为价值轴心的理论教学模式中，完成理论教学即视为完成教学内容和教学任务，理论联系实际或人本教育是一种可有可无的“良心活”，甚至沦为解释既成理论的工具或遮掩抽象与贫乏的点缀。工作文化教育模式强调教学内容对教学方法乃至整个教学过程的基础和统领作用，与无视教学内容创新、只重教学方法改革的形式化的教学方法模式相对峙。②它是将基本理论教学内容应用于工作立业教育的应用创新教学方法模式，即以基本理论教育为基础，把基本理论应用于大学生工作立业活动，生成新的工作立业理论或精神文化，再通过教学活动达到立业教育的目的。这一方法是工作文化教育最为根本的方法模式，也是理论联系实际这一根本教育方法在工作文化教育中的实现。其他诸如互动式、体验式、实践式、情景式等教学方法，都是由一定的教学内容衍生并为一定的教学内容服务，不具有根本性或总体性的教学方法模式意义。③它是既成内容体系与创新内容体系相结合、确定性内容体系与动态性内容相结合的模式。思想政治理论课的基本理论是较为确定、稳定的内容，工作文化教育内容作为工作世界观、价值观、生存方法论的体系也具有确定性和系统性，而一些工作立业的精神文化、一些境遇性经验和知识则具有不确定性，需要师生不断在境遇中建构。它不同于人本主义、建构主义和后现代的教育模式，后者过度强调教学内容的不确定性、情景性或境遇性，甚至有否定基本理论、独立的客观知识和理论体系的单面倾向。

（2）高校思想政治理论课工作文化教育是教学目标、教学本质和有效教学价值模式。教育方式是教育活动和过程的实体存在，是教育目标、本质、价值和效果的集中表现和实现方式。工作立业活动是大学生的本质存在和发展趋向，工作立业文化教育是本质教育，这就注定了教学的根本目标就是培养大学的工作实践本质、素质和能力，注定了要把思想政治理论课较为抽象的德、智、体全面发展教育目标同对大学生的工作德性、智慧、心理健康和精神文化的教育结合起来；注定了思想政治理论课教育的最高价值归宿是促进大学生在工作立业活动中生存发展，为党、为国、为己建功立业，从而实现思想政治理论课有效教学目的。这不同于离开工作立业本质教育抽象谈论个性教育、全人教育、生存教育的抽象人性化或人本化教育模式，也不同于离开工作立业生存基础片面强调日常生活教育的生活教育模式。

（3）高校思想政治理论课工作文化教育是根本性和总体性模式。教学内容总体化教学方式、目标、本质、价值和有效性以及整个教学过程。如此，作为教学方式特别是教学内容体系的工作文化教育，是思想政治理论课整个教学活动的根本或核心。而作为一种根本性的模式，同时又必然具有总体的意义，因为根本是对总体的根本，离开总体，根本就失去了依托，而总体是由根本联系或总体起来的。如此，工作文化教育模式又在根本的意义上获得了总体的意义，其总体性模式意义主要有三个方面。①工作文化教育内容总体性。思想政治理论课工作文化教育是工作世界观、价值观、生存方法论的工作世界总体性教育，这不同于高校专门设立的“大学生就业创业课程”具体层面的就业创业教育，也不同于就业思想政治教育所进行的一般世界观、价值观和方法论的教育。②宏观意识形态教育与微观主体生存教育的总体性。思想政治基本理论教育主要是国家、社会、历史等方面的宏观意识形态教育，工作文化教育主要是微观学生主体生存发展教育。这不同于去主体化的单纯的意识形态理论教育，也不同于去意识形态化的单存的个人生存教育。③教育过程总体性。工作文化教育内涵了教学目标、本质、价值、内容、方法、效果等全部教学活动和过程，是高校思想政治理论课教学内容与教学方法的双向改革以及如此引起的教学运行机制、教学观念的改革，这一点不同于有效教学理论和实践，后者强调影响教学效果的教师、环境、方法等因素，但忽略了教学内容特别是工作文化教育内容对教学有效性的根本性影响。

（三）高校思想政治理论课工作文化教育的实施方式

如前所述，高校思想政治理论课工作文化教育是基于教学内容的教学方式模式，如此，这里围绕教学内容对其实施方式展开探讨。

1.借鉴管理方格理论，设计理论教学和工作立业教育双重教学内容和水平

美国行为科学家布莱克等人关于领导效果和管理实践的管理方格理论，也适用于课程教学内容的设计、实施和管理。这里，参照管理方格理论，将思想政治理论课程内容实施方格图设计如下。

课程内容实施方格图

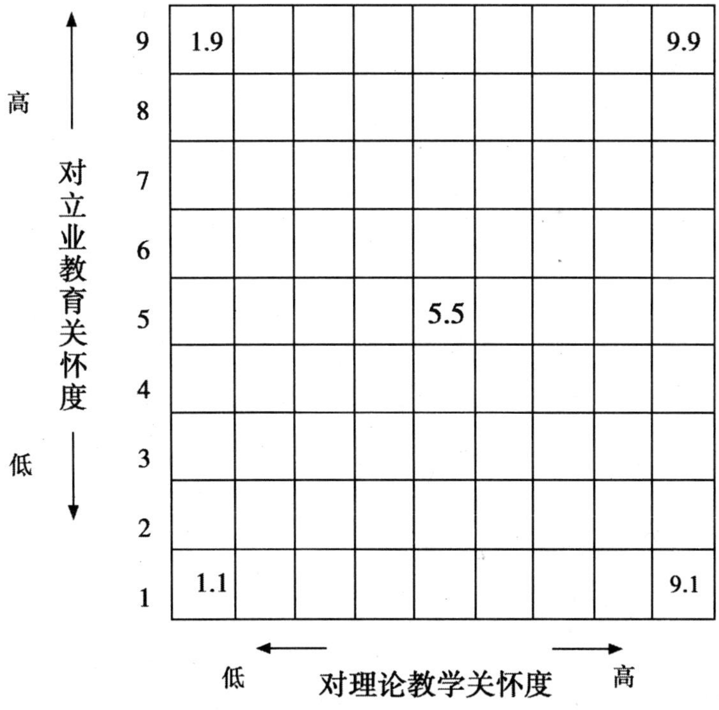

“1.1”方格表示对基本理论教学和工作立业教育都很少关心，是无效

教学；“9.1”方格表示重点放在基本理论教学上，而对工作立业教育很少关心，教师话语权力很大，强制性灌输，学生被动接受，不能有效发挥积极性和创造性；“1.9”方格表示重点放在满足学生的工作立业实际需要上，而对基本理论教学和教师主导性重视不够；“5.5”方格表示教师对工作立业教育的关心和对基本理论教学的关心保持中间状态，只求维持一般的教学效果与氛围；“9.9”方格表示对工作立业教育和基本理论教学都很关心，能使学生和教学最有效地结合起来。课程内容实施总体上应该尽量采用“9.9”方格的设计方式。当然，并不是每一节课都如此，有时可能重点是基本理论，那就是“9.1”方格，有时可能重点是工作立业教育，那就是“1.9”方格，有时可能比较中立，那就是“5.5”方格。这样设计可以使师生了解理论教学和立业文化教育水平的课程内容分布，从而自觉、积极主动地参与到不同水平的教学活动中，也可以强化这两种水平并重的教学意识。教学内容是教学目标、本质、价值以及整个教学活动和过程的集中反映和展现，如此，这一“教学内容实施方格图”，也是理论教学和工作立业教育双重教学目标、教学评价和教育终极价值取向的实施方式和水平。

2. 敬畏、热爱理论，夯实基本理论教学基础

（1）针对一些平面化、娱乐化、去意识形态化的消解思想政治基本理论的教学倾向，对大学生进行思想政治理论价值意义的教育。这一教育要渗透在整个课程教学过程，让学生懂得，思想政治理论既具有社会意识形态意义，又具有主体化的工作立业价值，使其感受到学习思想政治理论能使自己对世界、社会、人生有正确的认知，特别是能使自己获得工作立业的智慧、价值取向和生存方法论。

（2）讲好先进、前沿、适合大学生工作生存的基本理论。大学生的素质、能力、水平和创造性都是靠基本知识融合实践练就的。思想政治理论课离开基本理论教学就失去了教育基础和精神能量，理论应用或联系实际就无从谈起。要弃绝否定客观知识体系和确定性理论知识的后现代不良教育教

学倾向。大学和教师从来不存在讲授知识或理论过多的问题，只存在讲授的知识理论是否先进、前沿、新颖和适用的问题。只有没有思想的人才说“不要跟大学生讲思想”，其实大学生普遍喜欢有思想价值和实际应用的课程。

（3）有针对性地选择理论。思想政治理论课每门课程内容都极为丰富，不可能都面面俱到地教授给学生，尽量依据教学大纲选择有现实境遇感和工作立业应用价值的基本理论。

3. 与基本理论相衔接，建构工作文化教育内容体系和经验知识

（1）以思想政治理论课基本理论为指导，立足于工作立业实践，融合优秀传统文化和世界先进文化，建构思想政治理论课工作文化教育的内容体系，从而对学生进行确定性和系统性的工作世界文化教育，即工作世界观、工作世界价值观、工作生存方法论的工作立业总体性教育的内容体系，并应用于思想政治理论课工作文化教育。如对应一般实践观对大学生进行工作实践观的“做事思维”教育：“人的素质、能力、水平是怎么来的？是做事做出来的，多做一件事就多一块水平，少做一件事就少一块水平。一些人不愿意做事，遇事的第一反应就是如何逃避或推给别人，这样的人很难有出息……要把做事当成是展示自己才能、亲和他人、向他人学习的机会，而不是当成负担，有了这种思维就一定会有所成就。做事是永恒的机遇，做难事、做别人不愿做的事是大机遇。”这种教育话语通俗易懂，可以使学生获得应用化的新思想、新思维和新的价值取向。

（2）与思想政治理论课基本理论相衔接，结合教师自己的工作就业经验和对周围工作世界的阅历以及大学生的工作就业境遇，进行动态性的、不确定性的工作立业经验意识教育，并对工作立业的消极没落文化进行批判和矫正，这样，可以教给学生怎样应用理论，使学生积极参与、独立思考立业生存的现实问题，提高创造性思维能力。

三、历史文化主体化：开漳圣王文化与漳台精神共同体构建

学界对开漳圣王文化的研究，主要局限于历史文化学的历史叙事方式，尚未展现其总体意义、本蕴以及内在的精神结构。开漳圣王文化具有文化世界的总体性，其本质是工作共同体文化。工作共同体以精神共同体为内蕴和纽带。开漳圣王文化语境中的漳台精神共同体就是以开漳圣王文化为载体的漳台共同的精神确认与觉解、共同的精神信念、追求与精神创造，其核心是民生精神。漳台精神共同体是漳台文化共同体的深层结构。要从漳台同胞的生活、工作以及教育等多重领域构建漳台精神共同体，从而超越单纯的文化载体和文化交流活动的局限性。自 20 世纪 80 年代以来，大陆、台、港、澳学界对开漳圣王文化与漳台关系的研究日益深入，所取得的成果主要集中于开漳圣王文化与漳台关系的历史考察和现实确认。学界普遍认为，开漳圣王文化是富有漳州特色的血缘祖根文化，内容涵盖陈元光父子和所率将士及其后裔建漳治州的历史，也包含从唐到今闽粤台和东南亚地区民众对陈元光的纪念祭祀活动。这一概念界定还只是历史文化学的历史叙事方式，而非文化哲学的文化总体论表达。也有学者从开漳建州文化、寻根文化、信仰文化指出了开漳圣王文化的精神意蕴及其对漳台关系的精神纽带作用，但尚未探明这种精神意蕴或精神纽带的深层结构或总体格局。如此，立足于开漳圣王文化的历史确认和现实接续，探究开漳圣王文化的总体性和本蕴以及漳台精神共同体的内在结构与建构策略，就成为当下研究开漳圣王文化与漳台关系的一个新课题。而这种探究即是用文化哲学的方法研究地域文化的意义结构，是“地域文化哲学”研究。

（一）开漳圣王文化的总体性和本蕴

现实世界是一个日常生活世界，日常生活世界是一个常识世界，而“常识世界从一开始就是一个文化世界”①，现象学社会学家许茨的生活世界

① 阿尔弗雷德·许茨：《社会实在问题》，霍桂桓译，华夏出版社 2001 年版，第 388 页。

文化哲学道出了文化的生活世界总体意蕴，并确立了工作世界对于文化世界或生活世界的核心地位。卡西尔的人类文化哲学认为，人就是文化，人的本质就是创造文化的工作活动，“人的突出特征，人与众不同的标志，既不是他的形而上学本性也不是他的物理本性，而是人的劳作（work）。正是这种劳作，正是这种人类互动的体系，规定和划定了‘人性’的圆周，语言、神话、宗教、艺术、科学、历史，都是这个圆的组成部分和各个扇面。”[①] 马克思的实践文化哲学认为，“全部社会生活在本质上是实践的”[②]，实践就是人化自然、人化社会、人化世界的文化活动或文化世界。“物质生活的生产方式制约着整个社会生活、政治生活和精神生活的过程”。[③] 在文化世界中，生产活动或生产方式是一切文化现象、文化意义的源泉和根本动力，而生产活动或生产方式的主体化、现实化就是人们的工作活动或工作方式。如此，任何一种文化形态、文化形式，其本质不仅在于自身，更在于其与自然、社会和人的关系，更在于其生活世界总体性和工作世界本质。如此，我们对文化的认知和觉解要坚持文化哲学的文化总体性方法，把文化置于文化世界的总体性存在背景或境遇中进行考察、分析和确认，并解构其工作世界内蕴。

开漳圣王文化是经济与政治、技术与制度、物质文化与精神文化的总体，是人与人、自然和社会关系的总体。逻辑地看，开漳圣王文化首先应是经济文化，但历史地看，它首先是政治文化，即以陈政、陈元光父子评定“蛮獠啸乱”为起点。这似乎有悖于逻辑与历史相统一的逻辑，其实不然。平乱的政治是为了发展经济和创造安定、富庶、文明的生活，是为生活和工作创造稳定的政治条件，如此，平乱的政治逻辑上就有一个先在的经济存在或生活世界，而不是为平乱而平乱，这一点已为历史所确认。“在陈氏父子入闽前，远离中原政治经济中心的福建南部，仍处在封闭落后状态。地方割据势力此起彼伏，战乱频繁，社会秩序极为混乱，中央政权鞭长莫

① 恩斯特·卡西尔：《人论》，甘阳译，上海世纪出版社2003年版，第107页。

② 《马克思恩格斯选集》第1卷，人民出版社1995年版，第60页。

③ 《马克思恩格斯选集》第2卷，人民出版社1995年版，第32页。

及。”[①]唐高宗总章二年（669年）开始，陈政奉朝廷之命入闽平定“蛮獠啸乱”。[②]仪凤二年(677年)，陈政病逝，陈元光继任父职之后，视战争为手段，把经济社会发展当作平乱的最高目标。他在垂拱二年（686年）向唐朝廷呈递《请建州县表》，建议于泉（今福州）潮间增置一州，“其本则在创州县，其要则在兴庠序”。朝廷昭准，封陈元光为首任刺史。陈元光政治上建立台所，保境安民，唯贤是举，安抚“蛮獠”，促进民族融合；经济上寓兵于农，积极屯田，广收游散，大力推行均田制，兴修水利，围垦造田，指导农耕，通商惠工；文化上兴办府学，致力传播中原文化与生产技术，极力倡导文明，把兴儒教、办学堂视为“救时之急务”，“松洲书院”应运而生，出现了“化蛮獠之俗为冠带之伦”的景象。在陈元光及其部下将士和历代民众的不懈努力下，漳州经济得到较快的发展，社会安定、百姓安居乐业。这进一步巩固和升华了政治，使陈元光被民众奉为“开漳圣王”。经济的先在性又是以技术和制度的先在性为基础和根本。漳州未设治前，仍处于“刀耕火种”的游耕农业时代，民以渔猎为生。陈元光及其部属从中原带去先进的生产技术和管理制度，使得这个蛮夷之地有了技术与制度的文化、文明，从而开启了在历史中尘封已久的生产力潜能特别是人的工作创造力，使得经济社会获得前所未有的发展。开漳建州、发展生产是人与人、自然和社会关系的创建行动，是开创性的生活、工作活动，是在陈元光主导下的漳州民众的共同活动、共同创造、共同享受过程。开漳圣王文化虽以开漳圣王命名，但作为这种文化的原创者并不就是开漳圣王或陈元光，他只是一个主导者，而主体是广大的漳州民众，客体是漳州的自然生态和社会生存环境。从这个意义上讲，开漳圣王文化是主导者、主体、客体三重存在的共为、共生、共荣和共在。认识开漳圣王文化，必须把它放置在这种人与人、自然和社会关系的总体性即生活世界总体性中，以避免把开漳圣王文化权贵化、单向度化和抽象化的倾向。

---

① 赵志群：《开漳圣王文化源流初探》，《福建论坛（人文社会科学版）》2008年专刊。

② 《福建通志·名宦传》陈元光条。

生活世界根植于工作世界。开漳圣王文化的本质或核心是工作世界共同体文化。技术、制度、经济、政治、物质、精神，等，所有这一切，都是漳州文化与中原文化、漳州人与中原人的融合共生。如此，漳州人的生活既是漳州人自己的生活，又是中华民族共同体的总体生活，这个生活共同体就是文化共同体，就是技术与制度、经济与政治、物质与精神等存在元素的共同体总体。而这个生活的共同体或文化共同体都是靠漳州民众的辛勤劳动和创造性的工作总体起来的。人的本质是工作，工作的本质是工作世界，工作世界的本质是工作世界总体性，工作世界总体性的本质是人性化的和谐工作世界。文化的本质是创造，创造的本质是工作创造，工作创造的本质是共同创造、共同占有和享受。如此，开漳圣王文化这种生活共同体或文化共同体，与任何一个共同体一样，是以工作世界或工作共同体为基础和核心价值取向。而技术与制度、工作能力与工作关系是这个共同体的根本层次或基本结构，政治关系与精神文化关系则是这个共同体及其基本结构的反映、保障与政治和精神的建构。人们对开漳圣王的崇拜和敬仰，不只是对他个人的敬仰，而是对清明、稳定、能保障生活和激发工作创造力的政治或政治关系的敬仰，是对他们自己的美好生活和工作世界的敬仰。上帝初现是以造万物的工作者姿态；救世的诺亚方舟是载着种子和牲畜航行于灭世的洪水，亦是生产工作救世。宗教和神话最初是工作者的话语方式，自然会烙上工作者的深痕明迹，人们对神灵的崇拜即是对工作者造物工作行为与境界的敬仰。这虽是虚幻，但仍不失为一种工作文化的自觉。开漳圣王文化即是民众对文明和谐的工作世界的文化觉解。同样，人们对儒学、道学等文化的尊崇，亦是对能够唤醒他们文明存在与和谐共生的文化生活的尊崇。总之，这种工作世界、工作共同体及其内生结构是开漳圣王文化的经济、政治、精神文化意义的源泉，是开漳圣王文化的存在之根、历史绵延与接续之本，亦是弘扬开漳圣王文化、构建漳台精神共同体的根本精神向度和核心价值取向。对于开漳圣王文化的展延与传播，切不可停滞于所谓“寻根文化”、“血缘文化”、“信仰文化”的表层或“开漳建州文化”的历史叙事，要把这些表层意蕴与生活、生产特别是工作共同体结构本蕴融合起来，这才是完整的、有存在格局与民生意蕴的、有表层显意与深层内涵的、有地域规范又有世域时空的、有历史承传又有现实担当的开漳圣王文化。这样才能摆脱地域文化的狭隘性、受限性和浅显性，才能避免历史文化与现世文化的断层。

（二）开漳圣王文化的精神内涵与漳台精神共同体概念

开漳圣王文化精神是漳台同胞的共同精神，即是漳台精神共同体。当下学界对文化共同体、两岸文化共同体的研究颇多，而对精神共同体、两岸精神共同体的研究颇少甚至处于失语状态。这或许源于精神共同体的遮蔽状态和文化共同体的显露情境。精神共同体是文化共同体的精神结构或深层意蕴，总是内涵于或隐存于文化共同体显现的形式、状态或情境。文化共同体是文化载体、文化交流活动、文化物质与技术等文化的外在形式与共同的精神确认和觉解、共同的精神信念、追求和创造等内在精神意识形式的统一体，而后者即是文化共同体的精神结构即精神共同体，文化的思维方式、价值取向、精神理念也都积聚在这个精神共同体中。这个内在的隐含的潜能精神共同体，由于自身的无形而常常被一些喜欢有形的人们遗忘或忽略了，但正是这种无形潜能的精神能量和精神指向使得文化获得了共同体的形态和有形的框架与样式。如果说文化共同体是一个充满活力的有机型体或实体，那么精神共同体就是它的经络和血脉，就是把文化共同体维系起来的强有力的无形纽带。如此，漳台精神共同体与漳台文化共同体的关联亦是这种经络血脉与有机体总体的一体化关系，开漳圣王文化语境中的漳台精神共同体，就是以开漳圣王文化为载体的漳台共同的精神确认与觉解、共同的精神信念、追求与精神创造，其本质或核心是民生精神。

漳台精神共同体作为漳台共同的精神确认与觉解，主要包括漳台对开漳圣王文化共同的历史确认及其存在与本质的认知与解构。这种共同的精神确认和觉解，首先表现在漳台共同的精神信仰方面。陈元光殉职后，他的历史功绩铭刻在漳台同胞特别是开漳将士后裔的心中。他们多在聚居地立庙供奉自己祖先的领袖人物开漳圣王，尊陈元光为共同的神祇，如此，开漳圣王文化成为漳台共同的精神信念或信仰，这是共同信仰层面的精神确认和觉解。这种确认与觉解还表现在当今的文化交流活动中。如 2010 年 7 月第三届国际开漳圣王文化联谊大会在漳州隆重召开，来自海峡两岸及海外的开漳圣王及其部属的后裔、专家学者、宫庙代表 600 多人参加了大会。会间成功举办了开漳圣王文化国际学术研讨会，与会者还拜谒了陈元光陵园，参观了松洲书院等开漳圣王文化遗址，探寻陈元光及其部属开漳治州的历史足迹。这是一个漳台与海外人士共同觉解和确认开漳圣王文化的精神共同体行动，是一个共同体验、感知和认同开漳圣王文化的精神意识过程。开漳圣王文化国际学术研讨会作为一个文化共同体就是被这种精神共同体维系起来的。这种对开漳圣王文化共同的精神确认和觉解是当今构建漳台精神共同体乃至整个漳台文化共同体的逻辑前提。有了这种共同的精神确认，才会有共同的精神信念追求和精神创造。但是，对开漳圣王文化的历史确认与觉解，不能停留在信仰文化的表层和历史文化的事实叙述、交流行为与经验感受，要以此为前提，深入到文化的精神内蕴，这就是漳台共同的精神信念、精神追求与精神创造，而民生精神、开拓创新精神、包容精神及根文化精神是其基本的精神向度。

民生精神是开漳圣王文化中所展现的重视生产、创造新生活、消除动荡、实现社会安定的精神，以及兴办教育，提升民众文明和文化素质的精神，其本质就是漳台同胞生活、生产、工作的共同体精神。生产、生活与工作创造，这是漳台官方和民众共同的生存本质和存在意蕴，是他们共同的精神信念和精神追求。这种民生精神是漳台精神共同体的根本意蕴。历史上漳州人移民台湾本身就是一种开拓生存视野、追寻新的生活和工作创造意义的行动。漳州地区移民台湾主要从明代中期开始，南靖县《双峰丘氏族谱》载，明成化二年（公元 1466 年），丘家有国旺、国时、国平三兄弟迁往台湾淡水定居。[1] 此后的两次较大规模的移民，发生在郑成功收复台湾和施

① 林嘉书：《南靖县向台湾移民的谱碟文献调查研究》，《台湾研究集刊》1988 年第 4 期。

琅平定结束台湾的郑氏割据状态期间。1926年的调查显示，漳州人在台湾宜兰县占90%以上，漳州籍人占台湾全省汉族人口的35.2%。[①]据统计，现在台湾的陈元光庙宇有300余座[②]，每年二月十五日陈元光诞辰日，演戏祝寿，“灯烛灿若日星，匝月不休。”[③]“当最早远离故土的人们跨海来到台湾，面对荆棘丛生、瘴病横行的荒野和随时可能出现的外族或土著山民的骚扰时，他们所能依靠的，除了自身的力量之外，就只能祈求祖先神灵的保护，因此，几乎所有漳州移民，都携带家乡陈元光庙宇的香火作为护身符。”[④]可见，这种信仰文化的精神实质是民众对自己安定的生活、和平的生产和工作的祈祷、信念和追求，是漳州人或移民台湾的漳州人自己的民生精神和对开漳圣王文化民生精神的记忆、自觉与传带，而不单是对陈元光个人的崇拜。“唐初由陈政、陈元光父子率部入闽，并对漳潮地区进行大规模的开发，是一次影响深远的历史事件，它不仅直接影响这个地区，也间接地影响到后代对台湾省的开发。”[⑤]创造新的生活与工作世界的民生精神是开漳圣王文化和漳台精神共同体的核心精神或核心范式。

民生就是民众的生产、生活和工作生存，就是民众生生不息的生命活动和创造活动，民生精神必衍生出开拓创新精神。开漳圣王文化是开漳建州文化，实现了中原文化与漳州本土文化的融合创新、和谐创新，陈元光的后人移居台湾后，又把这种精神带到台湾，对开发建设台湾作出了贡献。如此，开拓创新精神是漳台共同的精神信念和追求。如今，漳州面对开发海西的境遇，台湾也面临发展经济社会的诸多问题和机遇，漳台共同面对两岸经济、政治、文化共同体建构的担当，开拓创新精神更是漳台共同的精神信念和追求，特别是漳台经济社会与民间的各种交流与合作，更需要

---

① 《大清仁宗睿皇帝实录》卷二百二十九。

② 马跃华：《“开津圣王”情牵海峡两岸》，《光明日报》2007年5月13日。

③ 《漳化县志·祀典志》。

④ 黄伟民：《陈元光信仰与祖先崇拜》，《漳州师范学院学报(哲学社会科学版)》2007年第4期。

⑤ 汤漳平等:《论陈元光的历史地位和影响》,《福建论坛(社科教育版)》1983年第4期。

漳台同胞共同的开拓创新精神和智慧。

民生、开拓创新精神的主体是民众，民众是一个包含了同质文化与异质文化、同化精神与并存精神、齐一价值观与多样价值观等各种存在格局和生活样式的包容总体。如此，以民众为主体的民生精神、开拓创新精神必然蕴含包容精神，丧失了包容精神就必然丧失民生的总体性和创造的源泉与动力。陈政、陈元光父子率家乡子弟兵在长达40年的平乱过程中，遵照高宗皇帝和武则天“教化为主”的大政方针，将中原先进的农耕文化逐渐传入闽越山区，随后又跨海传入台湾和东南亚地区，使处于“刀耕火种”状态的东南少数民族步入了先进的文明社会。陈元光是传播中原文化并使之与闽越文化融合、促进闽南文化形成与发展的奠基者，而他的后人到台湾的开发和到海外的迁徙，则是开漳圣王文化的延伸。而开漳圣王文化无论是作为陈元光时期的原创文化还是其后人的接续与绵延文化，都是漳州、台湾与海外民众的创造，从这个意义上讲，开漳圣王只是民本化的开漳圣王文化总体的一个具有初始意义的文化符号。中原文化与漳州本土文化的融合是跨文化的融合与包容，开漳圣王文化传播到东南亚和台湾，亦是跨文化的融合与包容。民生精神、开拓创新精神都离不开这种跨文化的包容精神。如今，两岸互为不同区域的跨文化，两岸的和解、漳台关系的拓展更需要这种跨文化的包容精神。

人不能忘记自己的根本，人都要有存在论意义上的寻根精神，即找寻自己的存在之根、生存之本，而对于持有这种存在根本的人又要坚守住这个根本，寻找者与坚守者必在这根本之地、根本之意义上融为一个有共同根本的共同体。在历史上，漳州是“唐人过台湾，到海外”的重要出发点。据史料记载，漳州向台湾移民始于两宋，盛于明清，先后有98个姓氏移台。据1953年台湾人口统计资料显示，当时台湾100个大姓中有63姓的族谱记载先祖自中原光州固始迁入福建闽南，再由福建闽南迁入台湾，其中大部分人的开台始祖就是陈元光所率中原将士的后裔。台湾现在2300万人口，其中祖籍漳州的人口占35.8%，超过800万人。此外，在台湾现有人口25%的客家人中，也有相当部分的祖籍也在漳州。近年来，诸多“唐人”

的后裔，络绎不绝地回漳州寻根谒祖。台湾人到漳州寻根，寻的是生命之根、精神之根，这就使得漳台在开漳圣王文化的基础上，融为一个根文化的精神共同体。而这个根并不只是某个个人，而是根的生长和绵延之地，即具有原初存在意义和时空限域的故乡，即一个具有深厚民生意蕴和开拓创新精神与包容精神的存在之乡。如此，这寻根精神追寻的就是民生精神、开拓创新精神和包容精神。如此，异乡与故乡，异乡人与故乡人就在同质与异质存在精神中凝聚融合为一个有存在意蕴的精神共同体。

（三）构建漳台精神共同体的路径或策略

开漳圣王文化是漳台的共同文化和共同创造，其精神是漳台共同精神，这种共同精神即精神共同体构成漳台文化共同体乃至经济、生活共同体的精神纽带。精神共同体是文化共同体的内蕴和深层结构，文化载体、文化活动、经济关系等是表层文化。以往过度关注文化的物质层面、经济层面甚至政治层面，忽略了这种看不见的精神内核、内缘、内蕴。漳台共同精神即漳台的心缘，心缘无形而力量巨大，心缘使根缘、地缘、血缘、亲缘、文缘得以维系、展延。如此，构建漳台文化共同体、经济共同体和生活共同体都要以构建精神共同体为精神支撑。开漳圣王文化语境中的漳台精神共同体是历史的事实和现实的存在，这里所说的“构建”是在历史前提和现实基础上进一步整固、强化、升华和拓展这种精神共同体。其基本路径或策略如下。

其一，在拓展和深化漳台共同精神的确认和觉解中构建漳台精神共同体。从研究的时空视野上看，要把地域文化与世域文化融合起来，以避免单纯的地域文化和历史文化研究倾向。开漳圣王文化是中原文化与漳州地方风土民情的融合，体现了地域特质和世域意蕴。地域文化的一个普遍问题就是局限于地域，不能与世域文化融合、融通，这除了一些地域文化缺少开放性和包容性外，一个根本原因就是不能在共同体意蕴和结构本质上同世域文化融通起来。地域文化及其研究必须走出地域的限制，若走不出去，至多只能具有地域范围的意义，而随着时间的推移，它还会因为缺少世域的意义而丧失地域的意义，慢慢地归于沉寂。如此，要从地域与世域两个层面确认其精神向度，再把这种向度的共同精神升华为漳台共同体精神，挖掘精神共同体价值。从研究方法看，要从单纯的信仰文化、寻根文化、祭祀文化等历史叙事转向文化世界总体性研究，即要进一步重视开漳圣王文化中的技术文化、制度文化以及人与人、自然和社会关系的研究。从研究主体对象上看，要避免只研究陈元光及其家族的历史文化的权贵化倾向，要重视民文化的研究，开拓对民众的生活世界和生产实践的研究视野。开漳建州的主体是广大的漳州民众，民众是历史的创造者，是开漳圣王文化的价值主体和意义的建构者。在研究的价值取向上，要戒除单纯的文化搭台经济唱戏的功利化和物化倾向，也要戒除文化研究只为政府决策做参考的单面倾向，文化研究也要为民间提供精神支撑和生活动力。从研究的内容上看，要避免片面的个人信仰文化和血缘寻根文化的狭隘认知和确认倾向，要增强对民生精神、开拓创新精神、包容精神等共同体精神的文化觉解，要把对个人或家族的信仰文化拓展到对共同体精神的深层精神信念和精神追寻，要把对个人或家族的寻根文化转换成民众对存在之根、生活之本的回溯与惦念、持有与建构、承传与弘扬精神。

其二，通过漳台文化交流活动和载体建设构建漳台精神共同体。如前所述，具有内在性的精神共同体依附于具有物质、行为和技术、技艺等外显的文化载体或文化交流互动。如此，要循着漳台精神共同体的确认和觉解方式、路径与价值取向，广泛开展漳台开漳圣王文化的交流活动，把构建漳台精神共同体同构建漳台文化共同体统一起来，使其互为依托、互为动能与支持。漳台开漳圣王文化交流已经累积了诸多精神共同体的历史。如在漳州举办的闽南文化研讨会、开漳圣王文化节、海峡论坛等文化交流活动，都推动了以开漳圣王文化为载体的漳台精神共同体的建设。在海西建设和漳台关系发展的新形势下，还要进一步拓展交流的主体、内容和形式，如成立跨区域的开漳圣王文化研究会，广泛联合海内外信仰开漳圣王团体的力量，整理开漳圣王宫庙活动习俗和庙会表现形式等。在有形遗产保护和开发方面，重视对云霄、漳浦威惠庙、芗城陈元光墓地以及陈元光重要部将庙宇墓地进行修缮，对松洲书院、陈元光入闽屯兵处等重要遗迹加快开发步伐。

其三，在漳台共同精神的践行中构建漳台精神共同体。文化载体或文化交流活动主要停留在学界、文艺界和文化人士的层面，还不具有社会化、大众化的广泛意蕴和效应。精神共同体作为内在的精神结构，只有外化为实践或现实的存在才能固化和强化，才能显现出精神的实践本性和存在能量，进而在现实中不断地升华自身并与其他精神文化兼收并蓄、融合壮大，进而推动文化共同体、经济社会共同体以及生活工作共同体的建构与发展。如此，要在漳台经济社会建设和发展中、在漳台民众的生活工作以及漳台经济、商贸、旅游、交往中倡导、尊崇和践行以民生精神为根本的漳台共同体精神，使这些精神不断注入和融于漳台的经济社会实在和大众的现实生活，并形成政府、学界、商界、文化界和民间多主体的践行格局和路向，从而超越单纯的文化载体和文化交流活动的局限性和狭隘性。而其中，构建和养成漳台民间精神共同体更具有基础性的作用，可以说，一个民间组织就是一个相对的漳台精神共同体，无数相对民间精神共同体构成总体的绝对的漳台精神共同体。如此，构建漳台经济社会间和政府间精神共同体就有了基础和根基。

其四，在漳台文艺、教育和文化建设中构建漳台精神共同体。要在漳台以图书、影视、绘画、雕刻、雕塑等文艺方式传布和展现开漳圣王文化的精神内涵，在历史文化、地域文化以致思想政治教育中进行有关开漳圣王文化的精神教育。世域文化只有融入一定地域的文化风土才能实现其价值和意义，否则就会受到排斥和悬置。“开漳圣王已升华为一种民俗适德文化，凝聚着中华民族祖先开疆拓土、勤劳勇敢和不屈不挠的创业精神。陈元光从功臣到神祇的演化，融入了漳州人民深厚的民族感情；其庙祀落籍海外，更融入漳籍华人对祖国对故乡的绵绵思念和拳拳爱心。”[①] 开漳

① 赵志群:《开漳圣王文化源流初探》，《福建论坛（人文社会科学版）》2008年专刊。

圣王文化是漳台重要的文化风土，其民生精神、包容精神、开拓创新精神与社会主义核心价值体系和台湾社会的现代文化以及两岸共有的中华传统文化具有天然的契合性。这就为开漳圣王文化与大陆文化和台湾文化的世域内涵相融提供了可能，也会使作为世域文化的大陆文化和台湾文化捕获开漳圣王文化的风土民情从而进一步现实化和民众化。如此，就可以把嵌入了社会主义核心价值体系、台湾现代文化意义的开漳圣王文化精神提升为或转换成当今的漳州文化精神或漳台共同精神，以此推进漳台精神共同体的建构，进而使其融入漳台生活、工作共同体，为漳台关系发展注入共同体精神的文化实力或精神能量。

四、主体化诗学（工作诗学）：诗歌主体化的意义向度

这里，首先从总体上阐明诗歌主体化的意义，然后再具体解析诗歌所蕴含的主体化生活世界总体意义和工作世界格局、趋向与价值指涉。

针对生活世界总体意义和工作世界核心价值在当今中国诗歌写作和研究中的分裂与缺失状况，这里依据主体化人学理论揭示主体化诗学或工作诗学的概念意义，从诗歌视觉探究诗文化主体化的意义解构。

（一）主体化诗学或工作诗学概念的提出

主体化人学是研究主体化的存在、本质、结构、价值伦理和生存方法论的人学理论体系，是以工作世界为基础和核心意义的工作世界人学即工作人学。主体化人学为人的存在和文化世界确立主体化人的总体性，确立工作世界基础和价值核心。将主体化人学应用于诗文化主体化问题研究，主体化世界或主体化存在与本质的丰富性、现实世界性就更加具体、亲切和明亮。

主体化诗学是研究诗文化主体化或主体化诗文化的生活世界总体意义的理论体系，内涵诗文化世界观、价值观、生存论和建构方法论，是以工作世界为基础和核心的关于诗文化总体意义结构的理论体系，是走进工作

世界的诗文化哲学，即工作世界诗文化哲学，简称工作诗学。如此，主体化诗学与工作诗学是同一概念，只是在不同语境中选择不同。这里所说的诗文化具有比时下各种诗学界定的“诗”文化有更广泛的内涵，它是传统诗学意义上的诗文化（文学艺术文化）与内涵在其他文化形态中的艺术形式的总体。前者即柏拉图诗学意义上的诗文化，文学、音乐、绘画、舞蹈、雕塑、歌曲等艺术形态是其主要形式，其特点是独立的诗文化形式。后者是内涵在或隐现于其他文化形态中的艺术形式，如哲学艺术形式，有的哲学用诗歌语言表达，如古希腊一些哲学表达方式，有的哲学用文学叙事方式，如庄子的故事哲学；还有历史文化的艺术意义，如司马迁的史记有文学叙事的艺术。

对现实、事物、感性世界的理解，不能只从客体的角度去理解，而要从主体的角度去理解，从实践的角度去理解，这样理解的世界就是人的存在，就是人的生活过程或生活世界。马克思的“人化自然”或“人化世界”的概念，海德格尔的“此在”或“亲在”概念，都是主体化世界或主体化存在概念。这些都表明现实世界是主体化世界。主体化世界是主体化生活世界的总体或主体化关系的总体，其本质是主体化工作世界。主体化关系是主体对世界的造化关系，是主体与主体、自然、社会的互动、互构关系。诗文化是主体理解、体验、阅历和造化世界的文化艺术方式，是主体化世界的诗文化存在形式。诗文化的本质是诗文化主体化或主体化诗文化，诗文化主体化与主体化诗文化是同一概念。诗文化主体化是生活世界主体化或主体化生活世界，本质是工作世界主体化或主体化工作世界。诗文化关系是主体与自然、社会和主体的诗性或诗意造化关系。

诗文化的本质是工作世界诗文化，工作世界诗文化的本质是工作共同体化诗文化。现实世界是一个日常生活世界，日常生活世界是一个常识世界，而“常识世界从一开始就是一个文化世界”[①]，现象学社会学家许茨的生活世界文化哲学道出了文化的生活世界总体意蕴，并确立了工作世界

① 阿尔弗雷德·许茨：《社会实在问题》，霍桂桓译，华夏出版社2001年版，第388页。

对于文化世界或生活世界的核心地位。卡西尔的人类文化哲学认为，人就是文化，人的本质就是创造文化的工作活动，“人的突出特征，人与众不同的标志，既不是他的形而上学本性也不是他的物理本性，而是人的劳作（work）。正是这种劳作，正是这种人类互动的体系，规定和划定了‘人性’的圆周，语言、神话、宗教、艺术、科学、历史，都是这个圆的组成部分和各个扇面。”[①] 即诗文化是工作世界圆周上的一个“扇面”，包括诗文化在内的所有文化都环绕工作世界这个价值圆周或轴心。马克思的实践文化哲学认为，“全部社会生活在本质上是实践的”[②]，实践就是人化自然、人化社会、人化世界的文化活动或文化世界。“物质生活的生产方式制约着整个社会生活、政治生活和精神生活的过程”。[③] 在文化世界中，生产活动或生产方式是一切文化现象、文化意义的源泉和根本动力，而生产活动或生产方式的主体化、现实化就是人们的工作活动或工作方式。如此，文化就是文化世界，文化世界就是人化世界，就是主体化生活世界总体或主体化关系的总体，其本质或价值核心是工作世界，是共创、共享生命、财富和生活的工作共同体世界。任何一种文化形态、文化形式，其本质不仅在于自身，更在于其与自然、社会和人的关系，更在于其生活世界总体性和工作世界本质。如此，我们对文化的认知和觉解要持有文化世界总体性方法，把文化置于文化世界的总体性存在背景或境遇中进行考察、分析和确认，并解构其工作世界内蕴。如此，诗歌、小说、音乐、舞蹈、歌曲、绘画等文学艺术或诗文化，就是主体化世界的艺术形式，就是主体化生活世界总体和工作世界本质意义的艺术形式，它们是作者、读者、学者、听众、观众等多重主体生活世界和工作世界共在性意义的共同体，是创作者主体与其他研究者、教育者、阅读者、欣赏者和应用者多重主体的共同造化、共同创作、共同、自觉、体验和享受。以此类推，舞蹈不只是舞者的舞蹈，而是舞者的舞姿所蕴含的生活世界的意义，其本质是工作世

① 恩斯特·卡西尔：《人论》，甘阳译，上海世纪出版社 2003 年版，第 107 页。

② 《马克思恩格斯选集》第 1 卷，人民出版社 1995 年版，第 60 页。

③ 《马克思恩格斯选集》第 2 卷，人民出版社 1995 年版，第 32 页。

界的意义，这种意义不只是舞者或创作者的意义，而是舞者、歌者、创作者和观众与欣赏者的共同自觉、体验、造化和建构。诗歌不只是诗人的诗歌，而是诗歌语言符号所蕴含、指向和预示的生活世界的意义，其本质是工作世界的意义，是诗人与读者等多重主体共同的意义自觉和建构。

综上，主体化诗学是以主体化工作世界为核心范式和价值取向的生活世界总体意义的诗文化理论，是走进主体的工作世界的诗文化哲学，即工作诗学。它即是生活世界总体诗学，也是工作世界本质诗学，不同于作为诗学本质诗学的实践诗学，实践无法涵盖生活世界意义的总体性；它是以工作世界为基础和核心价值取向，不同于时下学界论及的文化诗学，后者只有文化总体性意义，缺失工作世界总体意义和工作共同体的核心价值取向，且最终把文化的意义归于语言符号的意义；它也不同于无生活世界总体意蕴和工作世界本质内涵的存在诗学、生活诗学、人本诗学等其他诗学形式。

（二）“诗人，大地的异乡者”：诗歌主体化的生活世界总体意义

存在必须有意义，否则就不是存在，更不是本质的存在。“灵魂的本性就是运动”，就是在现实的“大地”上栖居！海德格尔在读到乔治·特拉克尔《灵魂的春天》里的诗句“灵魂，大地的异乡者”时指出：“诗人把灵魂称为‘大地上的异乡音’。灵魂之漫游迄今尚未能达到的地方，就是大地。灵魂才寻找大地，灵魂没有逃之夭夭。灵魂之本质在于：在漫游中寻找大地，以便它能够在大地上诗意地筑造和栖居，并因之得以拯救大地之为大地。”[①] 尽管灵魂视大地为“异乡”，但她也获得了异乡的实在感和现象感，尽管她体验着孤独、沉寂，但她与大多数现当代哲学家一样觉得再也不能甚至也不想回到柏拉图的纯粹的精神世界，她甚至甘愿在大地的对象中沉沦，她觉得这就是生活、生命、工作的意义，而她就是意义的主体，她的使命不仅是发出意义，而且要把意义给予使她沉沦的对象和现实世界，她的使命就是在对象上指示意义，不断地用新的意义覆盖以往

---

① 海德格尔：《在通向语言的途中》，孙周兴译，商务印书馆 1997 年版，第 13 页。

的“有意义”和“无意义”。从诗人关于灵魂的意象和海德格尔对灵魂本质的理解看，现代的灵魂实际上已经背叛了被古典哲学家柏拉图称之为故乡的那个理念世界，或者说，灵魂自己对自己的故乡已经有了现代的理解，即视异乡为故乡，这完全是为了获得“大地”的实在性或“现象”的强烈感，她似乎厌倦了始于柏拉图的西方理性主义的理念故乡的虚无、纯粹、抽象和“无主体”。

生活在现代生活大地上的现象学家同样把意义问题作为世界和文化的根本问题，可以说，现象学就是在“现实的大地”上探寻、求索意义的哲学。现象学的意义原则，不仅建构意义，而且是“自我或我们”的“共同意识”在“大地”的对象中建构意义，即建构“主体间性”的普适意义。“我们可以说，现象学家并不与客体本身发生什么关系，他所感兴趣的是它们的意义，因为它是由我们的心灵活动构造的。”[①]生活在现代生活大地上的诗人特拉克尔与现当代一些哲学家都体悟到了自己、他人和灵魂的现实的故乡就是“大地”。“灵魂的本性就是运动”，即是说灵魂就是思大地的意义，亦即“我思故我在”，但不是笛卡尔理性主义的无大地对象的精神自思、我思或自我意识。从一定意义上讲，诗歌就是在现实的大地上追求意义的艺术，它同其他文化艺术一样，是人的生命的一种本质的存在方式。诗歌，就是对存在的诗性规定；诗人就是在现实的大地上创造意义的人，而这现实的大地就是生活世界和工作世界。“灵魂，大地的异乡者”，即是说灵魂给大地带来新的异乡的意义，而灵魂创造意义的过程即是她的漫游过程，而诗人即是灵魂的漫游者、穿越者、工作存在意义的解蔽者、规定者、建构者。

“诗人，大地的异乡者”，这是诗人处女座在读到特拉克尔的诗句“灵魂，大地的异乡者”时进行的话语转换，处女座把来自天堂的灵魂现实化、亲和化为诗人的灵魂即诗性存在者的灵魂，其意义更逼近大地、更融进生活和工作世界、更嵌入生命，这就使“大地的异乡者”进一步超越了灵魂

① 阿尔弗雷德·许茨：《社会实在问题》，霍桂桓译，华夏出版社 2001 年版，第 167 页。

的简单和抽象，更具有血肉、肢体的人性主体感和生活世界特别是工作世界意义的“大地”现实感、真切感，这不仅是诗性话语的艺术文化转换，同时也是对海德格尔的存在主义、胡塞尔与许茨的现象学的哲学文化的话语转换，即把哲学文化的意义原则或意向性精神注入诗文化及其主体化的生活世界。诗歌就是诗人给生活的大地注入新的异乡的意义，就是诗歌主体化解世界为主体存在的意义。诗歌的意义向度是诗歌的根本向度，诗歌的意义自觉是诗人的根本自觉，诗歌的意义建构是诗歌的根本建构！而这个意义就是主体化的生活世界总体意义和工作世界本质意义。

诗歌的意义向度就是诗人在现实生活特别是工作世界的大地上创造意义的价值取向和存在趋向，就是在无意义中创造有意义，在有意义中创造新的意义。意义从根本上说不是发现出来的，而是创造出来的、发生出来的，或者说发现出来的意义已经存在了，存在的东西不需要诗人再去鹦鹉学舌地发现了，诗人是大地的异乡者，要把新的自觉的意义给予大地。对一些人来说，世界不是缺少意义，而是缺少意义的发生与建构，缺少对擦肩而过的五百年情人的高度自觉。真正的意义不是发现出来而是建构起来的，只有意义的发生者、建构者才能成为诗人，才能抵达“与大地相融”的诗性意义的本质与存在境界！

诗歌的生活叙事和现实描述，都不是支离破碎的意象罗列和叠加，而是生活世界总体意义的解蔽，且这种总体意义是多重生活世界的总体意义，即每一片叶子都是一个世界、一个世界总体。而缺少现实世界总体性或存在格局，是当今中国诗歌的主要问题。如此，建立诗歌主体化生活世界的总体意义，就是当下诗歌文化的一个重要运行趋向。建构诗歌主体化生活世界的意义至少应从以下方面进行。

（1）诗歌主体化的存在之乡意义

人活着就是在一定的时空中居住和筑造，这一定的时空就是人们称之为“乡”的东西。在这个意义上，人的存在就是“乡”的存在，存在的追寻就是对“乡”的追寻，而“乡”又有“故乡”和“异乡”之分。在存在论的意义上，人的一生就是在“乡”中旅行——地域之乡、生命之乡、心灵之乡、现实之乡、理想目标之乡……就是不断地从故乡到异乡或从异乡到异乡的过程。在存在论的意义上，对“异乡”的追寻就是一定追寻主体对自己“异在”的追寻，对“故乡”的追寻则是一定追寻主体对自己“同在”的追寻。在存在论的意义上，主体对一种“乡在”的追寻，具有价值取向、思维方式和精神理想的生命存在本体论和方法论意义。中国传统文化贵“和”，重“同在”，尚“同乡”、“故乡”，在一定程度上排斥“异在”、“异乡”、“游子”、“浪子”，如“落叶归根”、“月是故乡明”、“浪子回头金不换”、“孝子不远游”等理念。而当今时代文化的趋向是尊“个性”，重“异在”，尚“异乡”。在城市化、现代化与全球化的生存境遇中，我们都是有着沉重故乡情结又时刻充满异乡感的人。面对故乡情结相对较重、异乡精神相对缺失的当今中国文化，建造从故乡到异乡再到新的异乡的存在者之乡，具有当今时代文化的宝贵意蕴和当代人存在的实有、实用价值。请看处女座的诗歌《穿越者》[①]。

人的一生就是在乡中穿越
从故乡到异乡
从异乡到故乡
从异乡到新的异乡
穿越就是我的乡
我的乡情

凡是我灵魂飞过的土地和天空
都是我的故乡
凡是我生命栖居和筑造的寓所
都是我的故乡

① 引自处女座诗歌集：《穿越者之诗——从故乡到异乡》，知识产权出版社 2013 年版。以下引用的处女座诗歌皆出于此。

凡是我的故乡
都是我的异乡

如果我不飞翔筑造
大地与天空、陆地与海洋
哪里是故乡
哪里是异乡
故乡与异乡都是我的乡
我的乡情

我们去异乡，不是缘于诱惑
而是生命的承担
存在的召唤
我们回故乡
不是回归旧梦
而是带着新的梦想
——处女座《穿越者》

穿越者的乡情是存在的乡情，穿越是穿越存在之乡。要改变乡的传统观念，确立存在之乡的意识。现代人已无传统意义的乡或故乡，是以穿越为乡，这个乡是流动和流变的而不是固守的乡，是主体化的而不是客体化的乡。这里，“穿越者”如果是被客体诱惑而去异乡，或如果是回归故乡客体的旧梦，他就被客体化了。带着生命的承担去异乡，或带着新的梦想回故乡，这就是一个主体化解客体的主体化人存在的过程。人的存在就是乡在，诗歌主体化就是建构存在之乡。如此，诗歌诗文化就是解蔽、理解、建构人的乡在，就是建构主体化的故乡或异乡。

（2）诗歌的民间意义

民间是存在之乡的所在地和依附地，民间最具主体化的生活世界总体意义和工作世界共同体本意，也是主体间性意义的最深厚的策源地。“桃花真正属于民间 // 绝世的美不可复制……桃花生来就属于山谷 // 她的美一年一度”（处女座《桃花世界》）。“民间”是诗歌意义的对象支撑或主体依托，是意义之本；灵魂、思想意识是意义之源。以人为本就是以民众的生命存在和发展为本，就是以“民间”的意义为本，而民间意义的根本就是民生的意义，民生就是民众的生存、生产、生活、工作，就是民众的生活世界和工作世界的主体化。写写鸡鸭猪狗并不就具有了民间性，民间性或人性化写作的关键在于创造出“民间”的意义和价值，而不是消解甚至丑化“民间”的意义。“爱情的石头沉默无语”，“丘陵地带 // 桃花生于石头 // 桃木坚硬 // 桃花挺立 // 像雪一样白 // 像血一样红”（处女座《桃花世界》）；“桃花世界 // 你是真正懂得桃花的人 // 你是桃花唯一的情人”（处女座《桃花世界》）。石头表征民生的艰难和顽强，美生于民间的山谷，“民间”是主体化的最美丽的“情人”。

（3）诗歌的实有意义

民间是存在和本质最丰富的领域，诗歌的民间性注定了诗歌的实有意义。“他习惯性地 // 把左手放在右手背上 // 两只冻得发胖的手 // 叠在一起 // 一种坦然的姿态 // 他表情灰暗、亲切、安详 // 土豆，土中的豆，闪耀灰暗的光芒。”（处女座《卖土豆的男人》）诗歌的实有性往往体现在民间的日常工作和生活中，体现在被一些目光短浅者和理解力低下者认为是无意义甚至是丑陋的活动和存在之中，而处女座则指示了他的意义：“我真想摸一摸他的冻手 // 我的灵魂 // 一直在抚摸。”面对在别人看来除了空无和死亡什么也没有的沙滩和河流，处女座则揭示出其潜在的主体化意义：“沙滩灿烂 // 金灿灿的沙滩 // 河流的骸骨 // 河流裸露的皮肤 // 灵魂的水川流不息。”（处女座《四月丘陵》）别人看见的枯竭的河流，诗人却能赋予其川流不息的意义，并且是那样让人相信。是啊，即使是我们看见那些枯竭了的古河道，灵魂中总是浮现出水的奔流景象。而这些荒滩、土豆上的实有意义只有在工作世界中才能被意识主体意识化或被工作主体工作化。

（4）诗歌的普世意义

诗歌的普世意义即是诗歌的主体化世界意义，主体化世界的总体性，使得诗歌不是单个人的孤立的写作，也不是某个集体的集体化道白，而是叙说和展现主体化存在共同体的共同性、共鸣性。如果写一个人或一个事，不能写出它的普世性，就绝对不是诗歌，而是一种纯粹个人化的自我表现。诗歌应该有自己的存在也有他人和世界的境遇，有现世的生活也有来生的生命，有尘世的栖居也有天堂的筑造；诗歌最初是从心灵出发走进你我，后来从你我走进世界，现在从世界走进内心——那里有你我也有世界，将来走向心灵之外的心灵；诗歌不是游客的旅游，不是观看已有的风光、赏识既成的风景，而是心灵的旅行，是穿越客体的景物、构造经验的世界，是深入存在的内部，以灵魂建造灵魂。这些都是诗歌普世意义的主体化规定。这种普世意义就是强调诗歌是作者与读者、作者与世界境遇的共在性和共同体性。“桃花真正属于民间 // 绝世的美不可复制”、“灵魂的水川流不息”，这难道不是普世的主体化存在意义和精神吗？！当然，这更是低处的流水、低处的民间人的主体化存在意义和精神。可以说，每一首真正的诗歌，都呈现出这种强烈的普世意义，都抵达了有自己和世界、有尘世和天堂、有现世和来生的主体化生活、生命的境界。

（5）诗歌的建构意义

这也是诗歌的根本意义。民间意义、普世意义、实有意义都是建构出来的，而这种建构又都是在生活世界特别是工作世界的主体化建构。诗歌一旦肢解了生活世界的总体性，一旦偏离了工作世界的价值核心，就会失却建构意义。喋喋不休的个人化写作、唠唠叨叨的生活碎片化叙事、云山雾罩的妄想化直白、怨天尤人的概念化图解、鸡鸣狗盗的世俗化述说、风花雪月的意象化复制，还有怨妇式的辱骂……面对这些当今中国诗歌文化生态，面对这些无意义或消解意义的非意义写作，面对这个缺少意义、遮蔽意义、消解意义、不太清楚意义的时代，谁能建构意义，谁就能成为民间诗人、时代的思者；谁的意义越多，谁就越是诗人，反之亦然。诗人，是这个时代的思想者；思想者，是这个时代的诗人。思，就是指向对象，在现实生活的大地上指示意义、建构意义。“心灵的旅行 // 穿越客体的景物 // 构造经验的世界 // 心灵的旅行 // 深入存在的内部 // 以灵魂建造灵魂”（处女座《心灵之旅》）。“我抚摸着、敲打着诗歌的石头 // 中都颓败 // 我用诗歌的石料 // 再建都城的王室和圣殿 // 我快乐着异乡人的快乐 // 痛苦着异乡人的痛苦”（处女座《在凤阳》）。这是用主体化诗性存在的建构消解客体化的权力中心历史文化。诗歌是不能改变世界的，但可以改变世界的意义。世界的破坏已经够多了，现实的人们看见、经历和感受的破坏绝不比诗人少，他们不需要诗人再去破坏了，他们急需重建世界的意义！他们急需在残破的物质世界上重建主体化的生活世界和精神家园！在构建和谐世界时代，破坏是低层次的意识和行为，连一个精神病患者都会破坏，而建构就不是那么简单了，它需要从主体化诗歌和主体化诗人的灵魂中“流溢”，而这个灵魂就是工作建构、造化和创生的精神。“诗人，大地的异乡者，栖居在丘陵地带，灵魂的诗歌川流不息”（处女座《四月丘陵》）。

（6）诗歌主体化的主体意义

以上意义主要是从诗歌内容上阐明诗歌主体化的意义，而内容的主体化意义实际上是诗歌主体指向的意义，都是主体化解出来的意义，都离不开诗歌主体。诗歌主体是一个多重的主体世界，不同的主体指向不同的主体化意义。诗歌作者主体指向的意义可以叫作写意或创意，读者指向的意义可叫读意，研究者指向的意义可叫研意，教育者指向的意义可叫教意，学习者指向的意义可叫学意，应用者指向的意义可叫用意，还有考试者指向的意义可叫考意。这些意义都是不同诗歌主体不同的意义指向和价值取舍。解意、研意、学意、教意、用意，不同诗歌主体各取所需。比如学习者关注诗歌的写作方法，而一般读者则不关注方法，只寻求自己与诗歌意义的共在。我们通常说一首诗歌或一个作品，不同的人可以有不同的理解，这恰好是诗歌主体化意义多重性的反映。但人们尚未对这些不同的意义作上述归结，尚未把诗歌的意义结构同主体的主体化结构连接起来。

（三）诗歌主体化的工作世界本质意义

诗歌主体化的工作世界本质意义是诗歌建构的根本意义。存在意义、生活意义都以工作世界为根基和支撑。“任何一个民族，如果停止劳动，不用说一年，就是几个星期，也要灭亡，这是每一个小孩都知道的。”[①]在马克思看来，人依靠工作（劳动）生存，这是连“小孩都知道”持有的生存论。马克思明确指出了人的工作生存意义：“这种活动、这种连续不断的感性劳动和创造、这种生产，正是整个现存的感性世界的基础”。[②]他把实践、生产、劳动以及社会关系或生产关系作为人的生存基础、根本或生存意义的源泉，就是把人的工作活动看作是人的生存依靠。工作就是主体化、实体化的生产活动，工作活动是社会实践、生产、劳动的实体存在和主体化形式，工作关系是社会关系或生产关系的实体存在和主体化形式。工作生存论是实践生存论的核心层次，是实践生存论的大众化、日常化、主体化和实体形式。

在许茨看来，工作世界是生活世界的核心领域和最高的社会实在。“精明成熟的自我在它的工作中并且通过它的工作，把它的现在、过去和未来结合成一种特殊的时间维度；它通过它的工作活动实现作为一种整体性的自身；它通过工作活动与他人进行沟通；它通过工作活动把这个日常生活世界的不同空间视角组织起来。”[③]个体通过自己的工作活动与外部世界连接起来，实现自己在世界中总体的生存意义；工作世界赋予日常生活最切实的实在感，只有在工作世界的实在中，个体之间才能有效地相互作用、观察、沟通、理解、支持、感受，从而形成主体间性的“伙伴关系”。[④]许茨这种主体间性的个人工作共同体的现实生存状态或生存方式，最后又被他还原为工作意识的生存过程，还原为意识的工作意向性：“我们可以

① 《马克思恩格斯选集》第4卷，人民出版社1995年版，第368页。

② 《马克思恩格斯选集》第1卷，人民出版社1995年版，第77页。

③ 阿尔弗雷德·许茨：《社会实在问题》，霍桂桓译，华夏出版社2001年版，第289页。

④ 阿尔弗雷德·许茨：《社会实在问题》，霍桂桓译，华夏出版社2001年版，第298页。

说，现象学家并不与客体本身发生什么关系，他所感兴趣的是它们的意义，因为它是由我们的心灵活动构造的。”[①]

如果说许茨在主体间性的工作共同体关系上以意识生存论的方式展现了工作生存的浓厚意蕴，那么“建设性后现代主义”则在崇尚创造力的意义上表达了工作生存思想。格里芬认为，人的本质、本性就是创造，创造性能量是每个人都具有的，人的工作活动就是创造活动，这种创造性工作又离不开人与人互相需要、互相贡献的工作关系，即接受他人贡献的“接受性需要”和为他人创造的“创造性贡献”的关系，工作并不只是为了金钱，而是追求和实现创造性本质，若忽视人们工作的创造性能量、价值和本质，就会使一些“掌握政治经济大权的人们制定出不现实的政策”，他告诫决策者们：“工人不仅仅是‘工人’，他们首先是人，因而他们需要从工作中获得某种满足感，需要创造性地行事：需要感觉到他们对某些事情作出了有价值的贡献；需要参与公司的决策程序。”[②]福柯则认为，人们写作、生活、恋爱、乐趣等生存意义，都存在于创造性的工作过程，生活本身就是工作创造出来的活生生的艺术品，“人生劳作的主要兴趣是使自己成为不同于昨日的另外之人”。[③]但是，与许茨现象学的工作生存思想一样，建设性后现代的创造性工作生存理念最后又复归为意识生存论，如霍兰德把格里芬的“创造性能量”归结为“精神能量”，认为精神能量的首要性是第一原则，所有社会能量都以精神性为基础和根源。[④]

“人的本质是工作、工作的本质是工作世界、工作世界的本质是工作世界总体性即和谐的人性化工作共同体世界”[⑤]；“工作世界是一个意义的世界，是一个不断地建构、获得意义与破坏、丧失意义并行的过程。”[⑥]

① 阿尔弗雷德·许茨：《社会实在问题》，霍桂桓译，华夏出版社 2001 年版，第 167 页。

② 格里芬：《后现代精神》，王成兵译，中央编译出版社 1998 年版，第 223 页。

③ 格里芬：《后现代精神》，王成兵译，中央编译出版社 1998 年版，第 4 页。

④ 格里芬：《后现代精神》，王成兵译，中央编译出版社 1998 年版，第 73 页。

⑤ 李晓元：《工作哲学引论》，知识产权出版社 2009 年版，第 118 页。

⑥ 李晓元：《工作哲学引论》，知识产权出版社 2009 年版，第 3 页。

工作世界总体化生活世界、现实世界、存在世界、价值意义世界，工作世界是诗文化的根本意义向度。处女座大量的诗歌都展现、解蔽、建构了工作世界的意义，如《在凤阳》、《中原大地》、《卖土豆的男人》、《寂静的乡村》、《故园》、《红冠鸟》、《孔雀东南飞》等，可以说，处女座的诗歌特别是2000年以后的诗作几乎都以工作世界的意义为根本向度，都具有强烈的工作世界感，而这种工作世界诗歌是展现工作世界的总体性，这不同于一些具体地描述某种工作活动、工作场景、工作身份的“工作”诗歌——如一些写农民工、打工族的诗歌，后者缺少工作世界总体性和存在的大格局。诗歌的本质是工作世界诗歌，诗学的本质是工作世界诗学即工作诗学。离开工作大地、工作世界，实践、文化、生活、存在就无所依附，实践诗学、文化诗学、存在诗学，等，所有的诗学就无所寄托。

综上，诗歌就是诗人主体与读者主体化解世界为彼此共在主体的语言艺术形式，诗歌主体化或主体化诗歌就是诗歌主体把世界化解为主体与主体、主体与世界的共在。这种化境、这种造化是生活世界总体化，而其最根本的依靠是工作世界或工作化。诗文化主体化或主体化诗文化的本质是工作世界化或工作世界共同体化。如此，诗文化、诗歌本质上是作者与读者对主体化生命、主体化世界、主体化生活世界和工作世界的共同体验、理解、造化和建构，是作者与读者的共同创作。

参考书目

一、主要中文参考书目

1.《马克思恩格斯全集》，第 1、2、3、42、46、47 卷，人民出版社 1979 年版。

2.《马克思恩格斯选集》，第 1、2、3、4 卷，人民出版社 1995 年版。

3. 罗素：《西方哲学史》，张作成 编译，北京出版社 2007 年版。

4. 阿尔弗雷德·许茨：《社会实在问题》，华夏出版社 2001 年版。

5. 胡塞尔：《生活世界现象学》，上海译文出版社 2002 年版。

6. 胡塞尔：《现象学的观念》，上海译文出版社 1986 年版。

7. 胡塞尔:《欧洲科学危机与先验现象学》,上海译文出版社 1988 年版。

8. 胡塞尔：《胡塞尔选集》，上海三联书店 1997 年版。

9. 海德格尔：《存在与时间》，三联书店 1987 年版。

10. 萨特：《存在与虚无》，三联书店 1987 年版。

11. 萨特：《存在主义是一种人道主义》，上海人民出版社 1988 年版。

12. 柏格森：《创造进化论》，湖南人民出版社 1989 年版。

13. 哈贝马斯：《交往与社会进化》，重庆出版社 1989 年版。

14. 哈贝马斯：《沟通行动理论》第 1、2 卷，重庆出版社 1996 年版。

15. 列斐伏尔：《马克思主义的危机》，三联书店 1966 年版。

16. 卡西尔：《人论》，上海译文出版社 1985 年版。

17. 衣俊卿:《回归生活世界的文化哲学》,黑龙江人民出版社 2000 年版。

18. 冯契：《中国古代哲学的逻辑发展》，上海人民出版社 1983 年版。

19. 汪子嵩等：《希腊哲学史》第一卷，人民出版社 1988 版。

20. 苏国勋：《当代西方著名哲学家评传》第 10 卷，山东人民出版社 1996 年版。

21. 李晓元：《工作哲学引论》，知识产权出版社 2009 年版。

22. 何林、李晓元：《日常生活世界的意义结构》，知识产权出版社 2005 年版。

23. 李晓元：《和谐人——一场人文化的变革》，知识产权出版社 2005 年版。

二、主要外文参考书目

1.A.schutz，*Collected Papers, vol. Ⅲ* ,The Hague,1966.

2.A.schutz，*The Phenomenology of the Social World*,London,1980.

3.A.Schutz,*Collected Papers,vol. Ⅳ* , Kluwer, 1996.

4.H.R.Wagner,*Alfred Schutz: An Intellectual Biography*, Chicago, 1983.

5.H.Lefebvre，*Everyday life in the Modern World* , Harper & Row , Publishers,1971.

后　记

笔者2009年出版的《工作哲学引论》，已论及人的工作世界本质及工作世界总体性问题，并提出了把人学、伦理学、价值哲学及诗文化哲学建立在工作哲学的工作世界理论基础上的研究目标、方向和任务，即还要把工作哲学拓展到以工作世界为基础和价值核心的工作人学、工作伦理学和工作诗学等层面的研究。主体化人学研究即是走进工作世界的工作人学研究。

笔者2012年主持国家社会科学基金项目"马克思主义哲学中国化的文化世界向度研究"（12BZX011），并承担教育部社科规划基金项目"许茨生活世界现象学理论研究（12YJA720008）"。人文化是文化世界和生活世界理论研究的一个重要向度。故主体化人学研究亦是该两项课题研究的一个辅助成果和阶段性成果，旨在为该课题研究提供一个研究人文化的支持文本，也为本人正在进行的诗文化哲学研究提供一个研究诗文化的支持文本。同时，更为重要的是，笔者想与自己生活世界和工作世界的伙伴，分享主体化生活世界和工作世界的共在，交流存在的经验，叙说生命与心灵的渐悟与顿悟，以共同筑造和栖居于一个诗意的主体化世界。

感谢人民出版社张振明主任和刘敬文编辑的帮助，他们为本书提出了宝贵建议。感谢我亲在的生活和工作世界——漳州师范学院！感谢学院提供的学术专著出版基金经费的资助以及精神支持和境遇支撑！

感谢与我共在的生活世界和工作世界的伙伴！你们都是我永远的研究灵感和存在的情境与心境！我的每一次渐悟与顿悟，都是你们与我的共同经验与造化、共同的存在与意义！

李晓元

2012年10月18日于芗城白鹭园